新编21世纪经济学系列教材

经济学基础问答

Foundation of Economics:
Questions and Answers

尹伯成　刘江会　著

中国人民大学出版社
·北京·

作者简介

尹伯成，历任复旦大学经济学教授、博士生导师、经济系系主任、中华外国经济学说研究会副会长；复旦大学房地产研究中心主任。长期从事外国经济学说史、西方经济学基础理论的教学和研究工作，主编有《西方经济学简明教程》、《现代西方经济学习题指南》、《西方经济学说史》等，并是高鸿业主编《西方经济学》教材的主要编写者之一，另有数百篇论文发表。

刘江会，复旦大学经济学博士，上海师范大学商学院副教授、经济系系主任，硕士生导师。近年来主持国家自然科学基金、教育部人文社科基金、上海哲社基金和上海市政府重点决策咨询项目等国家级和省部级课题十余项，并有数十篇论文发表。

内容简介

本书以问答形式深入浅出地叙述了微观、宏观和国际经济学的基本理论知识。全书共21章，总计383个问题，篇幅虽然不大，但内容比较全面，涵盖了微观经济学、宏观经济学和部分国际经济学的主要理论，也包含了一些作者对社会经济热点问题的看法（如社会流动性对经济发展的影响）。最后一章还探讨了如何用经济学基本理论研究我国改革开放和经济发展的问题。

本书既是一本了解经济理论知识的入门书，也是一本帮助学习经济学的辅导读物。以这种形式来编写经济学基本理论知识，我们只是一个初步尝试。差错之处，敬请批评指正。

目 录

第一章

导　言

1. 为什么说经济学的研究对象是经济资源的优化配置问题？

答：经济学家认为，人类的欲望具有无限性，当一种欲望或需要得到满足或部分满足后，又会产生新的欲望或需要，所以人类的欲望或需要是无穷无尽的。但是相对于欲望的无限性而言，满足人类欲望的物品以及生产这些物品的经济资源却是有限的，也就是说再多的物品和资源也无法满足无穷无尽的人类欲望，从这个意义上而言，生产物品的经济资源是稀缺性的。

正是由于经济资源是稀缺的，于是便产生了如何有效地利用经济资源来生产物品以最大限度地满足人类的欲望的选择问题，这些选择问题包括：第一，如何利用现有的经济资源；第二，如何利用有限的时间；第三，选择何种满足欲望的方式；第四，在必要时如何牺牲某种欲望来满足另外一些欲望。它所要解决的问题是：(1) 生产什么（what）物品和劳务以及生产多少（how much）？(2) 如何（how）生产？(3) 为谁（for whom）生产？(4) 现在生产还是将来生产（when)？这些问题被认为是人类社会共有的基本经济问题，并且这些问题都与经济资源的稀缺性有关。经济学正是为解决这些问题而产生的。

基于以上原因，所以说经济资源的优化配置问题就是西方经济学的研究对象。据此还可以给经济学下这样一个定义：经济学是研究人们和社会如何作出选择，来使用可以有多种用途的稀缺的资源在现在或将来生产各种物品，并把物品分配给社会的各个成员或集团以供消费之用的一门社会科学。

2. 经济学关于经济学研究对象的传统定义存在什么局限性？

答：经济学关于经济学研究对象的传统定义是：经济学是一门研究资源配置的科学。应当认为，经济学是一门研究资源配置的科学这个说法确实是对的，但是把它作为经济学的整个定义却具有一定的局限性。实际上，人类要不断满足日益增长的需要，除了将已经存在的经济资源优化配置好，还要考虑如何不断开发和增加利用新资源，也就是如何尽可能把社会生产可能性曲线向右上移动。人类社会不断发展的历史事实也证明了这一点。当年英国经济学家马尔萨斯的人口理论以及 20 世纪美国经济学家 D. H. 梅多斯的经济增长极限论之所以被历史事实证明不正确，就是因为其忽视了人类虽然有不断增长的欲望和需求，从而资源总是稀缺的，但是人类也有着不断发现和开发利用资源以满足需要的能力。因此经济学除了要研究已经发现和利用的资源如何优化配置，还要研究如何开发利用新资源。这同样是经济学的研究对象。事实上，新技术、新能源、新材料的不断发现和开发利用正是社会经济不断向前发展的火车头。经济增长理论有不少内容也涉及了这方面的研究，但是整体说来，经济学研究对象的传统定义仍然是资源的配置问题。正因为如此，经济学讲生产函数时总是把制度和技术当作外生的、既定的前提条件，来研究投入和产出的关系；讲收入分配也只是讲既定收入如何在劳动和资本之间分配；讲微观经济政策也只是讲政府应当如何用政策克服市场失灵，使既有资源的配置符合帕累托最优要求。同样整个宏观经济学的框架基本上也还是主流凯恩斯主义的理论体系，而凯恩斯主义理论就是研究社会总需求在短期内如何适应总供给，即现有经济资源能够生产和实际生产的总产出，以及如果不适应时如何用财政政策和货币政策加以调控。这都属于既定资源的配置和利用问题。然而，人类社会发展到今天，经济要进一步发展更重要的是认识和开发利用新资源。认识和开发利用新资源同样需要激励，需要制度，这正好也是经济学需要研究的内容。

如果经济学的研究对象还要包括资源的开发利用，那么现有经济学的理论框架结构就可能需要加以调整、补充，就像今天中国经济要进一步发展，就需要在继续关注需求的同时，关注供给方面的结构性改革一样。

3. 资源优化配置和机会成本关系如何?

答：经济资源的稀缺性意味着将稀缺资源生产某种物品就必须放弃其他物品的生产。因此经济资源的优化配置必然涉及权衡取舍问题，通俗地说就是在配置稀缺资源时人们总是面临着有所为有所不为、有得必有失这样一个问题。为此经济学家提出了**机会成本**（opportunity cost）这样一个概念。所谓的机会成本就是当把稀缺资源用于某一用途后，所失去的用于其他用途上可以获得的最大收益。例如，假定某人拥有一块土地，投入一定量的人工和资金可以生产谷物 1 000 公斤，价值 6 000 元，他用同量的投入可以生产棉花 200 公斤，价值 5 000 元。那么，若他决定生产 1 000公斤谷物，其机会成本就是 200 公斤棉花，即 5 000 元；若他决定生产 200 公斤棉花，其机会成本就是 1 000 公斤谷物，即 6 000 元。由此可见，机会成本实际上就是选择的代价。

因此，从选择和机会成本的角度上而言，资源的优化配置就是要在资源的不同用途之间进行择优选择（即作出机会成本最小的选择），以使资源配置的结果能够更好地满足人们的需要。

4. 什么是生产可能性边界？利用生产可能性边界可以说明什么问题？

答：由于生产物品的资源是稀缺的，在既定的经济制度和生产技术条件下，当用稀缺的经济资源增加生产某种物品时，则其他物品的产量就会减少，也就是说当稀缺资源从生产一种物品转移到生产其他物品时，不同物品的数量就会此消彼长。这意味着在资源稀缺性的约束下，一个社会所能够得到的不同商品数量总是有限的。**生产可能性边界**（production possibility frontier）就是刻画不同商品最大产量组合的一个概念。它的标准定义是：生产可能性边界是指在既定的经济制度、经济资源和生产技术条件下，一个社会所能够达到的各种产品最大产量组合点轨迹，又称为生产可能性曲线。

为了更好地说明生产可能性边界的含义，我们构建一个假想的例子。假设一个社会只生产两种物品，大炮和黄油。在现有的经济制度和技术水平下，如果这个社会只要黄油不要大炮，将全部的资源用来生产黄油，最多可以生产 15 个单位；如果这个社会只要大炮不要黄油，用全部资源用来生产大炮，最多可以生产 5 个单位；如果这个社会既要大炮又要黄油，比如用一部分资源生产了 9 单位的黄油，剩余的资源最多只能生产 3 单位的大炮。这样我们就得到了黄油和大炮的三种最大产量的组合，即（15，0）、（0，5）和（9，3），当然还有其他各种组合。如果我们在一个二维平面上，用横轴表示黄油的数量，用纵轴表示大炮的数量，这样我们就可以把黄油和大炮的各种最大产量的组合点标注在这样一个二维平面上，并用平滑的曲线将这些组合点连接起来，这条曲线就是所谓的生产可能性边界。

利用生产可能性边界可以说明两个问题：一是经济资源是否充分利用的问题。如果一个社会的生产处于生产可能性边界以内，表明该社会没有充分有效地利用资源，即存在着资源闲置或资源的浪费。如果一个社会的生产处于生产可能性边界上，表示该社会的资源得到了充分有效的利用。二是资源配置是否合理的问题，生产可能性边界上的任何一个产量组合点都表示资源得到了充分利用，那么一个社会的生产究竟应该选择在生产可能性曲线上的哪一点进行呢？如果一个社会在生产可能性边界上选择了能够最大限度地满足社会的需要的产量组合点，则说明资源得到了合理配置，反之则说明资源的配置不合理。上例中如果 9 单位黄油和 3 单位大炮是最大限度满足社会需要的，那么生产 9 单位黄油和 3 单位大炮就是资源的合理配置，否则就是不合理配置。

5. 生产可能性曲线上的产量组合点、曲线以内的产量组合点和曲线以外的产量组合点各表示什么意思?

答: 生产可能性曲线上的产量组合点意味着在既定的经济制度、生产技术条件下，一个社会的经济资源得到了充分利用时的各种产量。一个社会究竟应该选择生产可能性曲线上的哪一个产量组合点呢？这取决于社会对不同产品的需求量。合理的资源配置要求社会在生产可能性边界上选择能够最大限度地满足人们的需要的产量组合点。这正是微观经济学所要研究的问题。

生产可能性曲线以内的点则表明社会的经济资源没有得到充分有效的利用，即存在着资源闲置或资源浪费。当一个社会的产量组合点位于生产可能性曲线以内时，则需要想办法促使产量组合点向生产可能性曲线上移动，以实现稀缺资源的充分利用，这正是宏观经济学所要研究的问题。

生产可能性曲线以外的产量组合表示的是在现有经济制度和生产技术条件下，即使该社会的经济资源得到了充分的利用也无法达到的产量组合。因此，提出“人有多大胆，地有多大产”的口号是不正确的。

6. 生产可能性曲线凹向原点表示什么?

答: 生产可能性曲线凹向原点表明机会成本递增。在其他因素不变的情况下，由于资源是有限的，如果一个社会要增加一单位 X 商品（比如黄油）的生产，就必须放弃一定数量的 Y 商品（比如大炮）的生产，此时为增加一单位黄油所放弃的大炮的数量，就是生产这一单位的黄油的机会成本。生产可能性曲线凹向原点时，则意味着随着黄油数量的增加，每增加一单位黄油所必须放弃的大炮的数量会越来越多，即生产黄油的机会成本递增。

机会成本递增的原因在于经济资源通常具有一定的专用性。当社会需要增加生产黄油时，就需要把一部分原来生产大炮的资源转移过来生产黄油，率先转移过来生产黄油的资源一定是那些不适合生产大炮而适合生产黄油的资源，因此，此时增加一单位黄油所需要损失的大炮的数量不多，即增加生产黄油的机会成本比较小，但是随着黄油数量的增加，社会必须转移更多的资源来生产黄油，在这个过程中，就需要将那些本来非常适合生产大炮的资源转移到黄油的生产上。在这种情况下，每增加一单位黄油所要损失的大炮的数量就会越来越多，因此机会成本递增，表现为生产可能性曲线凹向原点。

7. 生产可能性曲线向内外移动各表示什么?

答:生产可能性曲线朝远离原点的方向外移表示可能生产更多的产品和服务,向内移动则表明该社会可能生产的产品和服务的数量下降了。导致向外面移动的原因主要有:一是经济制度变动,提高了经济资源的利用效率,使得同样多的资源可以生产出更多的商品或服务。比如,一项新的经济制度如果能够给人们提供更多的激励或促进专业化分工,就会提高生产率,从而增加经济产出。二是经济资源变动,比如发现了新的资源,就会在相同的经济制度和技术条件下生产更多的产品。三是生产技术变动,比如一项技术革新或引进更先进的技术,则会导致生产力的显著提高,使得产出大幅度增加。

8. 人类历史上出现过哪些资源配置方式?

答:经济资源的稀缺性是人类社会面临的普遍性问题,所以不同的资源配置方式所要解决的基本经济问题都是一样的,但是问题的解决方式却不一样。按照经济体制的不同,资源的配置方式大体上可以分成四种类型:自给经济、计划经济(命令经济)、市场经济和混合经济。

自给自足经济体制,是一种没有商品交换的自然经济。它的基本特征是资源的配置和利用主要是由居民自己直接消费需要所决定的,经济效率低下。古代农业经济社会中小农经济家庭自给自足,男耕女织,基本上就是这种情况。

计划经济体制,是以政府指令性计划作为资源配置主要方式的一种经济体制。它的特征是生产资料归国家所有,资源配置和利用问题由政府集中决策来决定,即由政府的指令性计划来解决资源配置和利用问题。产品的数量、价格、消费和投资的比例、投资方向、就业和工资水平等均由政府当局的指令性计划来决定,生产的产品也由国家来统一分配。这种配置方式效率也较低。

市场经济体制,是以市场(价格)作为资源配置主要方式的一种经济体制。它的基本特征是产权明晰,经济决策高度分散,即由经济活动主体(家庭和企业)根据价格信号自行决定自己所拥有资源的配置和利用问题。价格机制就像一只"看不见的手"引导着以自我利益为中心的个体根据价格信号来优化资源的配置,以实现个体利益的最大化。

混合经济体制,是在资源配置过程中,既利用市场又发挥政府作用的一种经济体制。它的基本特征是价格信号和政府计划相结合,自由竞争和政府干预相结合,在资源配置过程既要充分利用价格信号这只“看不见的手”的作用，又要利用政府计划这只“看得见的手”来弥补“看不见的手”在资源配置过程中所不能解决的所谓失灵问题，比如垄断、收入分配贫富两极分化、经济活动的外部性和公共物品供给不足等问题。

9. 为什么市场机制是解决资源配置问题的有效机制?

答：市场机制主要是依靠价格信号来解决“生产什么、生产多少、如何生产、为谁生产”等基本经济问题的。价格机制之所以是解决资源配置的有效机制，其原因在于：第一，市场机制通过分散决策为经济活动主体提供了足够的激励。在市场经济中，资源的配置由经济活动主体自己决定，要自己承担决策的后果，资源配置有效率，个体因此可以获益，资源配置缺乏效率，个体利益就会因此受损，因此每个个体都有足够的动力去努力提高自己资源的配置效率。第二，市场机制通过价格为经济活动主体配置稀缺资源提供了有用的信息。在一个自由竞争的市场中，产品和要素的价格都由供求关系决定，因此价格的变动是反映供求变动的一种信号，价格上升意味着商品（或生产要素）供不应求，价格下降意味着商品（生产要素）供给过剩，因此价格可以为企业和家庭配置资源提供一个有用的信号，使得资源配置到最需要（或者说最有利可图）的领域中去，从而使得资源获得最有效的利用。第三，市场机制以自愿交换和自由竞争为基础，每个经济个体只有通过为其他个体提供有价值的产品和服务才能获得自己的利益，因此每个人在追求自身利益最大化的同时，客观上可以增进他人和社会的利益。正是基于以上理由，经济学家认为市场机制是解决资源配置问题的一个有效的机制。

10. 微观经济学和宏观经济学划分的依据是什么？为什么微观经济学通常可以称为价格理论，而宏观经济学通常可以称为国民收入决定理论?

答：现代西方经济学依据是将经济资源的配置问题作为研究对象还是将经济资源的利用问题作为研究对象，将经济学区分为**微观经济学**（microeconomics）和**宏观经济学**（macroeconomics）。前者以经济资源的配置问题作为研究对象，并以单个经济单位（居民、厂商和单个产品市场）的行为为考察对象；而后者则是将经济资源的利用作为研究对象，并以整个国民经济活动为考察对象。

在市场经济体制下，个体经济单位依据价格信号来配置资源，来决定“生产什么、生产多少、为谁生产以及何时生产”等基本经济问题，因此以资源配置作为研究对象的微观经济学，就必须要研究产品和要素的价格是如何形成。从这个意义上而言，微观经济学实际上就是要分析两个问题：一是消费者（居民户）对各种产品的需求与生产者（厂商）对产品的供给如何决定着每一种产品的产销量和价格；二是消费者作为生产要素的供给者与生产者作为生产要素的需求者怎么决定着生产要素的使用量及价格（工资、利息、地租和利润）。由于这两个问题涉及的都是市场经济中价格机制的运行问题，所以微观经济学又被称为价格理论。

宏观经济学以整个国民经济活动为考察对象，研究社会总体经济问题（如失业、通货膨胀、经济周期性波动、经济增长和国际收支平衡等）以及相应的经济总量（如国民收入、就业量、投资、消费、物价水平、利率和汇率等）是如何决定的，并研究这些总量之间有何关系。宏观经济学通过对这些总体经济问题及其经济总量的研究，来分析国民经济中的一些根本问题，而在这些根本问题中，国民收入（就业量）的决定和变动是一条主线，所以宏观经济学又被称为国民收入决定理论。

11. 研究经济学的实证分析和规范分析方法的区别是什么？

答：实证分析（positive analysis）只考察经济现象是什么，即经济现状如何、为何如此，其发展趋势如何，至于这种现象好不好，该不该如此，则不作评价。因此实证力求回答“是什么”的问题。

规范分析（normative analysis）以一定的价值判断为出发点，提出行为的标准，并研究如何才能符合这些标准。规范分析力求回答“应该是什么”的问题，它涉及是非善恶、应该与否、合理与否等问题。

比如分析我国当前居民收入差距现状如何，有什么变化趋势，是什么因素导致了收入差距的扩大等，这种分析就属于实证分析。而研究收入差距扩大好不好、该不该、公平不公平、应该将收入差距控制在什么水平上等，就属于规范分析。

12. 什么是经济学方法中的个体分析和总体分析？

答：微观经济学和宏观经济学在对象上以资源配置和资源利用相区别，在方法上则以**个体分析**（individual analysis）和**总体分析**（aggregate analysis）相区别。

个体分析又称微观经济分析方法，即以个体经济活动为对象，分析单个厂商如何在生产经营中获取最大利润，单个居民如何在消费中得到最大满足。与此相应，在数量上就必须研究单个商品的效用、供求量和价格等如何决定；单个企业的要素投入量、产出率、成本、收益和利润如何决定，以及这些个量之间有何相互关系。生产要素所有者如何出卖生产要素，要素价格如何决定等。

总体分析又称宏观经济分析方法，即以总体经济活动为考察对象，分析各种经济总量，包括国民收入、就业量、物价水平、经济增长率是如何决定的，总消费、总投资、货币供给量、利息率、汇率是如何决定的，以及这些总量之间有何关系。

13. 为什么经济学研究离不开数量分析方法和边际分析方法？

答：经济学与数量分析有天然的联系，因为经济学研究的是在稀缺性资源的约束条件下如何合理配置和有效利用资源以最大化地满足人们的需要。比如一个家庭如何在收入约束下选择最优的消费计划，以实现满足度最大化，企业如何在成本约束下选择生产计划，以实现利润最大化，这些问题的最优解都需要运用数量分析方法。

经济学也要研究不同经济变量之间的关系，如利率与投资的关系、通货膨胀率与失业率的关系、汇率与国际收支的关系等，而揭示不同经济变量之间的内在关系，往往离不开数理模型。通过构建数理模型，并运用逻辑演绎的方法推导出不同经济变量之间关系的理论，然后还要利用计量模型和方法对这些理论进行检验。这些都离不开数量分析方法。

数量分析方法在经济学中的广泛运用，源于 19 世纪 70 年代的边际革命。边际革命使得**边际分析**（marginal analysis）方法在经济学研究中大行其道。边际分析方法实际上就是运用数学中的微积分去观察经济问题。边际的含义指的是自变量每变化一个单位的量值所导致的因变量变化的量值。理性人在边际上进行决策是经济学中的一个重要原理。比如企业要决定是否增加产量时，决策依据不是比较总收益和总成本，而是比较边际收益和边际成本，即如果增加一单位的产量所得到的收益增量（即边际收益）大于这一单位产量所带来的成本增量（即边际成本），就应该增加这一单位产量，因为这会使利润增加。实际上只要边际收益大于边际成本，企业就应该增加产量，直到边际收益与边际成本相等为止，这时企业的利润才能达到最大值。经济学中还有很多边际概念，比如微观经济学中的边际效用、边际产量、边际替代率等，宏观经济学中的边际消费倾向、资本的边际效率等，这些边际概念都是在分析资源合理配置和有效利用问题时经常使用的概念。可以这么说，现代经济学的产生和发展，是与边际分析法的广泛应用分不开的。正是边际分析法的深入应用，才使得完整的微观经济学体系在 20 世纪 30 年代建立起来。没有边际分析法便没有现代经济学的说法一点也不为过。

14. 经济学假定的人的理性行为是否都是自私自利的？如果不是，为什么经济分析又要假定人们行为的基本动力是追求个人利益？

答：理性行为无须完全是自私自利的。众所周知，有理性的人的行为可有多种动机，获取个人经济利益只是其中一个方面。人有理想、感情、信仰、荣誉感、正义感等，这些都会驱使人们从事各种活动，包括经济活动。有时候，人们为了实现自己的理想、信仰、感情、正义感等，可以牺牲自己的物质利益，甚至自己的生命。因此，人不仅可以作为经济人而存在，还可以是革命者、教徒、义士等。但经济学假设人只为自己的经济利益而活动和生存，撇开了人类行为的其他动机，以追逐个人利益为个人行为的基本动力，并进而假定人们经济行为准则是既定目标的最优化。例如，消费者的行为目标是获得最大限度满足即效用最大化，厂商的行为目标是利润最大化，要素出售者的行为目标是收入最大化等。这种假定是合理的，也是必要的。这是因为，经济利益尽管只是人们行为动机的一个方面，但经济学研究的正是人们的物质利益关系。就经济活动而言，个人经济利益的追求始终是推动人们从事经济活动的根本力量。因此，把追求个人利益从人的各种行为动机中抽象出来，并赋予这样行动的人以“经济人”或者说“理性人”的概念。假定他们的行为准则是既定目标的最优化，并由此建立起一整套经济理论体系，是完全必要的、合理的。这是一种抽象法，是科学赖以建立和发展的重要方法。如果不这样假定，认为人从事经济活动可以有随便的动机，比方说，消费者对购买时是否吃亏、厂商经营时对是否赚钱、人们出让自己的生产要素时对能得到多少报酬等等抱无所谓的态度，无异于说稀缺资源如何配置也是件无关紧要的事。这样，人类也就不需要什么经济学了。

15. 什么是经济分析中的理性人假定？

答：理性人假定（hypothesis of rational man）是西方经济学在经济分析中关于人类经济行为的一个基本假定，意指作为经济决策主体（家庭、厂商、政府）都充满理智，既不会感情用事，也不会轻信盲从，而是精于研判和计算，权衡每一行动的收益和成本，在有限条件下努力作出最优选择，以实现既定目标的最优化。如家庭在收入约束下追求家庭成员满足度（效用水平）的最大化，生产者在成本约束下追求利润最大化。“理性人”假定实际是对亚当·斯密“经济人”假设的延续。

需要指出的是由于不同经济主体的目标不一致、面临的约束条件不一致、判断分析能力也不一致，因此对不同的经济主体而言，理性的选择是不一样的。也就是说，每一经济个体总是在自己的目标、约束条件和判断能力下作出自己认为是理性的选择，但是这一选择对其他个体而言也许并不是理性的选择。

理性人假定和均衡分析密切相关，均衡分析就是要研究理性人实现最优选择需要满足什么条件，最优选择的结果是什么。比如，对于一个以利润最大化为目标的企业而言，如果在当前产量水平下额外增加一单位产量给其带来的收益（即边际收益），大于这一单位产量给其带来的成本（即边际成本），则说明企业的当前产量不是均衡产量，因为在当前产量水平下增加一单位产量所带来的收益大于成本，因此企业此时增加产量，利润会增加。当产量增加到这样一个水平，即再多增加一单位产量给企业所带来的收益恰好等于这一单位产量所带来的成本（即边际收益等于边际成本）时，企业再增加产量，利润就不会再增加了，此时的产量水平就是利润最大化的产量水平，也即最优产量水平或者说是均衡产量水平（因为企业不会再改变产量），企业达到这一产量水平的条件就是边际收益要等于边际成本。

16. 经济学中一些重要的公认原理是什么？

答： 西方经济学在理性人假设基础上，得到一些重要的也是公认的经济原理。主要包括这样一些原理：

（1）人们会对激励作出反应，有效的激励会鼓励人们刻苦研究、努力经营、积极工作。

（2）人们做任何事情都会比较成本和收益，力求以最小的成本或代价获得尽可能大的收益或满足。

（3）分工和交换可以改善人们的福利，专业化分工可以提高人们经济活动的效率，但分工离不开交换，否则人们难以获得分工带来的利益。

（4）市场是联系和组织人们分工和交易的纽带，不仅给经济活动提供信息，还能够使经济活动主体在市场竞争中增强活力。

（5）制度是协调人们从事有序市场活动必不可少的行为规则，符合理性人假定要求的制度，能够有效规范人们的市场行为，减少交易中的摩擦和成本，降低不确定性，增强预见性。

（6）市场经济健康发展离不开政府的合理定位和适度干预。个人财产权的切实保护，市场经济制度的切实执行，公共物品的提供，社会经济的平稳健康运行，经济发展计划的制定和落实，都需要政府起作用。政府要用好的制度来引导和规范人们的行为，以保障市场经济健康发展。

17. 什么是经济研究中的均衡分析方法？均衡分析方法和理性人假定有何关系？

答：均衡（equilibrium）是英国经济学家马歇尔从物理学引入到经济学的一个概念。物理学中均衡是指相互作用的两种相反的力量达到势均力敌，使体系处于一种相对静止、不再变动的状态。经济学中的均衡是指这样一种状态，这种状态下经济决策者认为自己的资源配置决策已经取得了最大利益，重新调整资源的配置方式已不可能获得更多的利益，从而不再改变其经济行为。

均衡分析（equilibrium analysis）就是要研究实现均衡的条件是什么，以及满足均衡条件的各经济变量的数量值是多少。

均衡分析和理性人假定密切相关，因为均衡分析实际上也就是要研究理性人实现最优选择需要满足什么条件，最优选择的结果是什么。比如，对于一个以利润最大化为目标的企业而言，如果在当前产量水平下增加一单位产量给其带来的收益（即边际收益）大于这一单位产量给其带来的成本（即边际成本），则说明企业的当前产量不是均衡产量，因为企业此时增加产量，利润会增加。当产量增加到这样一个水平，即再多增加一单位产量给企业所带来的收益恰好等于这一单位产量所带来的成本（即边际收益等于边际成本）时，这个产量水平就是利润最大化的产量水平，也即是均衡产量水平（因为企业不会再改变产量），企业达到这一产量水平的条件就是边际收益要等于边际成本。

18. 什么是经济分析中的局部均衡分析和一般均衡分析，并举例说明。

答：局部均衡分析（partial equilibrium analysis）是假定在其他条件不变的情况下，孤立地考察单个产品（或生产要素）市场的供求机制如何决定产品（或生产要素）的均衡产量和均衡价格。比如在分析汽车的均衡价格是多少时，只考虑汽车市场的需求和供给状况，而不考虑其他市场的供求状况。局部均衡概念由英国经济学家马歇尔最早提出。

一般均衡分析（general equilibrium analysis）是将所有相互联系的各个市场（包括产品市场和要素市场）看成一个整体来加以研究。它假定任何一种产品（或生产要素）的均衡价格，不仅取决于该产品（或生产要素）的供求状况，而且取决于其他所有产品和生产要素的供求状况。每一件产品（或生产要素）的均衡价格都不能单独决定，而必须和其他产品和要素的价格联合决定。比如在分析汽车的均衡价格是多少时，不仅要考虑汽车市场的供求状况，而且还要考虑汽油市场的供求状况、钢材市场的供求状况等，如果汽油市场和钢材市场的供求处于非均衡状态，汽油的价格和钢材的价格就会波动，则汽车的价格也必然会因此变动。一般均衡就是要分析在供求机制的作用下，汽车的价格、汽油的价格、钢材的价格以及其他相关的所有产品和要素的价格是否能够同时实现均衡，实现均衡的条件是什么，均衡值又是多少。一般均衡的概念是由法国经济学家瓦尔拉斯首先提出的。

19. 为什么均衡分析方法并不完全符合实际情况？既然这样为什么又说均衡分析理论对于指导实践有重大意义？

答：均衡分析方法是对研究的问题所涉及的诸多经济变量中假定自变量为已知和不变，然后考察当因变量达到均衡状态时会有的情况和所需具备的条件。无论是局部均衡分析理论还是一般均衡分析理论都是这样。在局部均衡分析中，分析一种商品价格决定时，就假定作为自变量的需求状况（指与各个不同买价相适应的需求量）和供给状况（指与各个不同卖价相适应的供给量）都是已知和不变，分析一种价格达到均衡时（即不再变动时）所需要的条件是供给量和需求量在这种价格水平上正好相等，这时价格就稳定下来。在一般均衡分析中，分析一种商品价格决定时，则认为一种商品的价格不仅取决于它本身的供给和需求状况，还受到其他各种相关商品的价格和供求状况的影响，因而这种商品的均衡价格只有在所有商品的价格和供求都达到均衡时才能决定。由于均衡分析只是考察经济决策者被设想为已达到均衡状态时会有的情况或实现均衡应具备的条件，并不涉及达到均衡的过程，但经济变量在其相互作用，从不均衡到均衡过程中，事实上都要经历一定时间，均衡分析方法则抽掉了这一时间因素。抽掉时间因素使均衡分析法不可能完全符合所研究的问题的实际情况，因为实际情况正是在时间过程中不断变化的。

例如，分析一种商品价格决定时，假定需求状况和供给状况不变，达到均衡就需要供给量和需求量在此价格水平线上相等，但事实上在达到均衡价格过程中需求状况和供给状况不可能始终不变，因而这种均衡分析理论总是不完全符合所研究的问题的实际情况。然而，这不等于说由此均衡分析法所得出的理论对指导实践就没有意义，或者说这种均衡分析方法就是没有意义的。众所周知，任何科学研究都必须运用科学的抽象法，舍弃一些次要的因素或变量，然后研究若干主要变量之间的关系，才能建立起经济理论或者说经济模型。这样建立起来的理论或模型用来分析实际经济问题时，只要把那些舍弃的因素考虑进来，依然有很大意义。例如，通过均衡价格理论，我们就可以知道，任何商品的价格只有在供给和需求两方面势均力敌时方能基本稳定下来，供给和需求两方面中任何一方的变动都会引起均衡价格的变动。这样的理论对指导经济工作实践具有十分重要的意义。

20. 什么是经济分析中的静态分析、比较静态分析和动态分析，并举例说明。

答：静态分析（static analysis）是分析经济现象的均衡状态以及有关经济变量达到均衡状态所需具备的条件，它完全抽象掉了时间因素和具体的变动过程，是一种静止、孤立地考察某些经济现象的方法。例如，在考察猪肉的市场价格时，就是要研究在什么条件下猪肉的市场价格和均衡数量不再变动了，即实现均衡的条件是什么？这一条件就是猪肉的市场需求量要恰好等于猪肉的市场供给量。这种分析就是静态分析。

比较静态分析（comparative static analysis）是分析在已知条件发生变化以后经济现象均衡状态的相应变化，并比较有关经济变量的数值在新旧均衡状态下的差异，但它并不考察从旧均衡状态到新均衡状态的变动路径和变动的速度。比如，某个猪肉市场上，最初猪肉的均衡产量是 1 200 公斤，均衡价格是 30 元/公斤，但是由于现在猪饲料的价格上升，导致养猪的成本增加，因此猪肉的市场供给减少，由于这一情况的变化，导致猪肉的市场均衡产量下降到 900 公斤，猪肉的均衡价格上升到 36 元/公斤，因此与原来的市场相比，猪肉的均衡价格上升了 6 元，而均衡产量下降了 300 公斤。这就是比较静态分析。

动态分析（dynamic analysis）是对经济变动的实际过程所进行的分析，即不仅要分析比较新旧均衡状态的差异，还要分析原有均衡状态被打破后，从旧均衡状态到新均衡状态的变动路径和变动的速度等。此外动态分析还要考察原有的均衡状态被打破后，经济系统是否能够形成一种新的均衡，或者是否会恢复到原有均衡状况，或者还是始终处于波动状态。比如，最初猪肉的均衡产量是 1 200 公斤，均衡价格是 30 元/公斤，现假设由于某种原因市场对猪肉的需求增加了，但是由于时滞，猪肉的供给量却无法马上增加，依然维持在 1 200 公斤，使猪肉市场出现供不应求，那么在供求机制下，肉价要涨。肉价上涨后猪肉市场是否会重新实现均衡呢？重新恢复均衡需要什么条件？恢复均衡又需要多长时间？还是无法恢复均衡，猪肉的价格始终处于变动状态？对这些问题进行分析就是一种动态分析。

21. 什么是经济模型？为什么经济学中有大量经济模型？

答：经济模型（economic model）是指用来描述与研究对象有关的经济变量之间的依存关系的理论结构。经济变量之间的依存关系既可以用数学方程式来表达（代数法），也可以用语言文字来说明（叙述法），还可以用几何图形的形式来展示（几何图形法）。

经济现象错综复杂、千变万化，所涉及的经济变量很多，在研究经济现象时不可能考虑所有的经济变量，只能抓住对所研究问题有重大影响的关键因素和关键变量，而舍弃影响较小的因素和变量。经济模型是对经济现实的一种高度抽象。

由于经济现象纷繁复杂，经济问题层出不穷，这些经济现象和经济问题都可以利用经济模型加以抽象并进行分析和研究。经济现象和经济问题的多样性决定了经济学中有大量的经济模型。

22. 什么是内生变量和外生变量？

答：一个经济模型所涉及的变量可以分为内生变量和外生变量。在经济模型中，**内生变量**（endogenous variables）是指模型本身所要解释的变量，也即模型本身所要决定的变量。

外生变量（exogenous variables）指由模型以外的因素所决定的已知变量，它是模型据以建立的外部条件。内生变量可以在模型体系内得到说明，外生变量本身不能在模型体系中得到说明。

例如，宏观经济学中最简单的国民收入决定的模型即收入—支出模型中，投资支出就是一个外生变量，而国民收入、消费支出都是内生变量。

23. 什么是存量和流量？

答：存量（stock）表示的是经济变量在一定时点上的大小量值，是描述经济事物存在状态的变量。因此，存量是对应于时间点的，即在某一时点上可以被测度（这是判断一个变量是不是存量的一个简单易行的依据）。

流量（flow）是指在某一段时间内流入及流出系统的数量，其中流入量或流出量称为单边流量，而流入量加流出量称为双边流量。

存量和流量密切相关，流量来自存量，流量又归于存量之中，即存量只能经由流量而发生变化。比如某地2014年底人口总数就是一个存量概念，因为它表明的是某一时点的人口数，而2014年人口出生数则是一个流量，它表示的是某一段时间内新出生的人口数。2014年人口出生数来自2014年的人口数，同时2014年的新出生的人口又被计入2014年的人口总数中。又例如在经济学中，财富就是存量，收入就是流量。

第二章

需求、供给和均衡价格

24. 为什么微观经济学通常都会从分析需求、供给和均衡价格开始?

答: 由于微观经济学主要研究市场经济中的资源配置问题，而市场经济是以价格机制作为资源配置方法的一种经济，因此价格理论是微观经济学的核心，微观经济学也被称为价格理论。在市场经济中，任何商品的价格都是由商品的需求和供给这两个因素共同决定的，因此要了解价格机制和价格理论首先必须要了解商品的需求和供给，因此，需求、供给和均衡价格通常都被作为微观经济学的出发点。

25. 什么是对商品的需求？需求和欲望有什么区别?

答: **需求**（demand）是指在某一特定时期内，与某一商品的各种价格相对应的人们愿意并且能够购买该种商品的数量。需求这一概念涉及两个变量，一是商品的价格，二是消费者对商品的购买数量，需求实际上就是反映消费者对商品购买量与其价格之间一一对应关系的一个概念。

在经济学中，需求和欲望是有区别的，欲望只是人们想要购买一种商品的意愿，而需求则是以货币购买力为前提的，不仅人们要有购买一种商品的意愿，而且具有购买这种商品的货币支付能力。由此可见，只有具有货币支付能力的欲望才是需求。比如，某人想在北京拥有一套自己的住房，但高达几百万元一套的房价让他望而生畏，这就是一种对北京房子的欲望，而不是一种对北京房子的需求。

26. 什么是需求函数和需求规律？两者有何区别?

答: **需求函数**（demand function）是指反映某一商品需求量与其各种影响因素之间关系的一种函数，某商品的需求函数的因变量是该商品的需求量，而自变量则包括该商品的自身价格、与该商品相关的其他商品的价格、消费者的偏好、消费者的收入、消费者对未来的预期以及其他因素（比如消费者人数、气候、时间等）。因此需求函数是一个多元函数。

需求规律（law of demand）是指在其他因素不变的情况下，商品的需求量与其价格之间存在的反向变动关系，即商品的价格上升，需求量减少；商品的价格下降，需求量增加。

需求函数揭示的是商品需求量与其各种影响因素的关系，它是一个多元函数，而需求规律揭示的仅仅是商品需求量与其自身价格的关系，而把影响商品需求的其他因素视为给定不变。因此在需求规律中，因变量是需求量，自变量是商品自身的价格，而影响需求的其他因素都被视为给定不变的外生变量，因此需求规律对应的是反映商品需求量和其自身价格关系的一元函数。

27. 怎样理解某种商品消费者的负斜率需求曲线和商品生产者的正斜率供给曲线都是表达了他们的愿望的最大限度？

答：某种商品（正常商品）的消费者的负斜率需求曲线表示的是，在某一价格水平下，消费者最多只愿购买多少。如果要他购买更多，价格必须更低些；或者反过来说，只要消费者购买一定数量，价格至多只能是多少。因此负斜率需求曲线表达的是消费者购买行为中愿望的最大限度。

同样，正斜率供给曲线表示的是，在某一价格水平下，生产者最多只愿意生产多少。如果要他生产更多，价格必须更高些。因此，该曲线表明的是生产者在价格和产量关系方面的愿望的最大限度。

28. 为什么商品的需求量和该商品价格通常是反方向变化的？

答：商品的需求量和其价格通常是反方向变化的，这与价格变化的替代效应和收入效应有关。

价格变化的**替代效应**（substitute effect）是指当一种商品的价格发生变化，会导致该商品与其替代商品之间的相对价格发生变化（即相对于其替代商品而言，该商品变得相对更贵或更便宜），进而引起消费者对该商品需求量的变动。

价格变化的**收入效应**（income effect）是指当一种商品的价格发生变化后，会导致消费者的实际收入发生变化，进而引起消费者对该商品需求量的变动。

商品的需求量与其价格通常方向相反变化正是由于上述替代效应和收入效应综合作用的结果。比如，如果猪肉的价格上升，而牛肉、鱼、家禽的价格不变，就等于这些商品在猪肉面前变得便宜了，因此导致消费者会购买更多的牛肉、鱼和家禽来替代猪肉，从而导致猪肉需求量减少，这就是猪肉价格上升的替代效应。同时，由于猪肉价格上升了，使得消费者在猪肉面前感觉货币收入的购买力下降了，会导致消费者减少对猪肉的需求量，这就是猪肉价格上升的收入效应。由此可见，当猪肉价格上升后，不仅替代效应会导致猪肉的需求量下降，收入效应也会导致猪肉的需求量下降，在这两个效应共同的作用下，猪肉的需求量当然就会下降了。

29. 消费者收入变动对商品需求量和需求曲线有何影响?

答: 消费者收入变动对商品需求量的影响与商品的特性有关。对于**正常商品**(normal goods)而言，随着消费者收入的增加，消费者对正常商品的需求量会增加；而对于**低档商品**(inferior goods)而言，随着消费者收入的增加，消费者对低档商品的需求量可能反而会减少。

需求曲线(demand curve)是表示商品需求量和其自身价格关系的一条曲线。在一个以价格为纵轴、需求量为横轴的二维空间中，消费者的收入和影响商品需求量的其他因素决定了需求曲线在这个二维空间中的位置。

对于正常商品而言，如果消费者收入增加，将导致在每一个价格水平上对正常商品的需求量会增加，从而使得需求曲线向右移动；如果消费者收入减少，将导致在每一个价格水平上对正常商品的需求量都会减少，从而使得需求曲线向左移动。

对于低档商品而言，如果消费者收入增加，他们有条件购买更多好一点的商品，因此反而会减少对这些低档商品的购买，这就将导致在每一个价格水平上消费者对低档商品的需求量减少，从而使得低档商品的需求曲线向左移动；相反，如果消费者收入减少时，他们不得不购买更多低档商品，从而导致在每一个价格水平上消费者对低档商品的需求量增加，使得需求曲线向右移动。

30. 有关商品之间价格变动会对商品需求量和需求曲线有何影响?

答: 经济学将一种商品的相关商品分为两种，一是替代品，二是互补品。某商品的**替代品**(substitute goods)是指与该商品在功能上能够相互替代的其他商品，即与该商品有相同或者相似使用价值的商品。而商品的**互补品**(complement goods)是指与该商品同时使用时才能满足消费者某种需求的商品。比如，猪肉就是牛肉的替代品，汽油就是汽车的互补品。

对于替代品而言，如果某种商品的替代品的价格上升，将导致在该商品的每一价格水平上消费者对其需求量增加，从而使得该商品的需求曲线向右移动。如果某种商品的替代品的价格下降，将导致该商品的每一价格水平上消费者对其需求量减少，从而使得该商品的需求曲线向左移动。

对于互补品而言，如果某种商品的互补品的价格上升，将导致在该商品的每一个价格水平上消费者对其需求量都会减少，从而使得该商品的需求曲线向左移动。

如果某种商品的互补品的价格下降，将导致在该商品的每一个价格水平上消费者对其需求量都会增加，从而使得该商品的需求曲线向右移动。

31. 商品供给指什么？供给和产量有没有区别？

答：供给（supply）是指在一定的时期，与某一商品的各种价格相对应的生产者（厂商）愿意并且能够提供的该商品的数量。供给这一概念涉及两个变量，一是商品的价格，二是该商品的供给量，供给实际上就是反映商品的供给量与其价格之间一一对应关系的一个概念。

在经济学中，供给和产量是有区别的，**产量**（quantity of goods）是企业在特定的技术水平条件和成本约束条件下，能够生产出来的某种产品的数量，而供给是企业能够生产并且愿意提供到市场上来的某种产品的数量。比如，某企业在现有的技术和成本约束条件下，有能力生产 10 万部手机，但是手机生产出来后，在现行的市场价格下，企业出售这些手机会亏损，因此企业就没有意愿生产这么多手机。在这种情形下，手机产量是 10 万部，但供给量却没有那么多。

32. 影响商品供给的因素主要有哪些？

答：影响某种商品供给的主要因素包括：商品本身的价格、生产技术水平和管理水平、生产要素的价格、其他相关商品的价格、生产者（厂商）对未来的预期以及诸如气候、厂商的数量、时间等其他因素。

33. 什么是供给函数和供给规律？二者有什么区别？

答：供给函数（supply function）是指反映某一商品供给量与其各种影响因素之间关系的一种函数。某商品的供给函数的因变量是该商品的供给量，而自变量则包括该商品的自身价格、生产技术水平、管理水平、生产要素的价格、其他相关商品的价格、生产者（厂商）对未来的预期以及诸如气候、厂商的数量、时间等其他因素。因此供给函数是一个多元函数。

供给规律（law of supply）是指在其他因素不变的情况下，商品的供给量与其价格之间存在的正向变动关系，即商品的价格上升，供给量增加；商品的价格下降，供给量减少。

供给函数揭示的是商品供给量与其各种影响因素的关系，它是一个多元函数。而供给规律揭示的仅仅是商品供给量与其自身价格的关系，而把影响商品供给的其他因素视为给定不变，因此在供给规律中，因变量是供给量，自变量是商品自身的价格，而影响供给的其他因素都被视为给定不变的外生变量，因此供给规律对应的是反映商品供给量和其自身价格关系的一元函数。

34. 为什么商品供给量和商品价格通常是同方向变化的？

答：商品的供给量和其价格之所以通常是同方向变化的，这与边际成本递增规律相关。所谓**边际成本**（marginal cost）是指产量每增加一单位给企业所带来成本增量。生产要素的边际生产率递减规律的存在，使得随着产量的增加，产品的边际成本会递增，在这种情况下，要使企业愿意多提供一单位产品，则产品的价格就应该相应提高。可见，供给法则背后的经济学原因是边际成本递增规律。

35. 什么是商品的需求价格弹性？商品需求价格弹性有哪几类？

答：需求价格弹性（price elasticity of demand）是衡量商品需求量对价格变化反应程度的一个系数，该系数等于需求量变动的百分比除以价格变动的百分比。比如需求价格弹性等于1.2，则意味着价格每变动1个百分点，需求量会因此变动1.2个百分点。需求量一般与价格反向变动，因此需求价格弹性系数应该是负数，但是经济学中往往在需求价格弹性系数前添加一个负号，使其变成一个正数。由于影响商品需求量最重要的因素是商品的价格，因此在经济学中如果不加以特别说明，需求弹性就是专指需求价格弹性。根据需求价格弹性的大小，需求弹性可以分为以下几类：

需求完全无弹性，即需求价格弹性系数等于0，它意味着无论价格如何变化，需求量都不会变动。此时商品的需求曲线为一条垂直线。通常认为救命的特效药属于此类型。

需求弹性无穷大，即需求价格弹性系数等于∞，它意味着在既定的价格水平上，需求量是无限大的，而价格稍微提高一点，需求量就变为0，此时商品的需求曲线为一条水平线，它说明商品需求量对价格变动异常灵敏。

单位或单元需求弹性，即需求价格弹性系数等于1，它意味着需求量和价格按同一比率变动，即价格每变动1个百分点，需求量也会因此变动1个百分点。此时，需求曲线为一条等轴双曲线。

需求缺乏弹性，即需求价格弹性系数小于 1，它意味着需求量变动的比率小于价格变动的比率，即价格每变动 1 个百分点，需求量的变动小于 1 个百分点，它说明需求量对价格变动不灵敏。生活必需品，如粮、油等多属此类型。

需求富有弹性，即需求价格弹性系数大于 1，它意味着需求量变动的比率大于价格变动的比率，即价格每变动 1 个百分点，需求量的变动大于 1 个百分点，它说明需求量对价格变动非常灵敏。奢侈品多属此类型。

36. 影响需求价格弹性的因素主要有哪些？需求价格弹性与生产者的总收益有何关系？

答：影响需求价格弹性的主要因素包括：(1) 消费者对商品的需求强度。消费者对生活必需品的需求强度大且比较稳定，需求价格弹性小；而对奢侈品的需求强度小，且不稳定，受价格变化的影响大，因而需求弹性大。(2) 商品的替代品数目和可替代程度。一种商品的替代品越多，可替代程度越高，其需求价格弹性越大，反之，则需求价格弹性越小。(3) 商品用途的广泛性。一般而言，一种商品用途越多，价格的变化就会从多渠道影响该商品的需求量，因此商品用途越多，其需求价格弹性越大。(4) 时间。一种商品价格发生变化后，由于消费者寻找替代品、改变消费习惯需要时间，因此价格变化短期内对该商品需求量的影响不大，但长期内对该商品的需求量就会有较大的影响。这意味着，短期内，商品的需求价格弹性小，长期内，商品需求价格弹性大。

需求价格弹性的大小与生产者的总收益（产品的销售收入）密切相关，分析需求价格弹性的影响因素对于企业的价格决策具有重要意义。如果一种商品的需求价格弹性小于 1，即商品需求量的变化比率小于价格变化的比率，这种商品就是通常所谓的刚性需求商品（简称刚需商品）。对于刚需商品而言，价格上升，生产者的总收益会增加，价格下降，生产者的总收益反而会减少。如果一种商品的需求价格弹性大于 1，即商品需求量的变化比率大于价格变化的比率，这种商品就是所谓的非刚需商品。对于非刚需商品而言，价格下降，生产者的总收益会增加，价格上升，生产者的总收益反而会减少。因此，对于一个生产者而言，通过研究影响其商品需求价格弹性大小的因素，来确定自身产品需求价格弹性的大小，才能够判断价格变化对自己总收益的影响，这对于生产者的价格决策十分重要。

37. 什么是商品需求的收入弹性？正常商品和低档商品的需求的收入弹性有什么区别？

答：需求的收入弹性（income elasticity of demand）是衡量商品需求量对消费者收入变化反应程度的一个系数，该系数等于需求量变化的百分比除以消费者收入变化的百分比，比如需求收入弹性等于 1.5，则意味着消费者收入每上升 1 个百分点，需求量会因此增加 1.5 个百分点。

正常商品由于其需求量随着消费者收入的增加而增加，因此正常商品的需求的收入弹性大于 0，而低档商品由于其需求量随着消费者收入的增加而减少，因此低档商品的需求的收入弹性小于 0。

38. 什么是商品需求的交叉弹性？替代品和互补品的交叉弹性有什么区别？

答：需求的交叉价格弹性（cross-price elasticity of demand）是衡量一种商品的需求量对其相关商品价格变化反应程度的一个系数，该系数等于某商品需求量的变化百分比除以该商品的相关商品价格变化的百分比。

由于正常商品的需求量和其替代品的价格是同方向变动的，因此，该商品与其替代品的需求交叉价格弹性系数大于 0；而一种商品的需求量和该商品互补品的价格是反向变动的，因此该商品与其互补品的需求交叉价格弹性系数小于 0。

比如牛肉是猪肉的替代品，如果牛肉的价格每上升 1 个百分点，猪肉的需求量会因此增加 1.5 个百分点，则意味着猪肉对牛肉的交叉价格弹性系数等于 1.5。再如，汽油是汽车的互补品，如果汽油的价格每上升 1 个百分点，汽车的需求量会因此下降 1.5 个百分点，则汽车对汽油的需求交叉价格弹性系数等于－1.5。

39. 什么是商品的供给价格弹性？影响商品供给价格弹性的主要因素有哪些？

答：商品的**供给价格弹性**（price elasticity of supply）是衡量商品供给量对其价格变化反应程度的一个系数，该系数等于商品供给量变化的百分比除以其价格变化的百分比。如果供给价格弹性系数等于 2，则意味着价格每上升 1 个百分点，则供给量就会因此增加 2 个百分点。由于商品的价格是影响商品供给量的最主要因素，因此除非做特殊说明，供给弹性就是专指供给价格弹性。影响供给价格弹性的主要因素包括：

生产的难易程度。一般而言，在一定时期内，容易生产的产品，当价格变化时其产量的变动速度快，因而供给价格弹性大；较难生产的产品，则供给弹性小。

生产规模和规模变化的难易程度。生产规模大的资本密集型企业，其生产规模较难变动，调整周期长，因而其产品的供给价格弹性小；而规模较小的劳动密集型企业，其应变能力强，产品的供给价格弹性大。

成本的变化情况。如果随着产量的提高，只引起单位商品成本轻微提高，供给弹性就大，而如果单位成本随着产量的提高明显上升，则供给弹性就小。

另外，时间的差异、厂商的生产能力、对未来价格的预期等因素，也都会对供给价格弹性产生影响。

40. 为什么供给弹性在短期和长期会有区别？

答：时间因素本来就是影响商品供给弹性大小的重要因素。这是因为，商品的价格变动影响生产规模变化是需要一个过程的，因此，生产规模变动越困难的产品，其供给弹性在短期和长期的区别就越大。例如，某种产品价格上升使得生产者变得有利可图，从而要扩大生产规模，但这种产品生产规模扩大必须有一个相当长的时间过程（假定要建造专用厂房、安装专用设备都很不容易），因此产品的供给量在短期内不可能一下子增加很多，但经过一个适当的过程，供给量就会达到与价格相适应的水平。可见，短期供给弹性要远远小于长期供给弹性。同样，产品价格下跌时，产量水平也一时难以收缩到与价格相适应的水平。但价格下跌时，供给的短期弹性小于长期弹性的程度远不如价格上升时那么大。因为短期可通过让设备闲置来压缩生产。

41. 商品均衡价格是怎样形成和变动的？

答：均衡价格（equilibrium price）是指商品的需求量恰好与商品的供给量相等时的价格，在此价格水平上，价格既不会上升，也不会下降，因此被称为均衡价格。

均衡价格是商品市场上需求和供给两种相反力量共同作用的结果，它是在市场供求力量的自发调节下形成。如果商品的需求量大于供给量，商品就会出现供不应求，这种超额需求必然会导致商品购买者之间的竞争，因而会推动价格水平的上升，随着商品价格的上升，需求量就会减少，供给量就会上升，价格上升到直至需求量和供给量相等为止。如果商品的供给量大于需求量，则商品就会出现供给过剩，这种超额供给会导致生产者之间的激烈竞争，因而会推动价格水平下降，随着价格的下降，需求量就会增加，供给量就会减少，价格会下降到直至供给量和需求量相等为止。一般而言，在自由竞争的市场经济中，均衡是一种趋势，通过供求关系的自发调节，形成市场的均衡价格。

以上对均衡价格的分析有一个重要的假设前提，即假设除了商品本身价格外，影响需求量和供给量的其他因素不变，但是如果其他因素发生了变化，则均衡价格也会发生变化。比如，猪肉市场原来的均衡价格是每公斤 20 元，现在假设消费者的收入增加了，因此在猪肉的每一个价格水平上，猪肉的需求量都比原来增加了，即猪肉需求增加，表现为猪肉需求曲线右移，这种情形会使得猪肉的均衡价格比原有的均衡价格 20 元要高。由此可见，当影响需求和供给的其他因素发生变化时，商品的供给和需求就会发生变化，从而最终导致均衡价格的变化。一般而言，均衡价格会随需求的增加而上升，而随供给的增加而下降。

42. 什么叫买方市场和卖方市场？

答：**买方市场**（buyer's market）是指商品供给大于需求、商品价格有下降趋势，买方在交易上处于有利地位的市场格局。在买方市场上，由于商品供给过剩，卖方之间竞相抛售，价格呈下降趋势，买方在交易上处于主动地位，有任意选择商品的主动权。在买方市场的格局中，企业和商品生产者能否根据市场的消费需求来组织生产，适应市场消费需求的变化，对企业和商品生产者的生死存亡具有重要意义。

卖方市场（seller's market）是指供给小于需求、商品价格有上涨趋势，卖方在交易上处于有利地位的市场格局。在卖方市场上，由于供不应求而不能满足市场的需求，即使商品质次价高也能被销售出去，商品价格呈上涨趋势。这时，买方对商品没有选择的主动权，卖方只关心产品数量，很少考虑市场需求，卖方在交易上处于主动地位。

43. 什么是消费者剩余和生产者剩余？这两个概念有何重要作用？

答：**消费者剩余**（consumer surplus）是指消费者愿意为其所购买的商品支付

的最高金额（即支付意愿或心理价位）与按市场价格为其所购商品实际支付的金额之差。比如，你原打算最多花 6 000 元去购买一部苹果手机（也即你对一部苹果手机的支付意愿是 6 000 元，或者说你的心理价位是 6 000 元），但是按照市场价格，用 5 888 元就购买了一部苹果手机，这意味着你节省了 112 元，这节省下来的 112 元就是你购买一部苹果手机的消费者剩余，也是你从这次购买行为中获得的一种剩余满足。由此可见，从某种意义上说，对消费者而言，所谓的消费者剩余实际上就是一种省钱的概念，它具有度量消费者福利的重要作用。

生产者剩余（producer surplus）是指生产者按照产品的市场价格生产或销售一定数量的商品所实际得到的收入与生产者生产或销售这些商品所要求得到的最低收入之差。比如，假定你是窗帘的生产者，现有一个客户向你订购一幅窗帘，你生产这幅窗帘的成本是 1 000 元，所以你要求从这幅窗帘中所得到的最低收入不能少于 1 000 元，否则你就不会生产。你的客户按市场价为这幅窗帘向你支付了 1 200 元，这意味着你从这幅窗帘中赚了 200 元，所赚的这 200 元就是你生产这幅窗帘的生产者剩余。由此可见，对生产者而言，所谓的生产者剩余实际上是一种赚钱的概念，它具有度量生产者福利的重要作用。

正因如此，在经济学中消费者剩余被当作是度量消费者（商品买方）福利的一个指标，而生产者剩余被当作是度量生产者（商品卖方）福利的一个指标，消费者剩余和生产者剩余之和被当作是度量社会总福利的一个指标。经济学认为，如果一种资源配置方式能够使得消费者剩余和生产者剩余总和最大（即社会福利水平最大），则这种资源配置方式就是有效率的，反之就是缺乏效率的。因此，消费者剩余和生产者剩余者是福利经济学中最重要的两个分析工具。

44. 什么是政府支持价格和限制价格？它们对市场会产生什么影响？

答：支持价格又称最低限价（price floor），是指政府为扶持某一行业的生产，对该行业产品规定一个价格下限。一般而言，这个价格下限往往高于市场均衡价格。比如，政府为了支持农业，常实行农产品支持价格。如果支持价格高于产品的市场均衡价格，就会导致供给量大于需求量，即出现超额供给，因此如果政府要维持支持价格，可能要采取两种措施：一是收购过剩的产品，这个会加重政府的财政负担；二是对该产品的生产实行产量限制，但是产量限制可能导致社会福利损失。

限制价格又称最高限价（price ceiling），是指政府为了限制某些产品的价格而对它们规定一个价格上限。一般而言，这个价格上限往往低于市场均衡价格。例如为了稳定生活必需品的价格，保护消费者的利益，政府可能对盐、油之类重要生活必需品实施限制价格。如果限制价格低于产品的市场均衡价格，就会导致需求量大于供给量，即出现超额需求。为解决商品短缺，政府可能采取的措施就是采用配给制，发放购物券。时间一长，这种购物券可能货币化，并且还会出现黑市交易。最高限价还会挫伤厂商生产的积极性，使得商品短缺变得更严重。

45. 政府税收对市场均衡价格会产生什么影响？

答：政府对商品征税，如果是根据商品的销售数量征税，被称为是从量税，如果是根据商品的销售金额征税，则被称为是从价税。从量税还是从价税，只是征税时的计算方法不同而已，对市场均衡价格的影响是相似的，以下我们以从量税为例来说明。

假定某种商品原来的市场均衡价格是 5 元/件，现在政府对每件商品征收 2 元的税，如果税是向该商品的卖方（即厂商）征收的，这意味着卖方向市场提供每一件产品的成本增加了，这会使得供给减少（表现为商品的供给曲线向左移动），从而导致该商品的市场均衡价格会超过 5 元。

现在假定政府对每件商品所征收的 2 元的税不是向卖方征收的，而是向该商品的买方（即消费者）征收的，这意味着买方购买每件商品要比原来多支付更多的钱，这会降低买方对每件商品的支付意愿，这会使得需求减少（表现为商品的需求曲线向左移动），从而导致该商品的市场均衡价格会低于 5 元。

以上分析显示，如果税收是向商品的卖方征收的，则商品的市场均衡价格会上升，如果税收是向商品的买方征收的，则商品的市场均衡价格就会下降。

46. 税收负担和供求弹性的关系是怎样的？

答：所谓的**税收负担**（tax incidence，又称税负归宿）是衡量税收如何在商品买卖双方之间进行分担的一个概念。如果政府对商品征税，税收究竟如何在买卖双方之间进行分担，取决于供求弹性的大小。我们仍然利用上题中的例子来说明这个问题。

如果政府按每件商品向卖方（厂商）征收 2 元钱的税，由于卖方向市场提供每件产品的成本增加了，因此卖方会尽可能地通过涨价来将税收负担转嫁给买方，如果买方对商品价格的变动不敏感，即需求缺乏弹性（也即买方是一种刚性需求者)，则卖方涨价的幅度就能够比较大，在极端情况下，比如需求完全无弹性（需求曲线是一条垂直线)，卖方可以将商品的价格从原来的5元提高到7元，从而将2元的税收全部转嫁给买方。相反，如果买方对价格变动比较敏感，即需求富有弹性，此时，如果卖方涨价，买方的购买量就可能大幅减少，在这种情况下，卖方试图通过涨价来将税收转嫁给买方的可能性就比较小，在极端情况下，比如需求价格弹性为∞时（需求曲线是一条水平线)，卖方提价一点也会导致买方购买量为0，此时卖方就无法通过涨价来转移税负了，2元钱的税负只能完全由自己承担。

如果政府按每件商品向买方（消费者）征收2元钱的税，由于买方购买每件商品要比原来多支付2元钱的税，因此买方就会通过压价来转移税负，如果商品的供给缺乏弹性（比如水蜜桃，卖不掉就会烂掉)，则买方就可以压价较多，在极端情况下，比如供给完全无弹性（即供给曲线为一条垂直线)，买方可以将价格由原来的5元钱压低到3元钱，从而将2元钱的税完全转嫁给卖方。相反，如果供给富有弹性，则买方就难以压价，在极端情况下，比如供给完全有弹性（即供给为一条水平线）时，买方压一点价也会导致供给量为0，此时买方就无法通过压价来转移税负了，2元钱的税负只能完全由自己承担了。

在现实生活中，不管税收是向卖方征收，还是向买方征收，实际上税负是由买卖双方共同负担的，谁负担得多，谁负担得少，则取决于供求弹性的大小。当税收是向卖方征收的时候，卖方就会通过涨价来转移税负。买方的需求价格弹性越小，卖方涨价的幅度就可以越大，因而卖方转移的税负就越多，卖方的税收负担越轻。反之，如果买方的需求价格弹性越大，卖方涨价的幅度就只能越小，因而卖方转移的税负就越少，因此卖方的税收负担越重。

当税收是向买方征收的时候，买方就可以通过压价来转移税负。如果卖方的供给价格弹性越小，买方压价的幅度就可以越大，因而转移的税负就越多，税收负担就越轻；反之，如果卖方的供给价格弹性越大，买方能够压价的幅度就越小，因而买方转移的税负就越少，买方的税收负担就越重。

47. 什么是蛛网模型？蛛网模型的形式与供求弹性有何关系？

答：蛛网模型（cobweb model）是通过引入时间因素，对不同时期的需求量和供给量以及价格之间的相互作用进行考察，并运用动态分析方法来研究生产周期较长的商品的产量和价格在偏离均衡状态以后的实际波动过程及其结果的一种理论。由于该理论所刻画的价格和产量波动的路径具有蛛网特征，所以该理论又被称为蛛网理论。蛛网模型的形式与供求弹性的大小密切相关。

在市场均衡价格和产量上，如果供给价格弹性小于需求价格弹性，表现为供给曲线斜率的绝对值小于需求曲线斜率的绝对值（即供给曲线比需求曲线更陡峭），此时，如果价格偏离均衡价格水平，则随着时间的推移，价格和产量会以越来越小的幅度波动，直至恢复到原有的均衡价格水平为止。这种情况被称为收敛式蛛网模型。

在市场均衡价格和产量上，如果供给弹性大于需求弹性，表现为供给曲线斜率的绝对值小于需求曲线斜率的绝对值（即供给曲线比需求曲线更平坦），此时，如果价格一旦偏离均衡价格水平，则随着时间的推移，价格和产量会以越来越大的幅度波动，越来越偏离原有的均衡价格水平，这种情况称为发散式蛛网模型。

在市场均衡价格和产量上，如果供给价格弹性等于需求价格弹性，表现为供给曲线的斜率的绝对值与需求曲线斜率的绝对值相等（即供给曲线和需求曲线一样平坦），此时如果价格一旦偏离均衡价格水平，则随着时间的推移，价格和产量会以相同的幅度不断地沿着一个封闭的循环路径上下波动，这种情况被称为封闭式蛛网模型。

48. 研究蛛网模型有什么意义？为什么一些经济学家认为蛛网模型实际上很少会存在？

答：经济学家认为，蛛网模型解释了某些生产周期较长的商品的产量和价格的波动的情况，是一个有意义的动态分析模型。古典经济学理论认为，如果市场均衡被打破，在供求机制的作用下，均衡状态会自动恢复。而蛛网模型却证明，市场均衡一旦被打破，供求机制并不一定能够保证经济系统自动恢复均衡。因此蛛网模型是对古典经济学静态均衡分析的一个有价值的拓展。

但是，这个蛛网模型还是一个很简单的和有缺陷的模型。这是因为，根据该模型分析，造成产量和价格波动的主要原因是：生产者总是根据上一期的价格来预期下一期的价格并决定下一期的产量。而事实上，每一期生产者只能按照本期的实际供求情况决定的市场价格来出售由上一期预期价格所决定的产量。这种实际价格和预期的价格不吻合，造成了产量和价格的蛛网模型波动。但是，这种解释并不全面。因为生产者从自己的经验中，会逐步修正自己的价格预期，使预期价格接近实际价格，从而使实际产量接近市场的实际需求量。例如，假定今年西瓜产量过多造成价格下跌，如果西瓜生产者明年减少生产从而价格上升，则形成产量和价格波动呈蛛网状；如果一些生产者预期瓜农们都可能减少生产因而自己无须减少生产，这样，明年西瓜的供给不一定减少很多，从而价格也不会出现较多上调，因而蛛网式波动就会受到影响。这就是经验预期和理性预期造成的不同结果。正因如此，蛛网模型所刻画的情形在现实生活中并不一定会广泛存在。

第三章

消费者行为

49. 什么是消费者行为理论?

答: 人类生产归根到底是为了消费。消费者行为理论之所以通常会是分析经济理论的出发点之一，是由于需求理论、效用理论、均衡价格理论等都是在分析消费者行为理论基础上得出的。消费者行为理论是理性消费者如何进行消费活动的理论。对消费者行为分析通常包括三方面内容：一是消费者对社会提供的有关商品所作出的比较、判断的消费者偏好理论；二是消费者消费可能受到的约束的理论，尤其是预算约束理论；三是消费者在偏好和预算约束给定情况下，如何选择每一种可供选择商品的购买量，以得到最大限度满足的消费者均衡的理论。这三方面共同构成消费者行为理论。

50. 什么叫消费者偏好?

答: 消费者偏好是指消费者对社会提供的有关商品所作出的比较、判断的理论。尽管各个消费者对各种商品的喜欢情况不一样，比方说有人喜欢抽烟，有人不喜欢，因此对烟的购买行为会有极大差异。然而消费者偏好理论研究的是消费者行为中那些共同的东西，而不考虑单个消费者的特殊口味。消费者偏好中的共同性通常有三点：一是完备性，指消费者对任何两种商品组合都能够作出或者优、或者劣、或者相同的判断；二是传递性，指消费者如果认为 A 优于 B，B 优于 C，那么一定会认为 A 优于 C；三是非饱和性，指消费者购买的都会是有正效用的商品，在不考虑成本的情况下，消费者通常会偏好数量更多的商品束。比方说，一个消费者买了一张票进了一个园林，总会尽可能把所有景点都看过。

此外，一般还假定消费者偏好具有“独立性”，就是每个消费者只关心自己的消费，不考虑他的消费行为对其他人的影响，因此这种“独立性”也称“自利性”。尽管现实生活中消费者进行消费时不会毫不考虑可能对其他人的影响，但是研究消费者偏好时必须作这样的假定，否则就难以表示消费者的偏好确实是显示在自己的商品组合集里了，从而也无法画出消费者的无差异曲线了。

51. 什么是消费者预算约束? 它和消费者约束有没有区别?

答: 消费者预算约束指消费者由于受实际收入限制而可能选择的商品机会集

合。预算约束线是这一机会集合的边界。假定某消费者有 100 元要购买 X、Y 两种商品，X 的单价 5 元，Y 的单价 10 元，如果 100 元全部购买 X，可买 20 单位，如果全部买 Y，可买 10 单位。如果既买一点 X，又买一点 Y，就可能有各种不同数量的 X 和 Y 的可能购买组合。这些不同数量的 X 和 Y 的商品集合会表现在一条直线上。这条直线就是预算约束线。

实际上，这条预算约束线表示的是在消费者收入和商品价格既定的条件下消费者所能购买的不同商品的组合，也就是在消费者收入和商品价格既定条件下的消费可能性曲线。如图 3—1 中的 AB 线。

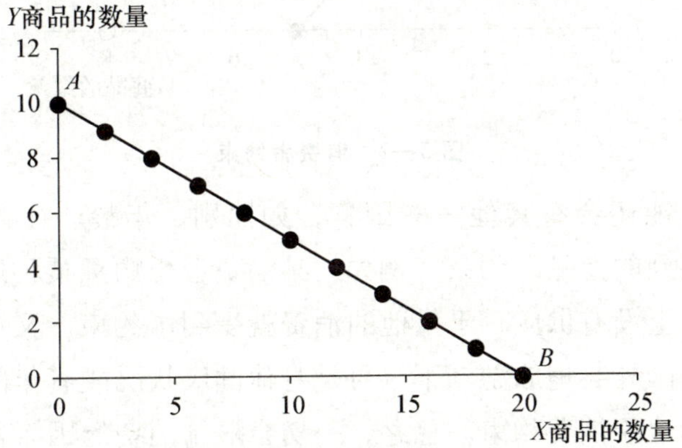

图 3—1 消费者预算约束线

如果商品价格不变而收入增加或者减少，预算线就会向外或者向内平行移动。如果收入不变而商品价格作同样比例变动（比方说都上涨或者下跌一定百分比），预算线同样会向外或者向内平行移动。如果一种商品价格不变而另一种商品价格变动，或者两种商品价格发生不同程度变动，那么，预算线就会发生不同程度的转动。

消费者预算约束和消费者约束有联系也有区别。消费者预算约束指消费只受实际收入或者说只受货币收入和商品价格的限制。实际上消费者消费除了受预算约束，可能还会受其他约束。例如消费除了花钱，还要花时间，因此时间也会构成人们消费的一种约束。例如，假定某人仅消费 X 和 Y 两种商品，$P_x=P_y=2$ 元，他只有 10 元用来消费。若仅考虑收入和价格，他就可以在 5 单位 X 和 5 单位 Y 之间来加以选择。假定他消费 1 单位 X 要花 2 小时，消费 1 单位 Y 要花 4 小时，再假定一天最多只有 16 小时用来消费，那么他事实上只能在 8 单位 X 和 4 单位 Y 之间来加以选择。因此，把收入、价格和时间都考虑进来的话，实际上他就只能在 5 单位 X 和 4 单位 Y 之间加以选择。这种情况可用图 3—2 来表示。

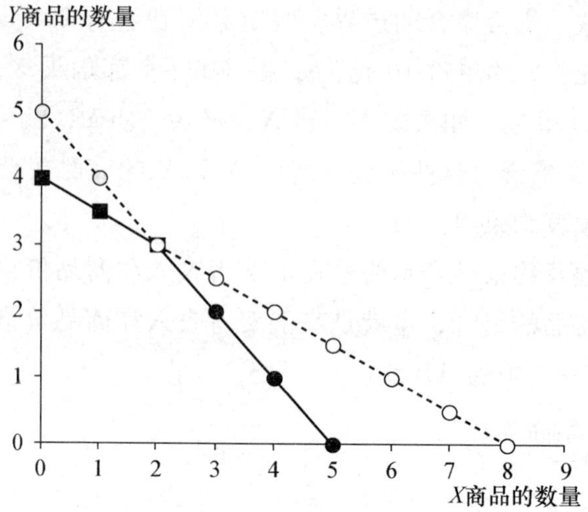

图 3—2 消费者约束

消费者约束可能还会有其他一些因素，如性别、年龄、社会地位或宗教信仰等，甚至可以购买到的商品的约束。例如，某消费者想购买某种质量或者某种品牌的商品，可是市场上没有供应，于是他的消费就受到了约束。又如，某人很希望同时也有经济能力到国外某地旅游一下，可是身体健康状况或者年龄较大不允许他这样行动，这也成为他的消费约束。总之，一切会限制消费的因素都可能构成消费者约束，但通常说来，其中最重要的还是预算约束。

52. 什么是基数效用论？什么是序数效用论？

答：在经济学中，**效用**（utility）是指商品对人的欲望的满足。从某种意义上说，效用也就是商品的使用价值。消费者在消费商品时，如果从中获得的满足程度越高，则该商品的效用水平就越高。

由于效用是用来表示消费者在消费商品时所获得的满足程度，于是就产生了对这种“满足程度”即效用大小的度量问题。在这一问题上，经济学家曾先后提出了基数效用论和序数效用论。

基数效用论（cardinal utility theory）认为，效用和长度、重量等概念一样，是可以计量并加总求和的，即商品效用的大小可以用基数（1、2、3……）来表示。比如，对某个人来说，吃一顿丰盛的晚餐和看一场高水平的足球比赛效用分别为 5 效用单位和 10 效用单位，则对该消费者而言，这两种消费的总效用为 15 单位，且后者的效用是前者的 2 倍。

序数效用论（ordinal utility theory）则认为效用作为一种心理现象无法计量，

也不能加总求和，只能通过消费者对不同商品的偏好顺序（即第一、第二、第三……）来表示不同商品效用水平的大小。仍就上例来说，如果在吃一顿丰盛的晚餐和看一场高水平的足球比赛之间，消费者更偏好看足球比赛，则对该消费者而言，一场高水平的足球赛的效用水平比一顿丰盛晚餐的效用水平高，因此高水平足球赛和一顿丰盛晚餐的效用水平大小的排序是，前者第一，后者第二。

53. 什么是总效用和边际效用？为什么边际效用会递减？

答：总效用（total utility）是指消费者在一定时期内从一定数量商品的消费中所得到的效用量的总和，即总的满足度。

边际效用（marginal utility）是指消费者在一定时期内，增加一单位商品的消费所得到的效用量的增量。

边际效用递减（diminishing marginal utility）是指在一定时期内，在其他商品的消费数量保持不变的情况下，随着消费者对某种商品消费量的连续增加，每增加一单位该商品的消费给消费者带来的效用增量即边际效用是递减的。

为什么边际效用递减呢？根据学者的解释，有两个方面的原因：一是生理或心理的原因。人们的欲望多种多样，永无止境，但是受生理等因素的限制，就每个具体的欲望而言则是有限的，最初的欲望最大，因而消费第一单位商品所得到的满足度也最大，随着商品消费的增加，欲望随之减少，从而感觉上的满足程度递减，以至于当要满足的欲望消失时还增加消费的话，反而会引起讨厌的感觉，即效用为负。二是设想物品有多种用途，并且各种用途的重要程度不同，人们总是把它先用于最重要的用途，也就是效用最大的地方，然后才是次要用途，最后才是最不重要的用途，故后一单位的物品给消费者带来的满足或提供的效用小于前一单位。

54. 有没有边际效用递增的情况？

答：当只消费一种商品时，这种商品边际效用一定随其消费量的增加而减少。只有在二元总效用函数 $TU=U(X, Y)$ 中，且 X 和 Y 是互补品时，一种商品的边际效用将随另一种商品消费量的增加而增加。例如，在酒席上，当菜增加时，酒的边际效用会增加；当酒增加时，菜的边际效用也会增加。另外，在所谓“癖好”和“集成”两类情况中，也会出现商品边际效用递增的情况。前者如一个酒仙在一次喝几杯酒中，喝第 3 杯要比第 2 杯所得到的满足要大，喝第 4 杯所得到的满足可能比第 3 杯还大；后者如一个集邮者的满足是随一套邮票的收集越来越齐全而增加的，他会感到收集的邮票越多越好。

55. 什么是无差异曲线？无差异曲线有何特征？

答：假设消费者只消费两种商品，即商品 X 和商品 Y，我们构建一个以横轴表示商品 X 的数量，以纵轴表示商品 Y 的数量的二维消费空间。所谓的**无差异曲线**（indifference curve）就是在这个二维消费空间中能够给消费者带来相同效用水平的商品 X 和商品 Y 所有数量组合点的轨迹。无差异曲线通常具有以下特征：

第一，无差异曲线是一条自左上方向右下方倾斜并凸向原点的曲线。

第二，离原点越远的无差异曲线所代表的效用水平越高。

第三，在消费者偏好不发生变化的条件下，任意两条无差异曲线都不能够相交。

56. 什么叫边际替代率？为什么边际替代率是递减的？

答：边际替代率（marginal rate of substitution）是指为了假定消费者消费 X 和 Y 两种商品时保持同等的效用水平，消费者每增加 1 单位 X 所必须放弃 Y 的数量。比如，如果让消费者放弃 2 单位的商品 Y，就必须增加 4 单位的 X 才能使得消费者保持效用水平不变，这意味着在保持效用水平不变的情况下，每增加 1 单位的 X 可以替代 0.5 单位的 Y，因此边际替代率是 0.5。由此可见，边际替代率实际上是消费者愿意接受的两种商品相交换的比率，因为按照这个比率进行交换，消费者的效用水平可以保持不变。

边际替代率有一个重要的特征，即在保持效用水平不变的情况下，随着一种商品（比如 X）消费数量的增加，消费者为得到每一单位的该商品所必须放弃的另一种商品（Y）的消费数量是递减的，这就是所谓的边际替代率递减规律。边际替代率递减背后的原因就是边际效用递减，因为随着商品 X 数量的增加，X 的边际效用越来越小，而随着商品 Y 数量的减少，商品 Y 的边际效用越来越大，在这种情形下，每增加 1 个单位的 X 所能够替代的 Y 的数量当然会越来越少。

57. 什么叫消费者均衡？消费者均衡的条件是什么？

答：在偏好、收入和商品价格都给定的条件下，消费者找到了使自己效用水平（即满足度）最大的一组商品数量组合，在该组商品数量组合下，消费者的货币收入在不同商品之间的分配比例如果发生任何变化，都会导致消费者的效用水平下降，因此，消费者就会保持这一商品数量组合的购买不变，这种状态就是所谓的**消费者均衡**（consumer equilibrium）。

消费者均衡的条件可以表述为：不同商品的边际效用之比（即边际替代率）恰好等于它们的价格之比。我们以一个简单的例子来说明这一问题，假设某消费者每天都要消费苹果和香蕉，他对苹果和香蕉的偏好不变，且苹果的价格是 3 元一个，香蕉的价格也是 3 元一根。他在这两种水果上的预算是固定的，即每天 24 元，如果该消费者用这 24 元钱购买了 3 个苹果，5 根香蕉。那么这一数量组合是 24 元预算下的效用水平最大化的组合吗？再假设，对该消费者而言，如果当前给他增加 1 个苹果，他的效用水平会因此增加 6 个单位，即苹果的边际效用是 6；而如果给他增加 1 根香蕉，他的效用水平会因此增加 3 个单位，即香蕉的边际效用是 3。在这种情况下，苹果与香蕉的边际效用之比就是 2∶1，这意味着 2 根香蕉至少能够换 1 个苹果消费者才愿意用香蕉去换苹果，因为这样才能够保证效用水平不下降，但是，消费者发现，按照市场价格，2 根香蕉可以换 2 个苹果（因为它们的价格都是 3 元），比保证效用水平不下降所要求换到的苹果数量还要多 1 个，因此按照现行市场价格所决定的交换比例用香蕉去换苹果，消费者的效用水平就会提高。这会促使消费者减少对香蕉的购买，并用省下来的钱去购买苹果，并且只要苹果与香蕉的边际效用之比大于苹果与香蕉的价格之比，则消费者减少香蕉而增加苹果的数量调整行为就会持续下去。

但是，随着消费者拥有香蕉数量的减少，苹果数量的增加，根据边际效用递减规律可知，对消费者而言，香蕉的边际效用就会增加，而苹果的边际效用就会减少。假设香蕉的边际效用增加到 6，而苹果的边际效用减少到 3，此时，苹果与香蕉的边际效用之比就下降到 1∶2，在这种情形下，1 根香蕉至少能够换到 2 个苹果消费者才愿意继续用香蕉去换苹果（因为这样可以保证效用水平不下降），但是，按照现行的市场价格，1 根香蕉只能换 1 个苹果，因此消费者就不愿意再用香蕉去换苹果了，而是反向交易，即用苹果去换香蕉，因为在苹果的边际效用是 3，香蕉的边际效用是 6 的情形下，只要 2 个苹果能够换到 1 根香蕉，消费者就可以保持效用水平不变，但是按照市场价格，2 个苹果可以换到 2 根香蕉，比保持效用水平不变所要求换到的香蕉数量还要多 1 根，因此按照市场价格所决定的交换比例用苹果去换香蕉，消费者的效用水平就会提高，这会促使消费者减少对苹果的购买，并用省下来的钱去购买香蕉。并且只要苹果与香蕉的边际效用之比小于苹果与香蕉的价格之比，则消费者减少苹果增加香蕉的数量调整行为就会持续下去。

以上分析显示，如果苹果与香蕉的边际效用之比（边际替代率）大于苹果与香蕉的价格之比，消费者用香蕉去换苹果会提高效用水平，反之，如果苹果与香蕉的边际效用之比小于苹果与香蕉的价格之比，消费者用苹果去换香蕉会提高效用水平，当苹果与香蕉的边际效用之比（边际替代率），恰好等于它们的价格之比时，此时，不管是用苹果去换香蕉，还是用香蕉去换苹果，消费者的效用水平都不会提高，也就意味着消费者效用水平最大化了，因此交换就会停止，也就实现了消费者均衡。

消费者均衡的条件还可以表述为：消费者花费在所有商品上的单位货币的边际效用要相等，也即所有商品的边际效用与其价格之比都要相等。还是承接上面的例子来说明这个问题，如果当前消费者多消费一个苹果，他的效用水平会因此增加 6 个单位（即苹果当前的边际效用是 6），但是消费者为此付出了 3 元钱（因为苹果的价格是 3 元），此时苹果的边际效用与其价格之比为 2，它意味着，在苹果上每多花费 1 元钱可以给消费者带来 2 个单位的效用；同样，如果当前消费者多消费一根香蕉，他的边际效用会因此增加 3 个单位（即香蕉当前的边际效用是 3），但消费者为此也付出 3 元钱，此时香蕉的边际效用与其价格之比为 1，这意味着在香蕉上每多花费 1 元钱可以给消费者带来 1 个单位的效用。由于同样是 1 元钱，用来购买苹果可以获得 2 个单位的效用，而用来购买香蕉只能获得 1 个单位的效用，这意味着，在香蕉上少花费 1 元钱，而将其花费在苹果上，消费者的效用水平可以净增加 1 个单位，这会促使消费者减少对香蕉的消费，而将省下来的钱用于消费苹果。由此可见，只要花费在苹果上的货币的边际效用大于花费在香蕉上的货币的边际效用，消费者就会调整苹果和香蕉的数量组合，增加苹果的消费，减少香蕉的消费。相反，如果花费在苹果上的货币的边际效用小于花费在香蕉上的货币的边际效用，消费者就会减少苹果的消费，增加香蕉的消费。在边际效用递减规律的作用下，这种数量调整行为直至花费在这两种水果上的货币的边际效用相等为止，也即当所有商品的边际效用与其价格之比都要相等时为止。

58. 怎样用边际效用递减规律说明商品需求量与价格会反向变化?

答：在上一问题中分析过，消费者均衡的条件可以表示为：所有商品的边际效用与其价格之比都要相等。假设消费者只消费两种商品 X 和 Y，则上述均衡条件就可以表述为，商品 X 的边际效用与 X 的价格之比要恰好等于商品 Y 的边际效用与 Y 的价格之比。

如果消费者购买商品 Y 的数量和 Y 的价格都不变，这意味着商品 Y 的边际效用和其价格之比也保持不变，如果此时消费者购买商品 X 的数量增加了，根据边际效用递减规律可知，商品 X 的边际效用就会下降，如果商品 X 的价格保持不变，

则商品 X 的边际效用与 X 价格之比就会下降，这意味着商品 X 的边际效用与其价格之比将会小于商品 Y 的边际效用与其价格之比，从而无法满足效用最大化的均衡条件，因此如果消费者要实现均衡，当 X 购买量增加的时候，X 的价格必须降低，只有这样才能够保持商品 X 的边际效用与其价格之比始终等于商品 Y 的边际效用与其价格之比，从而使得消费者均衡条件始终得到满足。

59. 什么是消费者的最优的商品数量组合?

答：根据上述可知，在偏好、收入和商品价格给定的条件下，消费者找到了使自己效用水平（即满足度）最大的一组商品数量组合，在该组商品数量组合下，消费者的货币收入在不同商品之间的分配比例如果发生任何变化，都会导致消费者的效用水平下降，于是在该商品数量组合下，消费者实现了效用最大化，这一数量组合就是消费者最优的商品数量组合。最优商品数量组合必须满足以下条件，即：不同商品的边际效用之比要等于不同商品的价格之比，或者说消费者花费在不同商品上的单位货币的边际效用要相等。

60. 为什么基数效用论和序数效用论对消费者行为的分析结论是一致的?

答：根据基数效用论可知，不同商品的边际效用之比与不同商品的价格之比相等是消费者效用最大化的必要条件。满足这一条件的商品数量组合才有可能是最优的组合。

而根据序数效用论可知，消费者效用最大化的商品数量组合点恰好是无差异曲线与消费者预算约束线相切的切点。在该切点上，边际替代率恰好等于预算约束线斜率的绝对值。由于前者即为不同商品的边际效用之比，而后者即为不同商品的价格之比，因此边际替代率与无差异曲线斜率的绝对值相等，实际上就等同于不同商品的边际效用之比与不同商品的价格之比相等，这与基数效用论所得到的消费者效用最大化的条件恰好一致。因此序数效用论分析的结论与基数效用论分析的结论是一致的。

61. 什么是价格—消费曲线? 如何从价格—消费曲线得到需求曲线?

答：价格—消费曲线（PCC）是指在消费者偏好、收入以及其他商品的价格不变的情况下，一种商品价格发生变化后，消费者均衡点变动的轨迹。我们以两种商品（X 和 Y）为例来说明如何推导价格—消费曲线。假设以 X 轴表示 X 商品的数量，Y 轴表示 Y 商品的数量，再假设 X 商品的价格是 P_X，Y 商品的价格是 P_Y，消费者花费在这两种商品上的收入是 M。根据这些信息我们可以得到消费者的预算约束线，该预算约束线的纵截距点为 M/P_Y，它表示消费者把 M 全部用在 Y 商品上时所能购买到的 Y 商品的数量。同理，预算约束线的横截距点为 M/P_X，它表示消费者把 M 全部用在 X 商品上时所能购买到的 X 商品的数量。预算约束线的斜率绝对值为 P_X/P_Y，它等于预算约束线的纵截距除以横截距。

现假设 P_Y 和 M 保持不变，但 P_X 下降，在这种情况下，预算约束线的纵截距 M/P_Y 不会发生变化，但横截距 M/P_X 会随着 P_X 下降而不断右移，同时预算线的斜率的绝对值（P_X/P_Y）也会不断下降，这意味着，预算线会围绕纵截距点逆时针旋转，并与一条条无差异曲线相切，把这些切点联系起来就可以得到一条曲线，这条曲线就是价格—消费曲线。

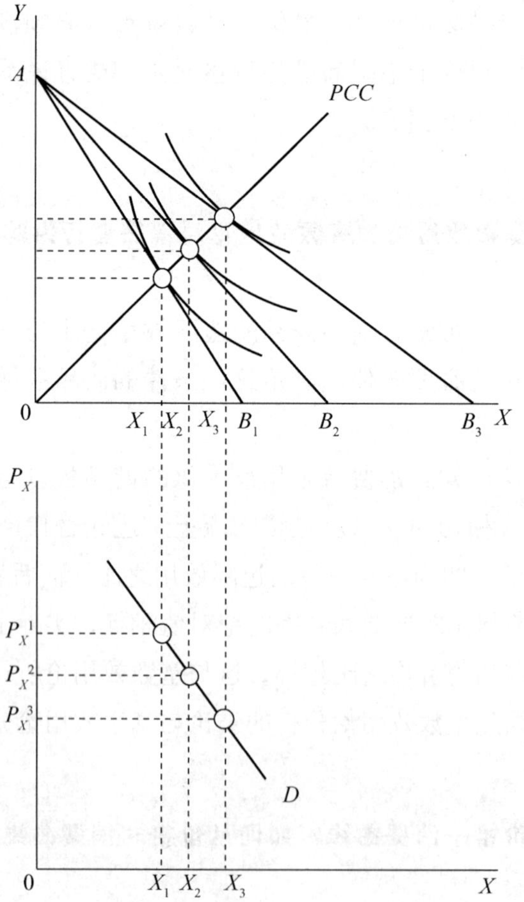

图 3—3　价格—消费曲线（*PCC*）和需求曲线（*D*）

如果我们以商品 X 的价格 P_X 作为纵轴，以商品 X 的数量作为横轴，再构建一个“价格—X 商品数量”的二维空间（简称 P_X—X 二维空间），然后将上述价格—消费曲线上 P_X 和 X 的不同组合点在 P_X—X 二维空间中标注出来，就可以得到一条曲线，该曲线反映商品 X 的需求量与其价格 P_X 的关系，这一曲线就是商品 X 的需求曲线（D）。

62. 什么是恩格尔曲线和恩格尔系数？试用消费者收入变化对消费者行为的影响说明恩格尔定律。

答：可仍然以两种商品为例，并以 X 轴表示 X 商品的数量，Y 轴表示 Y 商品的数量，假设 X 商品的价格是 P_X，Y 商品的价格是 P_Y，消费者花费在这两种商品上的收入是 M。根据这些信息我们可以得到消费者的预算约束线，该预算约束线的纵截距点为 M/P_Y，它表示消费者把 M 全部用在 Y 商品上时所能购买到的 Y 商品的数量。同样道理，预算约束线的横截距点为 M/P_X，它表示消费者把 M 全部用在 X 商品上时所能购买到的 X 商品的数量。预算约束线的斜率绝对值为 P_X/P_Y，它等于预算约束线的纵截距除以横截距。

当商品的价格不变时，如果消费者的收入 M 发生变动，则消费者的预算约束线就会平移（斜率不变），并与不同的无差异曲线相切，把这些切点联结起来形成一条曲线，这一曲线就是所谓的“**收入—消费曲线**”（ICC），如图 3—4 所示。

如果我们以消费者的收入 M 作为纵轴，以商品 X 的数量作为横轴，再构建一个“收入—X 商品数量”的二维空间（简称 M—X 二维空间），然后将上述“收入—消费”曲线上 M 和 X 的不同组合点在 M—X 二维空间中标注出来，就可以得到一条曲线，该曲线反映商品 X 的需求量与消费者收入之间的关系，这一曲线就是所谓的“**恩格尔曲线**”（EC），如图 3—4 所示。恩格尔曲线是以 19 世纪德国统计学家恩格尔的名字命名的。

食品支出与消费者收入之间的关系，可以衡量人们富裕程度和生活水平。由于食品是人们生活最基本的必需品，因此人们收入较低时，有限的收入首先会用来购买食品，然后再购买其他东西。随着收入逐步提高，人们在满足了吃的方面的需要以后，就会慢慢增加其他方面的消费。食品消费支出在人们总消费支出的比例称为恩格尔系数。恩格尔的统计分析表明，随着人们收入的增加，食品消费支出在人们总消费支出的比例有所下降，而用于其他方面的支出会上升，这就是所谓的“恩格尔定律”。根据恩格尔定律，越是富裕的国家和家庭，恩格尔系数越低。恩格尔系数 0.2 以下的家庭是富裕家庭，0.3 左右的家庭是小康家庭，0.5 以上的家庭就是

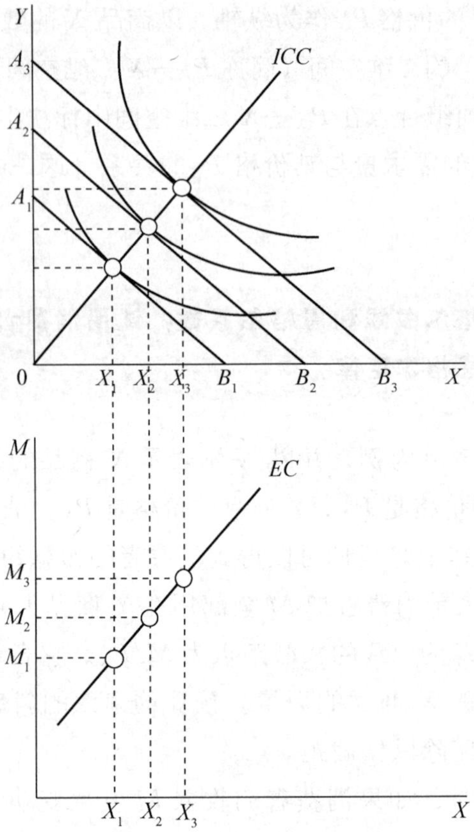

图 3—4　收入—消费曲线（*ICC*）和恩格尔曲线（*EC*）

勉强糊口的家庭。

63. 正常商品、吉芬商品、奢侈品、必需品这些概念的区别是什么？

答： 我们可以从价格变化的替代效应和收入效应来区别正常商品和吉芬商品。以价格上升为例，对于正常商品而言，价格上升后，替代效应导致正常商品的需求量减少，同时价格上升的收入效应也导致正常商品的需求量减少。在替代效应和收入效应的综合作用下，价格上升后，正常商品的需求量会下降得比较多。吉芬商品是低档商品中的一种。对于吉芬商品而言，价格上升后，替代效应会导致吉芬商品的需求量减少，但收入效应却导致吉芬商品的需求量反而增加，且收入效应导致吉芬商品需求量增加的幅度大于替代效应导致吉芬商品需求量减少的幅度，于是在替代效应和收入效应综合的作用下，价格上升后，吉芬商品的需求量反而增加。

关于奢侈品和必需品，可以从需求收入弹性的角度来区分。对于奢侈品而言，其需求收入弹性系数大于 1，而必需品的需求收入弹性系数大于 0 但小于 1。也就是说奢侈品对收入的变化比较敏感，而必需品对收入的变化不太敏感。

64. 如何解决消费者不是在两种商品中选择，而是在千千万万种商品中选择的理论问题?

答: 用无差异曲线图和预算线可以较好地解释消费者在两种特定商品之间的选择。但现实生活中往往是消费者要在成千上万种商品之间作出选择。为了解决这一问题，通常把某种特别需要注意的商品单列出来，并在横轴上用商品 X 表示其数量，而把其他一切商品看作另一种“非 X 商品”的商品总体，称之为“复合商品”。复合商品的消费量在纵轴上以货币单位来表示。经过这样处理，就可以用通常的无差异曲线和预算线工具来分析消费者在多种商品之间的选择。在这里无差异曲线同样向原点凸出，预算线斜率也是负的，但这里的边际替代率是表示消费者放弃 1 单位商品 X 所代表的最小货币量，预算线斜率的绝对值则表示消费者增加 1 单位商品 X 消费量所必须支付的货币量。

65. 什么是跨期消费选择? 利率变化对跨期消费产生什么影响?

答: 跨期消费选择 (intertemporal consumption choice) 是指一个理性的消费者在进行消费决策时，所考虑的不仅仅是某一特定时期的效用最大化问题，而且要考虑如何安排不同时期的消费行为，以实现一生的效用最大化。在跨期消费选择计划中，理性的消费者在进行消费决策时，不会仅局限于当前的收入约束，他可能会借贷消费 (此时他是一个借款者)，也可能将当前收入的一部分节省下来以备未来之需 (此时他是一个储蓄者，或贷款者)。因此，跨期选择问题实际上分析的是消费者如何规划自己在当前和未来的最优消费计划的问题。

利率变化主要通过替代效应和收入效应来对跨期消费产生影响。以利率上升为例，如果利率上升，则当前消费的机会成本就会增加 (失去的利息收入会增加)，则会促使消费者在当前增加储蓄，减少消费，即在当前以储蓄替代消费，这就是所谓的利率上升的替代效应；另一方面，利率上升，等于实际财富会上升，因此消费也会增加，同时利率上升后，消费者在当前储蓄更少的情况下就可以达到未来既定的储蓄目标 (比如为 10 年后准备 200 万元存款供子女出国留学之用)，这也会促使消费者减少当前的储蓄并增加当前的消费。由此可见利率上升后，替代效应会导致当前的消费减少，而收入效应会导致当前的消费增加。那么利率上升后，当前消费究竟是增加还是减少呢? 就取决于利率上升的替代效应和收入效应的大小，如果替代效应导致当前消费的减少量大于收入效应导致的当前消费的增加量，则利率上升后消费者的当前消费会减少；反之，如果替代效应导致当前消费的减少量小于收入效应导致的当前消费的增加量，则利率上升后消费者的当前消费会增加。

66. 什么是不确定性和不确定条件下的选择?

答：不确定性指事件发生有多种可能性的情况。如明日天气、明日股票价格、明日商场生意等，都有不同可能的情况。传统经济学中的决策或者选择通常是假定一切都是在确定的条件下作出的。例如，消费者均衡就是假定消费品价格、消费者收入都既定时消费者如何选择商品以求获得最大满足。但是如果情况是不确定的，决策就有了完全不同的方法和内容，这需要把风险和信息经济学引入经济分析。这就是不确定条件下的选择。

67. 什么是风险? 风险和不确定性有什么区别?

答：风险指不确定条件下决策获得结果的情况，它是和不确定性有联系但又有区别的概念。例如，某人今年种了几亩西瓜，能不能获得好收益？这不仅取决于能不能有一个好收成，还取决于今年夏天的气温。如果天气非常热，西瓜价格上涨，收益就好，如果天气非常凉快，西瓜价格下跌，收益就差。天气会不会热，就是不确定性；今年种西瓜能不能获得好收益，就是风险。不确定性是风险的必要条件，但不确定性本身还不等于风险，风险是不确定条件下决策获得的结果。如何在不确定情况下决策，还取决于决策者对待风险的态度，为此还要弄清期望效用和期望值的效用这些概念。

68. 什么是期望效用? 什么是期望值的效用?

答：期望效用（expected utility），也称预期效用、效用的期望值，指的是消费者在不确定条件下可能获得的各种结果的效用的加权平均数。假设用 p 和 $1-p$ 表示两种结果 w_1 和 w_2 发生的概率，在第一种结果发生的情况下，消费者的效用水平为 $u(w_1)$，在第二种结果发生的情况下，消费者的效用水平为 $u(w_2)$，则消费者的期望效用即为：

$$E[u(w_1,w_2)]=p\cdot u(w_1)+(1-p)\cdot u(w_2) \tag{3.1}$$

期望值的效用（utility of expected value），指的是消费者在不确定条件下能够得到的各种可能结果的加权平均值（即期望值）给消费者带来的效用。假设用 p 和 $1-p$ 表示两种结果 w_1 和 w_2 发生的概率，期望值 $E(w)$ 为 $pw_1+(1-p)w_2$，则期望值的效用为：

$$u(E(w))=u[p\cdot w_1+(1-p)\cdot w_2] \tag{3.2}$$

例如，假定某消费者的效用函数是 $u=\sqrt{w}$，有 20%概率每周收入取得 900 元，80%概率每周收入取得 225 元，则期望效用是 $E(u)=0.2\times\sqrt{900}+0.8\times\sqrt{225}=18$，而期望值 $E(w)=0.2\times900+0.8\times225=360$，期望值的效用是 $\sqrt{360}=18.97$。

69. 消费者的风险偏好由什么决定?

答： 消费者的风险偏好是由他们对期望效用和期望值的效用的比较来决定的，或者说是他们对不确定条件下可能得到的各种结果的效用的加权平均值和他们在不确定条件下能够得到的各种结果的加权平均值的效用的比较决定的。如果消费者的期望效用小于期望值的效用，他们就是风险规避者，相反则是风险爱好者。如果期望效用等于期望值的效用，他们就是风险中立者。

70. 为什么保险和期货交易都是转移风险的机制?

答： 保险制度是一种分散和转移风险的制度设计。这种制度将千千万万人的风险集中起来，通过对投保人征收一笔按大数法则计算出来的保险费来对他们遇到事故时进行补偿的方式，使他们规避了事故造成的损失或者说伤害，从而就成为化不确定为确定，有效转移风险的一种机制。

同样，期货交易也是一种风险转移机制。按事先预定的价格成交的期货交易固然可能会因市场行情瞬息万变给交易双方带来盈利或损失，但是交易者按事先预定的价格成交也等于让买卖双方事先锁定了风险，即买者锁定了成本，卖者锁定了收益，从而规避了行情变化可能带来的损失，因此也成为一种规避风险的机制。

第四章

企业和生产理论

71. 什么是企业或厂商？什么是企业家？

答：企业（firm）又可称作厂商，是指把投入转化为产出的生产经营性组织。

企业家（entrepreneur）原意是指“冒险事业的经营者或组织者”。企业家大体分为两类：一类是企业所有者企业家，作为所有者，他们仍从事企业的经营管理工作；另一类是受雇于所有者的职业企业家。在更多的情况下，企业家只指第一种类型，而把第二种类型称作职业经理人。法国早期经济学家萨伊认为，企业家是冒险家，是把土地、劳动、资本这三个生产要素结合在一起进行活动的第四个生产要素，他承担着可能破产的风险。美籍奥地利经济学家熊彼特认为，企业家是不断在经济结构内部进行“革命突变”，对旧的生产方式进行“创造性破坏”，实现生产要素重新组合的人，创新是企业家的灵魂。因此承担风险和创新是企业家的两个最显著特征。

72. 企业的组织形式通常有哪些？

答：企业按照其法律组织形式可以分为三类：

第一，业主制，即个体业主制，是一个人所有并负责经营管理的企业，盈亏都由这个人负责。业主制企业一般规模较小，但数量极多。

第二，合伙制，指两个或两个以上的业主合伙组成企业，收益由合伙人分享，责任和风险由他们分担。一般说来，合伙制企业规模也较小。

第三，公司制，是一种现代企业组织形式，公司制企业具有法人资格。法人是相对于自然人（如张三、李四等每一个具体的人）而言的，是具有独立财产并能够承担民事责任的组织机构，公司制企业又可以按照所承担责任情况分成有限责任公司和股份有限公司。

73. 为什么利润最大化是企业经营的基本目标？

答：企业作为生产经营性组织，总是要以营利为目标，俗话说，千做万做，亏本生意不做。因此追求利润最大化是企业经营的基本目标。对于业主制和合伙制企业来说，这一目标非常明显。但是对于股份公司而言，企业的经营目标具有多元化的特征，股东的目标是企业经营利润最大化，但对公司经理层而言，由于他们不是所有者而是经营者，因此他们可能追求企业规模或市场份额最大化（因为这样他们实际控制的资源和权力就越大），或者追求他们个人效用的最大化，包括他们的在职消费、个人收入等。企业的经营目标虽然多元化了，但是这些多元化的目标从根本上而言与利润最大化目标并不矛盾，都要受到这一目标的制约，这是因为：

第一，企业的规模要做大，必须建立在盈利的基础上，如果不能盈利，企业缺乏效益，即便通过筹资把规模做大了，也不能持久。

第二，扩大产品销售市场份额本身也是为了利润，即使有的企业在产品销售中一时低价亏本经销，也是为了压垮竞争者，夺取市场份额以最终获得利润最大化。

第三，经营者和职工的收入最大化更要建立在企业经营利润最大化的基础上，否则一切都是空中楼阁。

由此可见，企业的其他目标都要受制于利润最大化目标，因此说利润最大化是企业经营的基本目标。

74. 企业经营目标与企业社会责任关系如何？

答：企业作为生产经营性组织，总要以营利为目标。追求利润最大化，是传统经济学对企业目标的一个基本假定。企业一切活动都要围绕这个目标进行。然而，随着现代经济社会的发展，各方面都普遍认识到，企业在追求利润、对股东利益负责的同时，还要承担对员工、社会和环境的责任，包括遵守商业道德、生产安全、职业健康、保护劳动者合法权益、环境保护、节约资源等。这就是企业的社会责任。这些社会责任看起来和企业经营目标并不一致，其实二者也有着内在的联系，如果企业能真正担负起社会责任的话，有利于树立企业的良好形象，提高企业的社会声誉，这对于扩大企业的销售份额、增强企业的竞争能力都是有利的，从而也有利于实现企业的经营目标。

75. 什么是生产和生产函数？

答：所谓生产从经济学角度看，就是一切能够创造或增加效用的人类活动，或者说是一种把投入转化为人类需要的产出活动。这里的“产出”既可以是物质产品（如食物、衣服和机械），也可以是各种服务性产品（如金融服务、文化演出等）。而“投入”就是生产要素，即生产中所需要的一切东西，包括劳动、土地、资本和企业家才能。

生产函数（production function）是指反映产品产出量与为生产这种产品所需

要投入的要素量之间关系的函数。生产函数的因变量就是产品的产量，而自变量就是各种投入的要素的数量。需要指出的是，生产函数中的产量，是指一定的投入要素组合所能够生产的最大的产品数量，或者说，生产函数所反映的投入与产出之间的关系是以企业经营管理得好，一切投入要素的使用都非常有效为假定的。

另一个需要指出的是，一定的生产函数中的投入产出关系是在一定的制度、生产技术等都不变的前提或者说基础上建立起来的。如果制度、技术等变化了，这种投入产出关系就会发生变化。当一套更合理的制度取代原有制度，或者一项更先进的生产技术取代原有技术时，那么，同样多的投入就可能有更大的产出。就是说一个更新的生产函数建立起来了。

76. 什么是技术系数？什么是固定比例的生产函数？

答： **技术系数**（technological coefficient）是指生产过程中投入的各种要素之间的配合比例。它之所以称为技术系数，是因为一定生产函数中的技术系数是生产技术水平决定的，也就是各种投入要素之间的比例是生产技术水平决定的。反映先进技术水平的生产函数中资本的占比会高些，反之，劳动的占比可能会高些。各种要素之间的配合比例有的是固定的，有的是可变的。所谓固定比例的生产函数就是指技术系数也即各种生产要素之间的配合比例是固定的生产函数。固定比例生产函数意味着，每生产 1 单位产品必须投入一定量的资本和劳动，随着产量的增加或减少，这两种要素必须按照固定比例增加或减少。比如一辆汽车配一个司机，两辆汽车就要配两个司机。所谓可变比例的生产函数就是指技术系数中各种生产要素之间的配合比例是可以变动的，也就是一种生产中，可以多用一点工人少用一点机器，或者多用一点机器少用一点工人可以生产相同的产量。

77. 什么是柯布-道格拉斯生产函数？

答： 对于一种生产函数，如果投入的所有生产要素变化 λ 倍，产量也同方向变化 λ^n 倍，则该生产函数就是齐次生产函数，所谓的柯布-道格拉斯生产函数就是一种典型的齐次生产函数。该函数是由两位经济学家柯布（Cobb）和道格拉斯（Douglas）在 1928 年研究美国 1899—1922 年间资本与劳动这两种生产函数对产量的影响时提出的。它的形式是：$Q=AK^{\alpha}L^{\beta}$，这里 A 代表技术水平，K 和 L 分别代表资本和劳动投入量，α 是产出的劳动弹性系数（即劳动每增加 1 个百分点，产出

会因此增加 α 个百分点），β 是产出的资本弹性系数（即资本每增加 1 个百分点，产出会因此增加 β 个百分点），α 和 β 分别反映了在生产过程中资本和劳动对产出的贡献，且 $\alpha+\beta=1$。

78. 微观经济学生产理论的短期和长期是怎样划分的?

答: 微观经济学生产理论中的短期和长期不是指一个具体的时间跨度，而是指能否使厂商来得及调整生产规模（固定的生产要素和生产能力）所需要的时间长度。

在微观经济学生产理论中，**长期**（long-run）是指时间长到可以使厂商调整生产规模来达到调整产量的目的；**短期**（short-run）是指时间短到厂商来不及通过调整生产规模来达到调整产量的目的，而只能在原有的厂房、机器、设备条件下依靠多用或少用一些工人和原材料等来调整产量。

79. 什么叫固定投入和可变投入?

答: 固定投入和可变投入是微观经济学中短期生产理论中的两个概念。所谓固定投入是指不随着产量变动而变动的要素投入，而可变投入是指随着产量变动而变动的要素投入。在短期中，由于资本（其实物形态就是厂房、机器和设备）不能变动，因此资本就是固定投入，而劳动可以随着产量的变动而变动，因此劳动就是可变投入。当然，这里的劳动是指普通劳动者的工人劳动，而不是指如高级工程师那样具有难以替代的专门技术人才的劳动。当生产需要减少时，这样的人才不是可以随便解雇不用的。

80. 面对不断变化的环境，为什么厂商也会保持一些生产要素固定不变?

答: 这里所说不断变化的环境，主要是指市场对产品的需求量会变化。在这样的情况下，厂商之所以会保持一些生产要素固定不变，是因为在生产中要使用各种要素，其中一些要素和普通劳动力、原材料等可随时按照产品销路加以变动，这些生产要素被称为可变要素或变动要素，而另外一些要素如机器设备、厂房等资本要素，一旦投入就不易变动，在短期内无法根据产品销路来加以变动，这些要素称为固定要素或不变要素。在短期内，市场需求发生变动，厂商可以通过提高或降低资本设备的利用率或开工率，增加或减少劳动力、原材料等可变要素的使用量来改变产出量以适应市场需求，而不增加或减少资本投入量，即不改变生产规模。

81. 什么叫总产量、平均产量和边际产量?

答：总产量（total product）是指投入一定量的生产要素以后所得到的产出量总和；**平均产量**（average product）是指平均每单位要素投入的产出量。劳动的平均产量等于总产量除以劳动投入量；资本的平均产量等于总产量除以资本投入量。**边际产量**（marginal product）是指增加或减少1单位生产要素投入量所带来的产出量的变化。劳动的边际产量就是指在其他要素投入量不变的情况下，增加或减少1单位劳动投入量所带来的产出量的变化；资本的边际产量就是在其他要素投入量不变的情况下，增加或减少1单位资本投入量所带来的产出量的变化。

82. 什么是生产要素报酬递减规律? 认识这个规律有什么意义?

答：生产要素报酬递减规律亦称边际收益递减规律（law of diminishing marginal return），是指在一定的技术水平下，若其他生产要素不变，连续地增加某种生产要素的投入量，在该生产要素的投入量达到某一点后，总产量的增加量（即边际产量）会递减。边际收益递减规律发挥作用要满足三个前提条件：

第一，生产要素投入量的比例是可变的，即技术系数是可变的。

第二，技术水平保持不变，如果技术水平提高了，边际收益就不一定递减。

第三，所增加的生产要素具有相同的效率。如果增加的第二个单位的生产要素比第一个单位的更为有效，则边际收益不一定递减。

由于企业的总产量和平均产量的变化都受制于边际收益递减规律，因此认识边际收益递减规律对于企业合理选择生产要素的投入量具有重要的意义。

在要素投入的最初阶段，其边际产量大于0且大于其平均产量，同时会以一个递增的速度增加，此时，随着该要素投入的增加，企业的总产量不仅会以一个递增的速度增加，而且由于边际产量大于其平均产量，因此该要素的平均产量也会递增，这意味着该要素的生产力在提高，在这种情况下，企业应该增加这种生产要素的投入量。

但是随着该要素投入量的增加到达某一点后，边际产量虽然还是大于0，但开始递减，因此总产量开始以递减的速度增加，并且随着要素边际产量的递减，该要素的边际产量就会与平均产量越来越接近，一旦边际产量递减到等于平均产量时，该要素的平均产量就达到了最大值，此时该要素的生产力最大，因此如果企业以要素的生产力最大化为目标，则应该把该要素的投入量确定在其边际产量与平均产量相等的水平上。

当要素的边际产量持续递减到一定阶段后，要素的边际产量最终会小于其平均报酬，此时随着该要素投入量的增加，其平均产量就开始递减，这意味着该要素的生产力在下降，因此一个理性的厂商不会把该要素的投入量确定在要素的边际产量小于其平均产量的水平上；当要素的边际产量进一步递减直至等于0时，则总产量最大化，因此如果厂商要追求产量最大化，就应该将该生产要素的投入量确定在其边际产量等于0时的水平上。

当要素的边际产量递减到小于0时，则意味着随着该要素投入量的增加，其所带来的总产量的变化量是一个负数，因此会导致总产量的下降，一个理性的厂商更不会将该要素的投入量选择在其边际产量小于0时的水平上。

83. 什么是分析可变要素生产效率的三阶段？为什么厂商理性决策应该在生产第二阶段？

答：分析可变要素（比如劳动）的生产效率时，可将生产分为三个阶段，即第一阶段，平均产量递增阶段；第二阶段，平均产量开始递减到边际产量为零的阶段；第三阶段，边际产量为负数的阶段。

理性的厂商将会在第二阶段上经营，这是因为：厂商不会在劳动的第一阶段经营，因为在这个阶段，平均产量处于递增状态，边际产量总是大于平均产量，这意味着增加可变要素的投入引起的总产量的增加总会使得可变要素的平均产量有所提高；厂商也不会在劳动的第三阶段经营，因为在这一阶段可变要素的增加反而使总产量减少，边际产量为负。同样，厂商也不会在资本的第一、三阶段经营，所以厂商的理性决策应在第二阶段，这时劳动及资本的边际产量都是正的（尽管是递减的），只有在此阶段才存在着使利润达到最大值的要素的最优组合。

84. 什么是等产量曲线？什么叫边际技术替代率？为什么边际技术替代率递减？

答：等产量曲线（isoquant curve）指其他条件不变时，为生产一定量的产量所需要投入的两种生产要素之间的各种可能组合点的轨迹。在等产量曲线上，不同要素组合点所包含各要素的投入量是不同的，但是不同要素组合所获得的产量水平却都是一样的。

边际技术替代率（marginal rate of technical substitution）则是指在产量保持不变的情况下，企业每增加 1 单位某种生产要素所必须放弃另一种生产要素的数量。边际技术替代率实际上等于两种生产要素的边际产量之比。比如，如果劳动的边际产量是 2，意味着劳动每增加 1 单位会导致总产量增加 2 单位，资本的边际产量是 4，即资本每增加（减少）1 单位会导致总产量增加（减少）4 单位。假设现在资本减少 1 单位，总产量就会减少 4 单位，由于劳动每增加 1 单位，产量只会增加 2 单位，因此要弥补资本减少 1 单位所导致的 4 单位的产量损失，则劳动就要增加 2 单位，也就是 2 单位劳动可以替代 1 单位资本，换句话说就是 1 单位劳动只能替代 0.5 单位资本，即劳动对资本的边际技术替代率是 0.5，实际上它就等于劳动的边际产量（即 2 单位）除以资本的边际产量（即 4 单位）。

边际技术替代率有一个重要的特征，即在保持产量水平不变的情况下，随着一种投入要素（比如劳动）投入数量的增加，生产者每增加投入一单位的该要素所能够替代的另一种要素（比如资本）的投入数量是递减的，这就是所谓的边际技术替代率递减规律。边际技术替代率递减背后的原因就是边际收益递减规律，因为边际技术替代率恰好等于两种要素（如劳动和资本）的边际产量之比，由于边际收益递减，因此随着该要素（劳动）投入数量的增加，其边际产量越来越小（即分子越来越小），而随另一种要素（资本）投入数量的减少，其边际产量越来越大（即分母越来越大），在这种情况下，边际技术替代率一定是递减的。

边际技术替代率递减还意味着等产量曲线的形状是凸向原点的，如果凹向原点则意味着边际技术替代率递增，这与边际收益递减规律不符。

85. 什么是等成本线？等成本线移动和围绕纵截距点转动表示什么？

答：等成本线（isocost curve）是指生产要素价格一定时，花费一定的总成本所能购买的各种生产要素组合的轨迹。假设单位资本（如一台机器）的使用价格（比如每月的租赁费用）为 P_K＝500 美元，每单位劳动（如生产工人）的价格（月工资）P_L＝1 000 美元，企业每月的成本预算分别是 C_1＝3 000 美元、C_2＝4 000 美元和 C_3＝5 000 美元时的等成本线如图 4—1 所示。

从图 4—1 可知，等成本线的移动表示企业成本发生了变化，如果等成本线向右移动表示成本增加，如果向左移动表示成本减少。

等成本线的纵截距表示企业把其全部成本预算用于购买（租用）资本时，所能

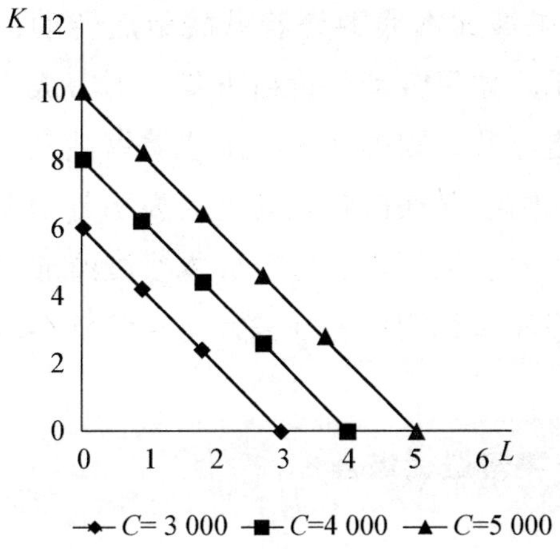

图 4—1　等成本线及其移动

够购买的资本数量，它等于总成本除以资本的（租用）价格（即 C/P_K）。横截距表示企业把其全部成本预算用于购买劳动时，所能够购买的劳动数量，它等于总成本除以劳动的价格（即 C/P_L）。等成本线斜率的绝对值就等于纵截距除以横截距，它实际等于劳动价格除以资本价格（即 P_L/P_K）。

比如上例中，$P_K=500$ 美元，$P_L=1\,000$ 美元，如果企业的成本预算 $C=3\,000$ 美元，则其纵截距等于 6（即 3 000/500），横截距等于 3（即 3 000/1 000），此时等成本线的斜率的绝对值等于 2（即 6/3），它实际上也等于 $P_L/P_K=1\,000/500=2$。如果$P_K=500$ 美元和成本预算 $C=3\,000$ 美元保持不变，而 P_L 由 1 000 美元下降到 500 美元。在这种情况下，纵截距保持不变依然等于 6（即 3 000/500），但横截距由 3 增加到 6（即由 3 000/1 000 增加到 3 000/500），等成本线的斜率的绝对值因此变成 1（即 6/6，也等于劳动的价格 500 除以资本的价格 500）。图 4—2 反映了等成本线的这一变化。

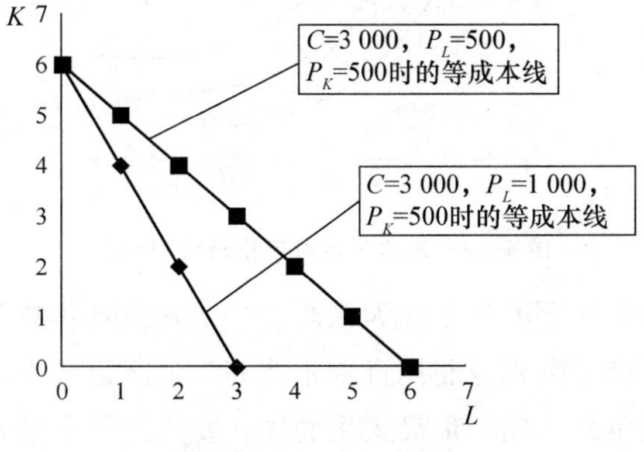

图 4—2　等成本线的转动

由图 4—2 可知，如果等成本线围绕着纵截距点转动，表明其他条件不变，仅仅劳动的价格发生了变化。如果劳动的价格下降，则等成本线围绕着纵截距点逆时针转动；如果劳动的价格上升，则等成本线围绕着纵截距点顺时针转动。

相反，如果等成本线围绕着横截距点转动，表明其他条件不变，仅仅资本的价格发生了变化，如果资本的价格下降，则等成本线围绕着横截距点顺时针转动，如果资本的价格上升，则等成本线围绕着横截距点逆时针转动。

86. 什么是生产要素最优组合？

答：生产要素最优组合是指成本一定时产量最大化的生产要素组合，或者是产量一定时成本最小化的生产要素组合，这时的组合也称为生产者均衡。我们可以用下面两张图表示什么是生产要素最优组合或者说生产者均衡。

根据图 4—3 可知，当成本给定时，如等成本线 AB 所示，点 E 所对应的要素组合（L^*，K^*）是生产要素最优组合。因为它不仅满足成本约束，而且该组合所代表的产量水平是在成本约束下所能够达到的最大化产量水平，即 Q_2，F 点、G 点虽然和 E 点所花费的成本是一样的，但其产量水平只有 Q_1，比 E 点的产量水平 Q_2 要小。因此，E 点所对应的要素组合（L^*，K^*）是给定成本下产量最大化的生产要素组合。我们会发现，能够满足成本给定条件下的产量最大化的生产要素组合需要满足两个条件：

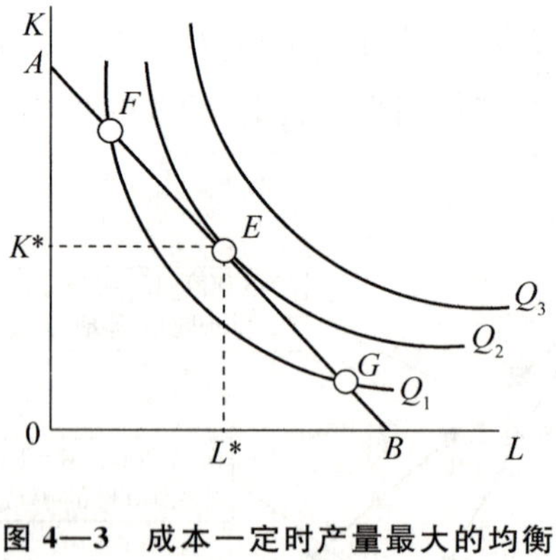

图 4—3　成本一定时产量最大的均衡

第一，成本给定条件下的产量最大化的生产要素组合点在等成本线上，这意味着在成本约束下，厂商必须充分利用资金才能够实现产量最大化。

第二，成本给定条件下的产量最大化的生产要素组合点恰好是等成本线和等产量曲线相切的切点，即要求等产量曲线切线的斜率的绝对值（它等于劳动的边际产量与资本的边际产量之比）与等成本线的斜率的绝对值（它等于劳动的价格与资本的价格之比）要相等。

根据图 4—4 知，当产量给定时，用等产量曲线 $\bar{Q}$ 表示，E 点所对应的要素组合（L^*，K^*）是生产要素最优组合。因为它不仅满足产量约束，而且该组合所花费的成本是达到既定产量目标的最低成本，即等成本线 A_2B_2 所代表的成本。F 点、G 点虽然与 E 点都能够达到既定的产量水平 $\bar{Q}$，但它们在等成本线 A_3B_3 上，所费成本比 E 点更高。因此，E 点所对应的要素组合（L^*，K^*）是产量既定下成本最小化的生产要素组合。我们会发现，能够满足产量给定条件下的成本最小化的生产要素组合也需要满足两个条件：

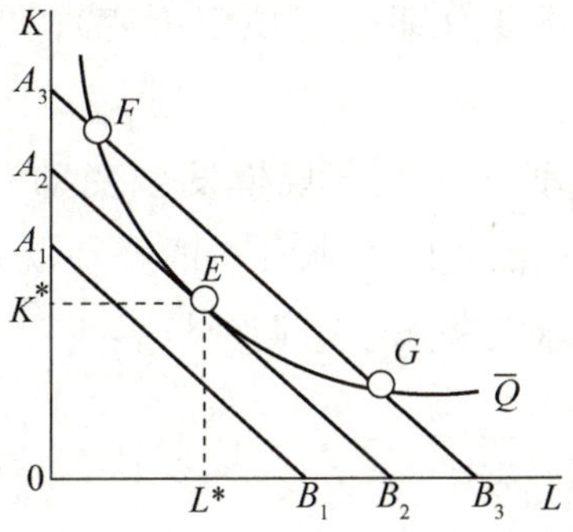

图 4—4 产量一定时成本最小的均衡

第一，产量给定条件下的成本最小化的生产要素组合点在给定的等产量曲线上，这意味着在产量约束下，厂商首先必须达到既定的产量目标。

第二，与成本给定条件下的产量最大化的生产要素组合所需要满足的第二条件完全一样，这里就不再赘述。

87. 什么叫规模报酬？规模报酬分哪几种情况？

答：规模报酬（return to scale）是指生产规模发生变动时，即各种投入要素按同一比率同时增加（或减少）时，所引起的产量的变化情况。规模报酬可以分为以下三种情况：

第一，当各种投入要素同时增加（或减少）一定比率时，产量增加（或减少）的比率要大于各要素同时增加（或减少）的比率，这种情况就是**规模报酬递增**（increasing return to scale）。

第二，当各种投入要素同时增加（或减少）一定比率时，产量增加（或减少）的比率恰好与各要素同时增加（或减少）的比率相等，这种情况就是**规模报酬不变**（constant return to scale）。

第三，当各种投入要素同时增加（或减少）一定比率时，产量增加（或减少）的比率小于各要素同时增加（或减少）的比率，这种情况就是**规模报酬递减**（decreasing return to scale）。

88. 规模报酬和边际报酬这两个概念的含义有何区别？

答：规模报酬和边际报酬是两个不同的概念。规模报酬分析的是所有投入要素按同一比率同时增加或减少（即生产规模变动）会对产量有何影响。而边际报酬分析的是其他要素投入量保持不变（即生产规模不变），仅有一种要素投入量发生变动时会对产量有何影响。

由于所有要素要同时变动（即生产规模发生变动），这只有在长期才有可能，因此规模报酬属于长期分析；而边际报酬分析的是在既定的生产规模中，增加可变要素对产量的影响，因此边际报酬属于短期分析。

第五章

成本理论

89. 什么是机会成本？理解机会成本有何意义？

答：机会成本（opportunity cost）是指在生产要素是稀缺的并具有多种用途的情况下，当企业把生产要素用于某一用途后所失去的用于其他用途上可以获得的最大收益。

理解机会成本对于企业有效配置稀缺生产要素具有重要意义。因为，从机会成本的角度上而言，生产要素的优化配置就是要在生产要素的不同的用途上进行择优选择，把每种要素用在取得最佳经济效益的用途上，即做到物尽其用，人尽其才，地尽其利。否则，所损失的潜在收益将会超过所取得的现实收益，导致生产要素配置不合理，造成生产要素的浪费，从而产生巨大的机会成本。由此可见机会成本概念对于经济分析和经济决策具有价值，也正因如此，机会成本又称经济成本。

90. 什么是显性成本、会计成本和隐含成本？这些成本概念有什么联系和区别？

答：显性成本（explicit cost）是指企业在生产经营过程中，为购买或租用各种生产要素所发生的各种货币支付。比如，某企业雇用一定数量的工人所支付的工资，从银行获得一定数量的贷款所支付的利息，租用一定数量的土地所支付的租金，所有这些支付都属于显性成本。由于这些货币支付会在企业会计账簿上登记、记录和反映，因此又被称为**会计成本**（accounting cost）。

隐含成本（implicit cost）是指企业在生产经营过程中使用了自有生产要素而失去的这些要素在其他用途上可能获得的最大收益。比如，企业在生产经营过程中动用了自己的资金和厂房，从而所失去的用于其他用途上可能获得的最大利息收益和租金收益。由于所失去的这些收益并没有发生实际的货币支付，在企业的会计账簿上也没有登记、记录和反映，因此又被称为隐含成本。

显性成本就是我们通常意义上的会计成本，它和隐含成本都是经济成本的组成部分，也就是说经济成本等于显性成本（会计成本）和隐含成本的加总。

91. 什么是沉没成本？认识沉没成本对企业经营决策有何意义？

答：沉没成本（sunk cost）又称沉淀成本或既定成本，指已经付出且不可能收回的成本。2001 年诺贝尔经济学奖获得者美国经济学家斯蒂格利茨用一个生活中的例子来说明什么是沉没成本。他说："假如你花 7 美元买了一张电影票，你怀疑这个电影是否值 7 美元。看了半个小时后，你最担心的事被证实了：影片糟透了。你应该离开影院吗？在做这个决定时，你应当忽视那 7 美元。它是沉没成本，无论你离开影院与否，钱都不会再收回。"

认识沉没成本对于企业经营决策有重要意义，由于沉没成本是一种历史成本，对现有决策而言是不可控成本，对未来的损益不会产生影响，因此从这个意义上说，企业在进行经营决策时，理性的决策者应排除沉没成本的干扰。如果企业在决策时无法排除沉没成本的干扰，就有可能带来更大的损失，比如在上述斯蒂格利茨所举的例子中，如果怕浪费了买票的钱，继续看那场糟糕透了的电影，不但收不回买票的钱，还浪费了时间，败坏了心情。经济学将这种在决策中因为害怕沉没成本损失而欲罢不能，从而导致更大损失的行为称为"沉没成本谬误"。避免"沉没成本谬误"对于企业作出正确的经营决策非常重要。

92. 什么是成本函数？成本函数与生产函数有什么关系？

答：成本函数（cost function）是指反映产品产量与生产成本之间依存关系的一种函数。

生产函数反映的是产量与要素投入量之间的物质技术关系，它揭示了在各种情形下厂商为了得到一定数量产品至少要投入多少单位生产要素。

成本函数与生产函数之间关系密切。在生产函数给定的情况下，根据产量既定情形下的成本最小化的条件（即两种要素的边际产量之比要等于两种要素的价格之比），再结合等成本线我们就可以推出成本与产量之间的一一对应关系，即成本函数。由此可见，成本函数可以根据生产函数推导出来，并且成本函数所反映出来的产量和成本之间的关系，实际上是由生产函数所反映出来的产量与要素投入量之间的物质技术关系所决定的。因此，如果知道了生产函数和投入要素价格，就能得到成本函数。

93. 什么是短期成本中的固定成本、可变成本与总成本？

答：生产问题分短期问题和长期问题，同样，成本问题也分短期问题和长期问题。在短期中，有一些生产要素（比如机器、设备和厂房）的数量无法随着产量的变化而变化，这些生产要素就是不变要素，购买这些不变要素的费用支出就是**固定**

成本（fixed cost），固定成本也可以解释为不随产量变动而变动的成本。

短期中，还有一些要素（比如工人、原材料）的数量可以随着产量的变动而变动，这些生产要素就是可变要素，购买这些可变要素的费用支出就是**可变成本**（variable cost），可变成本也可以解释为随着产量变动而变动的成本。

短期中的**总成本**（total cost），就是固定成本与可变成本之和，也就是说购买不变生产要素的费用与购买可变生产要素的费用总和。

94. 平均固定（不变）成本、平均可变成本、平均成本和边际成本？

答：平均固定成本（average fixed cost）也称平均不变成本，是指每单位产品上分摊的固定成本，它等于固定成本除以总产量所得之商。

平均可变成本（average variable cost）是每单位产品上分摊的可变成本，它等于可变成本除以总产量所得之商。

平均成本（average cost）是每单位产品所分摊的成本，它等于总成本除以总产量所得之商，也等于平均固定成本与平均可变成本之和。

边际成本（marginal cost）是每增加 1 单位产量所导致的总成本的增量，它等于总成本增量除以产量增量所得之商，当产量增量非常非常小（即趋近于 0 时），边际成本可以理解为是总成本对产量的导数或总成本曲线的斜率。

95. 为什么短期平均固定成本是一条等轴双曲线并且会随着产量变化无限趋近于纵轴或者横轴？

答：短期平均固定成本是指每单位产品上分摊的固定成本，它等于固定成本与总产量之比，其分子是固定成本，分母是产量。如果以产量轴为横轴、成本轴为纵轴，则短期平均固定成本曲线就是一条等轴双曲线，这是因为：

随着产量的增加，也就是说分母（即产量）不断增加，而分子（即固定成本）不变，因此每单位产量所分担的固定成本会越来越少，表现为随着产量的增加，平均固定成本无限接近于横轴（产量轴）。

相反，随着产量的减少，也就是说分母（即产量）不断减少，而分子（即固定成本）不变，因此每单位产量所分担的固定成本会越来越多，表现为随着产量的增加，平均固定成本无限接近于纵轴（成本轴）。

因此，综合起来看，短期平均固定成本是一条等轴双曲线并且会随着产量变化无限趋近于纵轴或者横轴。

96. 为什么边际成本曲线通常会呈U形？

答： 随着产量的不断增加，边际成本先递减后递增，即呈现为一种U形特征。其成U形的原因与可变要素（以下以劳动为例）投入的边际产量先递增后递减相关。

当劳动的投入量较少时，劳动的边际产量是递增的，因此随着劳动的增加，每增加1单位的劳动所带来的产量增量会越来越大，换句话说每增加1单位产量所需要投入的劳动数量会越来越少，这意味着每增加一单位产量所需的劳动成本会越来越低，因此劳动边际成本呈现递减趋势。

但当劳动的投入量增加到一定程度后，劳动的边际产量就开始递减，此时随着劳动的增加，每增加1单位的劳动所带来的产量增量会越来越小，换句话说每增加1单位产量所需要投入的劳动数量会越来越多，这意味着每增加一单位产量所需的劳动成本会越来越高，因此边际成本呈现递增趋势。

由此可见，正是由于变动要素的边际生产率先递增后递减的特征，才导致了边际成本曲线呈现出先递减后递增的U形特征。

97. 为什么短期平均可变成本曲线通常也会呈U形？

答： 随着产量的不断增加，边际成本先递减后递增，即边际成本曲线呈现为一种U形特征。其呈U形的原因也与可变要素（以下以劳动为例）投入的边际产量先递增后递减相关。

正如在上一题中所分析的，由于边际产量先递增后递减，导致边际成本先递减后递增。在产量比较少的时候，边际成本不仅递减而且还小于平均可变成本，这会导致平均可变成本随着产量增加而递减。

但当产量增加到一定程度后，边际成本开始递增，并且最终会超过平均可变成本，一旦边际成本超过平均可变成本，则平均可变成本就会递增。

由此可见，由于边际成本先递减后递增且边际成本先小于平均可变成本后大于平均可变成本，使得平均可变成本曲线也呈U形特征。

98. 为什么短期平均成本曲线通常也呈U形？并且它后于平均可变成本曲线达到最低点？

答： 随着产量的不断增加，平均成本曲线先递减后递增，即呈现为一种U形特征。由于平均成本由平均固定成本和平均可变成本两部分构成，因此平均成本呈现出 U 形特征当然与平均固定成本和平均可变成本的变化特征有关。

一方面，平均成本的一个组成部分——平均固定成本随着产量的增加而递减，这是导致平均成本下降的力量。另一方面，平均成本的另一个组成部分——平均可变成本则随着产量的增加先递减后递增，也就是说，平均可变成本一开始是导致平均成本下降的力量，但是到了一定阶段后就变成了导致平均成本上升的力量。

在产量比较低时，随着产量的增加，平均固定成本和平均可变成本都是递减的，此时平均固定成本和平均可变成本都是导致平均成本下降的力量，在这种情况下，随着产量的增加，平均成本当然减少。

但是当产量增加到一定程度后，虽然平均固定成本依然递减，但是平均可变成本开始递增，此时，平均固定成本是导致平均成本下降的力量，而平均可变成本是导致平均成本上升的力量，一开始，导致平均成本下降的力量大于导致平均成本上升的力量（即平均固定成本递减的幅度大于平均可变成本递增的幅度），在这种情况下，平均成本依然递减。但是最终，导致平均成本下降的力量会小于导致平均成本上升的力量（即平均固定成本递减的幅度小于平均可变成本递增的幅度），在这种情况下平均成本就会递增。

由此可见平均成本曲线呈现出 U 形特征是由平均固定成本和平均可变成本的变化特征所共同决定的。

短期平均成本曲线通常呈 U 形并且它后于平均可变成本曲线达到最低点，这是因为，一开始随着产量的增加，平均固定成本和平均可变成本都递减，因此平均成本也当然递减。当产量增加到一定程度，平均可变成本到达最低点时，此时随着产量进一步增加，平均可变成本开始慢慢递增，但是平均固定成本却依然递减，最初平均可变成本递增的幅度小于平均固定成本递减的幅度，所以在平均可变成本达到最低点后，平均成本依然还会递减，正因如此平均成本曲线要晚于平均可变成本曲线达到最低点。

99. 为什么边际成本曲线相交于平均成本曲线的最低点？

答：这是因为当一开始边际成本递减且小于平均成本，此时随着产量的增加，平均成本也一定会递减，好比某排球队原有 10 位队员，平均身高为 190cm，如果现在增加一位队员，其身高为 185cm（也就是边际身高是 185cm），因此这第 11 位队员加入后，排球队的平均身高会降低到 189.5cm，如果再增加一位队员，其身高只有 180cm（也就是边际身高是 180cm），这第 12 位队员加入后，排球队的平均身高进一步降低到 188.8cm。

随着产量进一步的增加，边际成本开始递增，一旦边际成本等于平均成本时，平均成本就不再递减了，如果产量继续增加，边际成本开始大于平均成本时，平均成本就会开始递增。由此可见，当边际成本等于平均成本时，平均成本就达到了最小值，因此边际成本曲线相交于平均成本曲线的最低点。

100. 微观经济学中的生产规模由什么因素决定？什么是最优生产规模？

答：微观经济学中的生产规模又称工厂规模，它主要是由生产过程中投入的资本数量决定的，其实物形态具体表现为机器、设备和厂房，资本的数量越大，机器、设备和厂房的数量越多，则意味着生产规模越大。因此在微观经济学中，往往以生产过程中投入的资本数量来作为生产规模的代表。对于企业而言，生产规模一旦确定，在短期内是无法改变的，只有在长期内才能够改变，因此如何确定一个最优的生产规模对于企业而言是一个非常重要的问题。

所谓的最优生产规模（或最优工厂规模）是指生产特定产量水平的成本最低的工厂规模。比如某企业要生产 10 000 个台灯，假设有大、中、小三种生产规模可供它选择，如果建立一个大工厂生产这 10 000 个台灯的总成本是 80 万元（即平均成本是 80 元），建立一个中等工厂生产 10 000 个台灯的总成本是 75 万元(即平均成本是 75 元)，而建立一个小工厂生产 10 000 个台灯的总成本是 60 万元(即平均成本是 60 元)，那么意味着对于这个企业而言，最优生产规模就是小工厂。

101. 什么是长期总成本？什么是长期总成本曲线？

答：长期总成本（long-run total cost）是相对于短期总成本而言的，它是企业在长期中生产每一特定产量水平所对应的最低总成本。由于生产特定产量的最优工厂规模就是成本最低的工厂规模，因此长期总成本也可以被解释为企业在长期中生产特定产量水平的最优工厂规模所对应的成本。

长期总成本曲线（long-run total cost curve）则是反映长期总成本和产量之间关系的曲线，长期总成本曲线刻画了长期总成本随着产量的变动而变动的趋势。

102. 为什么长期中不存在固定成本和可变成本的区别?

答: 固定成本和可变成本是一个短期中的概念，所谓固定成本是指用于购买不变投入要素的成本，由于这些投入要素（比如机器、厂房和设备）在短期内无法随着产量的变动而变动，因此用于购买这些投入要素的费用也无法随着产量的变动而变动，所以称之为固定成本。而可变成本是指用于购买可变投入要素的成本，由于这些要素（比如工人和原材料）在短期内可以随着产量的变动而变动，因此用于购买这些投入要素的费用也会随着产量的变动而变动，所以称之为可变成本。

但是在长期内，所有生产要素（包括机器、厂房和设备在内）都可以随着产量的变动而变动，因此长期内没有不变投入要素和可变投入要素之分，这也就意味着购买所有要素的成本都是可以变动的，因此在长期中就不存在固定成本和可变成本的区别。

103. 什么是规模经济、规模不经济？什么是规模收益不变?

答: **规模经济**（economies of scale）是指随着产量的增加，生产规模的扩大，长期平均成本递减的一种情形。如果生产具有规模报酬递增的特征，则一定意味着规模经济。因为规模报酬递增是指所有投入要素同时增加 n 倍（也就是总成本增加 n 倍），总产量增加的倍数会超过 n 倍，也即总成本增加的比率会小于总产量增加的比率，这必然会导致平均成本下降。除了规模报酬递增外，企业的管理者和工人在生产工作中通过“干中学”不断积累经验，提高效率也是导致规模经济的重要原因。

规模不经济（diseconomies of scale）是指随着产量的增加，生产规模的扩大，长期平均成本递增的一种情形。如果生产具有规模报酬递减的特征，则一定意味着规模不经济。因为规模报酬递减是指所有投入要素同时增加 n 倍（也就是总成本增加 n 倍），总产量增加的倍数会小于 n 倍，也即总成本增加的比率会大于总产量增加的比率，这必然会导致平均成本上升。

规模收益不变（constant returns to scale）是指随着产量的增加，生产规模的扩大，长期平均成本不变的一种情形。

104. 为什么长期平均成本曲线会存在 L 形和锅底形?

答: 在生产过程中，如果一开始存在着规模报酬递增，则随着产量的增加，生产规模的扩大，长期平均成本就会递减，当产量增加到一定阶段后，生产由规模报酬递增变成规模报酬不变，则此时随着产量的增加，生产规模的扩大，长期平均成本保持不变。如果产量继续增加，生产依然是规模报酬不变，长期平均成本则保持不变。在这种情况下，长期平均成本随着产量的增加一开始递减，然后始终保持不变，从而呈现出 L 形的特征。如图 5—1 所示。

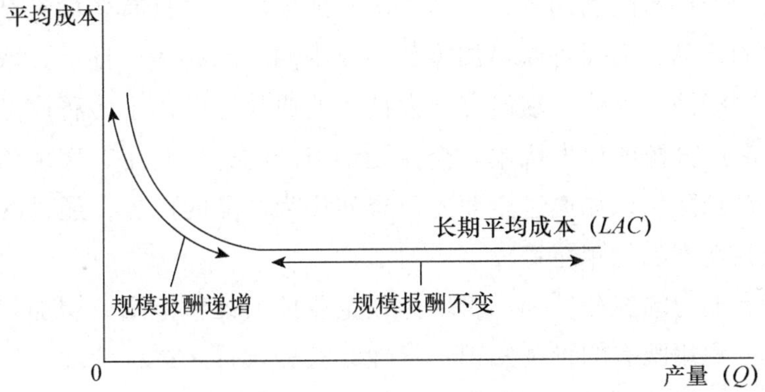

图 5—1　L 形长期平均成本曲线

在生产过程中，如果最初是规模报酬递增，但随着产量的增加，变成规模报酬不变，随着产量的进一步增加，又演变成规模报酬递减，那么在这种情况下，随着产量的增加，最初长期平均成本会递减，然后保持不变，达到一定的产量后，最终开始递增，从而呈现出锅底形的特征，如图 5—2 所示。

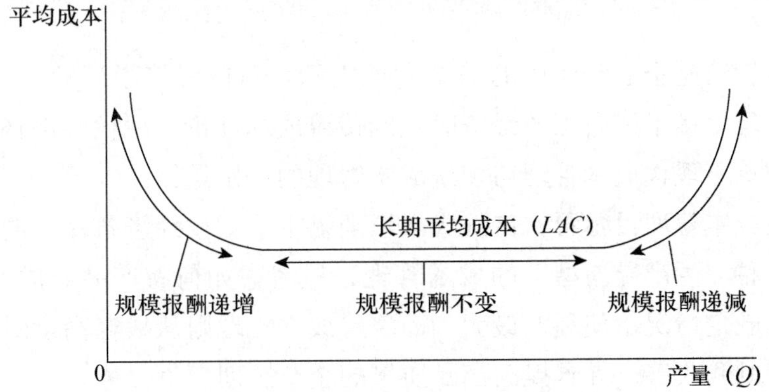

图 5—2　锅底形长期平均成本曲线

105. 什么是范围经济？产生范围经济的原因是什么？

答：范围经济（economies of scope）指由厂商的范围而非规模带来的经济，也即当同时生产两种产品的费用低于分别生产每种产品所需成本的总和时所存在的状况就被称为范围经济。只要把两种或更多的产品合并在一起生产比分开来生产的成本要低，就会存在范围经济。导致范围经济的原因通常被认为与以下两个方面的因素有关：

（1）投入要素的多用途性。表现为生产设备具有多种功能，可用来生产不同产品，从而提高生产设备的利用率，许多零部件或中间产品具有多种组装性能，可以用来生产不同的产品，因而可以增加零部件或中间产品的生产批量，取得因规模经济而引起的范围经济。企业一项研究开发技术的成果可以用于多种产品的生产，从而降低单位产品所分摊的研发成本。企业无形资产的充分利用，表现为可以充分利用品牌优势和营销网络，如通过企业的声誉转化为产品的声誉，通过既有产品的营销网络来支持其他产品的销售等。

（2）管理者能力的充分发挥。表现为在企业扩大经营范围，增加其他产品和业务时，可以充分利用既有的管理知识、管理经验和人员来进行管理，而不必增加新的投入，节约交易费用，这一点在纵向一体化这种范围经济的特殊形式中表现得尤为明显，沿纵向一体化的产业链进行多产品生产时，企业可以减少在购买原材料、零部件和中间产品以及出售成品中的交易活动，即以内部市场代替外部市场，从而节约交易费用。

106. 现代成本管理与传统成本管理的区别何在？

答：成本管理是企业经营中的一个永恒主题。目前经济学理论（包括本教材）所叙述的成本理论多半还是工业经济时代的传统成本理论。现代经济环境要求有现代成本管理理论。现代成本管理与传统成本管理的区别是：

第一，从成本管理目标看，传统成本管理诞生于工业经济条件下的大规模社会化生产，是一种“生产导向型”的成本管理，只考虑如何将产品的成本降到最低，以争取在收益既定情况下使利润最大，而现代成本管理则从战略高度对产品成本作全面了解、控制和改善，寻求提高产品质量的企业长期竞争优势。

第二，从成本管理对象看，传统的成本管理局限于产品的生产（制造）过程，产品的成本控制只与产品的直接成本相关，包括直接人工成本和应分摊的制造费用，而将其他费用归入管理费用或者业务费用范畴。现代成本管理则从产品生命周期的战略高度，将成本管理的对象由内部因素扩展到了外部环境，将视野向前延伸到产品的市场需求分析、相关技术的发展态势分析以及产品的设计，向后延伸到顾客的使用、维修及处置等方面，把整体产品成本分摊为制造成本、经营成本、顾客使用成本与社会成本四个阶段。制造成本包括原材料成本、人工成本及制造费用等；经营成本包括产品策划、开发，以及营销等成本；顾客使用成本，包括产品使用生命周期内的全部维修成本；社会成本，包括对环境或者其他利益相关者的影响。将顾客使用成本与社会成本纳入现代成本管理的范畴是现代成本管理的最重要特征之一。

第三，从成本管理的效果看，传统方法主要是通过减少支出、降低成本，在某些情况下可能会导致产品质量和企业效益的下降，从而可能“捡了芝麻，丢了西瓜”。例如，如果企业为控制成本，盲目地缩减研发预算，就可能使企业的产品失去技术优势，还有可能会导致产品质量下降、退货增加，最终影响产品的销售。现代成本管理固然要减少不必要的支出环节，但最重要是要重视价值链分析，以市场和客户需求为导向，以价值链的整体价值增值作为根本目标，以获取企业竞争力、市场占有率、客户满意度等全部效果。

第六章

完全竞争市场和完全垄断市场

107. 经济学家依据什么标准来划分不同市场类型？不同市场类型有些什么特征？为什么研究厂商行为需要区分不同市场类型？

答： 市场可以按照不同方法进行分类，经济学家通常按照竞争程度这一标准，从厂商数量、产品差别程度、厂商对价格的控制程度及厂商进入市场的难易程度等角度，将市场分成四种类型：完全竞争、完全垄断、垄断竞争和寡头垄断。这四种类型的市场的特征如表6—1所示。

表6—1　　四种类型的市场特征

市场类型	划分市场类型的标准				接近现实中的哪种市场
	厂商数量	产品差别程度	厂商对价格的控制程度	进入市场的难易程度	
完全竞争	非常多	无差别	没有控制力	很容易	农产品市场
垄断竞争	比较多	有一些差别	有一些控制力	比较容易	零售业
寡头垄断	少数几个	有或没有差别	有相当的控制力	比较困难	石油、电信
完全垄断	一个	唯一产品，不可替代	有很大控制力，受政府管制	非常困难	水、电、煤气

之所以研究厂商的行为需要区分不同的市场类型，是因为厂商的目标是追求利润最大化，而利润取决于厂商的收益和成本，厂商的收益又取决于市场对其产品的需求状况，在不同类型的市场条件下，厂商产品的需求状况是不相同的，因此，在分析厂商的利润最大化的决策时，必须区分不同的市场类型。

108. 厂商、市场与行业这些概念的关系怎样？

答：厂商（firm）是指根据一定目标（一般是追求利润最大化）为市场提供产品或劳务的独立经营单位。**市场**（market）是指一种商品或劳务的交易的场所，交易双方在市场上决定商品或劳务的交易价格和交易数量。**行业**（industry）又称产业，是指制造或提供同一类或类似产品或劳务的厂商的集合。

厂商与行业是成员与集体的关系。在经济分析中必须区分厂商与行业。例如分析某产品的需求曲线，就要弄清楚它是厂商的需求曲线还是行业的需求曲线，因为两者常常是不相同的。行业与市场这两个概念也有差别，行业是生产或供给方面的概念，而市场则包括供求双方的关系。例如当我们说汽车行业时，我们往往想到的是“大众”、“福特”等汽车厂商，但当我们说汽车市场时，我们不仅会想到“大众”、“福特”等汽车厂商，还会想到购买这些汽车的消费者。

109. 会计利润、经济利润和正常利润这三个概念有何区别？厂商经营要求利润最大化的利润为什么是指经济利润？

答： 会计利润是指厂商销售产品总收益（*TR*）与会计成本的差额。会计成本就是记录在会计账目上的成本。经济利润是指厂商销售产品总收益与企业经营的机会成本或者说经济成本的差额。经济成本不仅包括显性成本，还包括隐含成本。由于人们在经济活动中，隐含成本和显性成本都要符合机会成本原则，因此，通常把会计成本（显性成本）加隐含成本当作经济成本，这是企业经营中所使用的各种要素（不管是否自有）的机会成本的总和。正常利润是指厂商投入经营活动的各项资源的机会成本超过会计成本的部分。举个例子说，假定某企业从一项经营活动中获得的销售收益是10万元，会计成本是6万元，则会计利润就是4万元；如果厂商机会成本是9万元，经济利润就是1万元，正常利润则是3万元。厂商经营要求利润最大化的利润是指经济利润，因为厂商经营不仅要能补偿会计意义上的各项费用，而且要能补偿所用各项资源的机会成本，否则就是亏损了。

110. 为什么利润最大化的数学表达式既要满足边际成本等于边际收益的必要条件，又要满足边际成本增速大于边际收益增速的充分条件？

答： 厂商决定产量时，一方面要考虑增加一定投入时能增加多少收益即边际收益（*MR*），另一方面又要考虑会增加多少成本即边际成本（*MC*）。$MR>MC$时增加投入对厂商有利，否则就不利。为取得最大利润，厂商会把产量确定在$MR=MC$的水平上。$MR=MC$是利润最大化的必要条件，其数学表达式为：$\frac{d\pi(Q)}{dQ}=MR(Q)-MC(Q)=0$，即$MR=MC$。但$MR=MC$时可能是利润最大，也可能是亏损最大。这在图6—1中可清楚看出。

图6—1（a）是总收益曲线*TR*和总成本曲线*TC*。*TR*曲线的斜率是*MR*，且假定是完全竞争厂商的收益曲线，故图6—1（b）中的*MR*是一水平线。*TC*线的斜率是*MC*。随产量增加，它由小不断变大，故图6—1（b）中的*MC*为U形。从图中可见，在产量Q_1和Q_3处，虽然*MR*都等于*MC*，但Q_1时亏损最大，Q_3时利润最大。由此可知，如果*MC*下降时与*MR*相交是亏损最大，*MC*上升时与*MR*相交是利润最大。这就是说，边际成本增加速度大于边际收益增加速度时的$MR=MC$的产量为利润最大，边际成本增加速度小于边际收益增加速度时的$MR=MC$的产

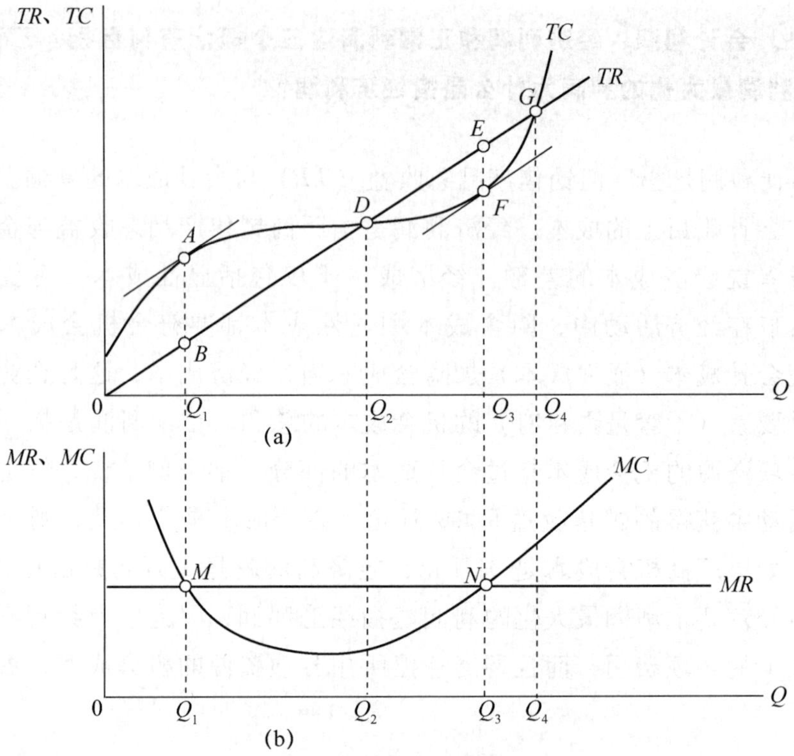

图 6—1　利润最大化的产量水平

量为亏损最大。可见，利润最大化的条件不仅要满足 $MR=MC$ 这一必要条件，还要满足 $MR'(Q)<MC'(Q)$ 这一充分条件。

111. 完全竞争市场要有哪些特征？为什么要建立和研究完全竞争市场模型呢？

答：完全竞争市场（perfect competition market）是指不包含有任何垄断因素且不受任何阻碍和干扰的市场结构。它需要有以下四个特征，缺少其中任何一个，就不是完全竞争市场。

（1）该产品市场上有大量的卖主和买主，使得在该产品市场上，对于任何单一的厂商而言产品价格都是既定的，这是因为，产品的价格是由整个市场的供求关系决定的。在完全竞争市场上，任何单一的厂商没有力量改变市场的供求状况，因此每一个单一厂商只能是市场价格的接受者，而不是价格的制定者。

（2）产品同质。所有厂商提供标准化产品，它们不仅在原料、加工、包装、服务等方面一样，完全可以互相替代，而且对于买者而言，根本不在乎是哪家厂商的产品。如果一个厂商稍微提高其产品价格，所有的顾客将会转而购买其他厂商的产品。

(3) 生产要素可以自由流动。完全竞争的市场要求所有的资源都能够在行业之间自由流动，该行业的工厂规模和厂商数量在长期内可以自由变动，不存在任何阻止厂商进入或退出该行业的法律的、社会的或资金的障碍。

(4) 信息充分。所有买者和卖者都具有充分的知识，完全掌握现在和将来的价格信息，因而不会有任何人以高于市场的价格进行购买，以低于市场的价格进行销售。

显然，完全竞争市场的上述四个特征条件非常苛刻，能够满足上述四个特征的市场在现实生活中是不存在的。那么为什么还要建立和研究完全竞争市场模型呢？经济学家认为，这是因为任何一般理论模型的作用不在于其假设的准确性，而在于其解释和预测经济现象和经济行为的能力。大量的经验研究表明，完全竞争市场模型在说明和观测现实的经济行为方面是很有用的，它有助于对资源配置的效率作出比较准确的分析和判断。虽然完全竞争市场假设条件非常苛刻，但是，从对完全竞争市场模型的分析中，可以得到关于市场机制及其配置资源的一些基本原理，并可以为其他类型的市场的经济效率分析和评价提供一个重要的参照对比。因此，必须首先对完全竞争市场理论加以研究。

112. 完全竞争市场这些特征之间的相互关系如何？

答：完全竞争市场这几个特征既互相联系又互相独立。说它们相互独立，是指它们各有自己特定的含义，说它们相互联系，是指这些特征是互相有关系的。例如，如果假定产品在各方面不完全同质而是有差别的，那么就有卖者可以左右产品价格；再如，如果投入要素不可以自由流动，厂商进入或者退出行业受到阻碍，或者信息不充分，就不可能有厂商之间的完全竞争。

113. 完全竞争厂商的需求曲线和市场需求曲线为什么不同？

答：完全竞争厂商的需求曲线是指单个厂商所面对的需求曲线。由于在完全竞争市场中厂商的数量非常多，消费者的数量也非常多，单个厂商是产品市场价格的接受者，它改变销售量不会引起市场价格的任何变动，也就是说，在既定的市场价格下单个厂商面对的是一个近似于无穷大的需求量，在此市场价格水平下，对单个厂商而言，它可以销售任何数量的产品，没有降价的必要，但是它也不能提价，因为产品是完全同质的。如果它想把价格抬至比市场价格略高一点儿，它的销售量便降为0。所以单个厂商面对的是一条具有完全价格弹性的水平需求曲线。

产品的市场需求曲线则是指市场中所有消费者的需求曲线的水平加总，需求法则决定市场需求曲线是一条斜率为负的向右下方倾斜的曲线。而对于单个企业而言，在特定的市场价格水平下，整个市场的需求量对于单个厂商而言近似于无穷大，因此单个厂商面对的是一条由既定市场价格水平出发的水平线。

114. 完全竞争厂商在什么样情况下会盈利、亏损和停止营业？

答：厂商的利润等于总收益减去总成本。总收益等于产量（销售量）与产品价格的乘积，而总成本等于产量与平均成本的乘积。因此：

(1) 如果产品的价格大于平均成本，则总收益大于总成本，厂商会盈利。

(2) 如果产品的价格等于平均成本，则总收益等于总成本，即厂商的收支相抵，利润为0。

(3) 如果产品的价格小于平均成本，则总收益小于总成本，完全竞争厂商会亏损。

(4) 如果产品的价格小于平均成本，但大于平均可变成本，则总收益虽然小于总成本，但大于可变成本，此时虽有亏损，但亏损小于固定成本，此时如果继续营业，则会弥补部分固定成本，如果停产，则会亏损所有固定成本。在这种情况下，企业会继续营业。

如果产品的价格不但小于平均成本，而且小于平均可变成本，则总收益不仅小于总成本，还小于可变成本，此时如果企业继续生产，不仅无法弥补固定成本，连可变成本也无法全部弥补，因此企业会停止营业。

例如，假设某人租了一个店面开小饭馆。店面租金每月2万元，签了3年的租约。因此每月2万元的店面租金是该小饭馆每月的固定成本，假设小饭馆没有其他固定成本，每月支付给服务员和厨师的工资以及购买原材料、支付水电煤气的费用是4万元，这是小饭馆的可变成本，因此小饭馆每月的总成本是6万元。再假设小饭馆开业1月后，发现营业额只有5万元，则小饭馆亏损了1万元，在这种情况下，小饭馆即使停止营业，也要支付店面租金2万元，因此停业会亏2万元，为了避免更大损失，小饭馆会继续营业。

如果小饭馆每月的营业额只有3万元，则小饭馆会亏损3万元，在这种情况下，营业不但不能补偿店面租金，连可变成本4万元都无法补偿，因此即使每月要支付 2 万元的租金，小饭馆也会停止营业，否则会亏损更多，即 3 万元。

115. 完全竞争厂商的短期均衡和长期均衡有什么不同？完全竞争厂商长期均衡需要哪些条件？

答：厂商在短期内，固定成本已经付出，不可变动，能够变动的是可变成本，因此即使产品价格低于平均成本但高于平均可变成本，厂商还可以生产，生产了不但可以补偿全部可变成本，还能补偿部分固定成本。只有价格低于平均可变成本时，厂商才要停止营业。因此厂商短期均衡的条件是价格不低于平均可变成本的最低点。因此厂商短期供给曲线是厂商边际成本曲线在停止营业点以上（价格大于最低平均可变成本）的那部分线段。但是，在长期，厂商不但可根据市场需求变化来调整生产规模，还能根据市场变化情况进入或者退出行业。这两方面的调整都会一直进行到产品价格等于长期平均成本为止。因此在一个完全竞争市场，厂商长期均衡就是既无经济利润又无亏损的状态。可见，厂商短期均衡和长期均衡至少有两点明显不同：第一，短期均衡允许有一定亏损，但长期均衡不允许；短期均衡可能获得经济利润，但是长期均衡不可能。第二，短期均衡的条件是产品价格等于边际成本（价格不低于最低平均可变成本前提下），而长期均衡的条件是产品价格等于长期平均成本。

116. 完全竞争行业的长期供给曲线为什么会出现各种不同形状？

答：在完全竞争行业中，长期供给曲线可能有三种情形：向上倾斜（即斜率为正）、向下倾斜（即斜率为负）和水平线（即斜率为 0）。这三种情形是由行业产量随着需求的增加时，产品的平均成本会由于不同的外部经济情况和生产要素价格变动的不同情况而呈现出递增、递减和不变三种情况决定的。具体而言：

（1）从长期看，如果由于市场需求增加，引起行业外的企业进入该行业，使得行业中的企业数量和整个行业产量都增加，投入要素需求也因此增加，从而会引起生产要素的价格上升，同时由于行业中企业数量的增加还有可能引起外部不经济（例如，运输生产原材料和生产成品的交通路线更拥挤了从而引起运输成本上升），这些都会导致产品的平均成本上升，并最终导致产品价格上涨。这种情况就会形成一条向右上方倾斜的长期供给曲线。

（2）从长期看，如果市场需求增加，引起行业外的企业进入该行业，使得行业中的企业数量和整个行业产量都增加，投入要素需求也因此增加，从而会引起生产要素的价格上升，但是如果行业中企业数量的增加引发外部经济效应（例如，某一行业扩大了生产规模，附近地区会建立起辅助性行业，专门供给生产工具和原材料，以及维修，还可以组织联合运输，使用高效率机器工具和人力等）且这种外部经济导致产品成本下降的幅度大于要素价格上升的幅度时，则产品的长期平均成本就会下降，并最终导致产品价格下降。这种情况就会形成一条向右下方倾斜的长期供给曲线。

（3）从长期看，如果市场需求增加，引起行业外的企业进入该行业，使得行业中的企业数量和整个行业产量都增加，投入要素需求也会因此而增加，从而会引起生产要素的价格上升，但是如果行业中企业数量的增加引发外部经济效应导致产品成本下降的幅度恰好等于要素价格上升的幅度时，则产品的长期平均成本就会不变，因此产品价格也会保持不变，这种情况就会形成一条水平的长期供给曲线。

117. 什么叫不完全竞争？

答：不完全竞争也称垄断竞争，是一种商品有许多买卖者且市场上的商品既有一定差别也有一定替代性从而形成不完全竞争格局的市场结构。这种市场结构是现实经济生活中最普遍存在的，因为完全竞争和完全垄断可以说是没有或者很少存在的，而更多存在的是有一点垄断又有一点竞争的市场企业之间的关系。这种市场结构的特征中有两点是最重要的，一是成品有许多买卖者，买者且不说，作为卖方的厂商一般规模较小而数量较多，因此经营中必然会有竞争，难以垄断市场；二是产品是同类的产品但又各有一定区别。产品的同类性、相似性和替代性产生了在销售中的竞争性，一定的区别性又使它们都有一定的垄断性。因此这样的市场结构称为不完全竞争，也称为垄断竞争。

118. 完全垄断市场有哪些特征？产生完全垄断的原因可能有哪些？

答：完全垄断市场（perfect monopoly market）是指只存在一个厂商的市场结构。完全垄断市场的特征有：（1）在一种产品市场上的全部销售量只由一家企业供给，企业就是行业，市场上没有任何可与之替代的产品存在，因而它不面临任何别的企业的竞争威胁；（2）垄断企业是价格的制定者，它可以根据利润最大化的需要自行决定自己的产量和销售价格；（3）垄断企业可根据获取利润的需要在不同销售条件下实行不同的价格，即实行差别价格或者说价格歧视。

产生完全垄断的原因主要有以下三个方面：(1) 规模经济的需要。当一个行业具有规模经济时，厂商的平均成本会随着产量的增加而降低，也就是说生产得越多，产品的平均成本越低。因此，由多个企业同时生产，每个企业的平均成本就会大于所有产量由一个企业来生产的平均成本。这意味着一个行业内，如果有一个企业能够比别的企业提供更多的产品，那么它的平均成本就会低于其他企业，这个企业就能在不断扩大生产的同时降低自己的价格，最终使得其他企业在本行业内无利可图，从而该行业被这个企业所垄断。这种垄断被称为“自然垄断”。(2) 某一个企业可能控制着某些稀缺资源，使得其他企业无法参与，与之竞争。(3) 垄断还有可能是因为某种商品的专卖权而产生，如果国家拥有专卖权，则称为政府垄断，如果私人拥有专卖权，则称为私人垄断。

119. 完全垄断厂商既然有定价权，为什么它不会任意提高产品价格?

答：由于完全垄断行业只有一个供给者，因此完全垄断行业的需求曲线就是完全垄断企业的需求曲线，同时由于需求法则，完全垄断企业的需求曲线是一条向右下方倾斜的曲线，即斜率为负的需求曲线。垄断者可以通过控制产量来控制价格。如果增加销售量，则产品的价格就要下降，如果减少销售量，则产品的价格就会上升，因此垄断企业可以通过控制产量控制产品的价格。

虽然垄断企业有定价权，但是它不会任意提高产品价格，这是因为，垄断企业如果定价过高，购买量就会下降，尤其是如果垄断企业产品的需求富有价格弹性，提高价格会导致销售量大幅下降，在这种情况下垄断企业的销售收入反而会减少，从而可能导致利润不但不增加反而会下降；再说其他厂商如果看到垄断利润丰厚，就会眼红，千方百计去生产相似的替代品，也会影响垄断厂商产品销路；还有，国家也会对垄断厂商定价加以调节和控制。所有这些原因都会使垄断企业不能任意提高其产品价格。

120. 完全垄断厂商为什么不会在产品需求弹性不足之处生产?

答：垄断企业需求曲线就是行业的需求曲线，是一条向右下方倾斜的曲线，即斜率为负的需求曲线。如果垄断企业产品的需求富有弹性（即需求价格弹性大于1)，则意味着需求量变化的幅度大于价格变化的幅度，即垄断企业降低价格 1 个百分点，需求量增加会超过 1 个百分点，此时价格下降、需求量上升，总收益也会增加，边际收益大于0，由此可见，当垄断企业产品需求富有弹性时，边际收益大于零。

相反，如果垄断企业产品的需求缺乏弹性（即需求价格弹性小于1），则意味着需求量变化的幅度小于价格变化的幅度，即垄断企业降低价格1个百分点，需求量增加会少于1个百分点。此时价格下降，需求量虽然会上升，但总收益会减少，边际收益小于0。由此可见，当垄断企业产品的需求缺乏弹性时，边际收益小于零。

由于垄断厂商是以利润最大化为目标的，利润最大化的产量和价格即为边际收益与边际成本相等时的产量和价格。由于边际成本始终大于零，因此利润最大化时，边际收益也一定要大于零，而通过上述的分析可知，当垄断企业的产品的需求是富有弹性时，其边际收益才大于零，因此以利润最大化为目标的垄断企业不会在需求弹性不足之处生产。

121. 垄断厂商的垄断势力可用什么指标衡量？垄断势力的大小为什么会和产品需求弹性有关？

答： 企业要实现利润最大化，其产品的边际收益必须等于边际成本，如果市场是完全竞争的，由于企业产品价格是既定不变的，则其边际收益就是产品的价格，因此，对于完全竞争企业而言，在利润最大化时，边际收益等于边际成本，也意味价格等于边际成本。但是在垄断市场上，由于垄断企业的需求曲线是向右下方倾斜的曲线，在这种情况下垄断企业产品的价格始终大于其边际收益，因此对于完全垄断企业而言，在利润最大化的产量水平下，边际收益等于边际成本，但价格大于边际成本。由此可见，在利润最大化的产量水平上，如价格等于边际成本，则企业就是完全竞争的企业，如果价格大于边际成本，企业就是一个垄断企业，并且价格超出边际成本越多，企业的垄断势力就越大。因此我们可以用企业产品价格超出边际成本的程度来衡量企业**垄断势力**（monopoly power）的大小。

当产品的需求缺乏弹性时，即消费者是刚性需求者，则垄断企业就可以为其产品制定一个高价，此时价格超出边际成本的程度就比较大，因此企业的垄断势力就比较大。相反，当产品的需求富有弹性时，即消费者是非刚性需求者，对产品的价格比较在乎，则垄断企业就无法为其产品制定一个高价，此时价格超出边际成本的程度就比较小，因此企业的垄断势力就比较小。由此可见，垄断势力与产品需求价格弹性的大小密切相关，产品需求价格弹性越小，企业的垄断势力越大。

122. 厂商垄断势力来源和垄断形成的原因有什么区别?

答: 垄断势力是市场势力的形式之一。市场势力是卖方或买方影响商品价格的一种能力。在完全竞争的商品市场上，厂商只能按照商品的边际成本出售商品，而在完全垄断的商品市场上，厂商可以按照高于边际成本（MC）的价格（P）出售商品，这时就存在垄断势力，垄断势力的大小可以通过价格超过边际成本的幅度来衡量，这被称为勒纳指数:

$$L=\frac{P-MC}{P} \tag{6.1}$$

勒纳指数越大，表明价格高于边际成本的幅度越大，因此厂商的垄断势力越强。对于垄断厂商而言，其边际收益（MR）为:

$$MR=P\left(1-\frac{1}{\varepsilon_d}\right) \tag{6.2}$$

垄断者为追求最大利润，必须满足边际收益等于边际成本的原则（$MR=MC$），因此我们可将（6.1）式中的 MC 用（6.2）式中的 MR 来替换，则（6.1）式就变为:

$$L=\frac{1}{\varepsilon_d} \tag{6.3}$$

（6.3）式说明垄断厂商垄断势力的大小是由消费者对垄断厂商产品的需求价格弹性（ε_d）决定的，如果消费者对垄断厂商产品的需求价格弹性越小，则厂商的垄断势力越大，反之，则越小。

由此可见，垄断势力的来源与垄断形成的原因是两回事，前者指厂商垄断市场价格的能力由什么因素决定，它与商品需求价格弹性的大小密切相关；而后者是指市场中如何形成垄断，它与规模经济、稀缺资源控制、政府管制及商品专卖权等因素有关。

123. 什么是垄断厂商的价格歧视? 通常价格歧视有哪几种?

答: 价格歧视（price discrimination）是指垄断者对相同的产品收取不同的价格，并且这种价格差异不是由于成本造成的。

通常价格歧视有三种形式:（1）垄断者可以对市场进行分割，对不同群体的顾客收取不同的价格，比方说医院对军人、妇女、儿童实行价格优惠等；(2) 对一定的消费者，依据其购买的数量的多少来确定价格水平，这种称为多重定价（multi-part pricing)，如根据产品销售量定价，对成批购买者实行优惠；(3) 垄断者根据消费者对每一单位商品的支付意愿差异，对每一件商品都制定不同的价格，这称为完全差别定价（perfect discrimination pricing)。

124. 市场分割的价格歧视有哪些条件?

答：市场分割的价格歧视要满足以下条件：

(1) 垄断者能够把不同的市场或市场的各个部分有效分割开来，否则不仅全部顾客会集中于低价市场进行采购，而且低价市场的顾客很可能将低价购得的产品在高价市场上再出售。

(2) 各个子市场或消费团体必须要有不同的需求价格弹性。如果两个市场上的需求价格弹性相同，则价格歧视就不会存在。只有需求价格弹性不同时，垄断者才有可能在需求价格弹性较大的市场制定较低的价格（因为定价太高，这个市场上的消费者就不买了）；在需求价格弹性较小的市场上制定较高的价格（因为该市场消费者是刚性需求者，即使高价也不得不买）。

125. 为什么完全竞争市场是福利最大化市场? 竞争和垄断对社会经济而言各有什么利弊?

答：完全竞争市场是福利最大化的市场是因为：(1) 在完全竞争市场上，企业的需求曲线是水平的，且企业的长期经济利润为零，因此在完全竞争企业长期均衡时，水平的需求曲线相切于长期平均成本的最低点，所以企业产品的价格等于最低的平均成本，且产品的均衡产量最大，不存在过剩的生产能力。(2) 完全竞争市场长期均衡时，企业产品的价格还等于长期边际成本。由于产品的价格被视为商品的边际社会价值，长期边际成本被视为产品的边际社会成本，完全竞争市场长期均衡时，产品的价格等于长期边际成本，就意味着产品的边际社会价值等于产品的边际社会成本，表明社会资源得到了最有效的配置。(3) 完全竞争市场均衡时，消费者剩余与生产者剩余之和最大。正是由于以上几点原因，完全竞争市场是福利最大化的市场。

对社会而言，完全竞争的好处在于：完全竞争可以使得产品的价格降到最低，产量的数量增到最大，社会福利最大化；但完全竞争也有弊端：在完全竞争的市场条件下，所有厂商的产品都是相同的，无法满足消费者的各种偏好。

对社会而言，完全垄断的弊端在于：(1) 垄断导致产品的产量被限制在较低水平，产品价格高居不下，许多消费者的需求无法得到满足；(2) 同时由于没有竞争，垄断产品的质量和服务水平都比较差，因此垄断会导致社会福利损失；(3) 更重要的是，垄断厂商只要依靠自己的垄断力量就可以获得高额利润，因此垄断厂商缺乏技术创新的动力，从而阻碍技术进步。但是，垄断也有一定的好处，即自然垄断有利于发挥规模经济的优势，因而使得产品价格下降而不是提高，大批量生产的企业与小批量生产的企业相比，成本更低，质量更稳定。不仅如此，垄断企业实力强大，有足够的能力进行科学研究和技术创新。

第七章

垄断竞争市场和寡头垄断市场

126. 什么是垄断竞争市场？垄断竞争市场有哪些特点？

答：垄断竞争市场（monopolistic competition market）是一种商品有许多卖者且所卖商品之间有一定差别从而形成不完全竞争格局的市场结构。其基本特点是：

（1）存在产品差别，即同一类产品有不同之处。这种差别产生的主要原因可能与产品的内在品质（如技术或原材料）不同、产品的外观形象（如包装或商品）不同、产品的经济空间（如产地、销售地及市场距离消费者的远近）不同、产品的推销方式（如广告、服务态度）不同等因素有关。

（2）厂商进出行业比较容易，从而厂商数量也比较多。在垄断竞争市场中厂商的规模一般不是很大，投资建厂所需资金也不太多，因而该市场厂商进出都比较容易，不存在太高的市场壁垒。

（3）厂商对产品价格略有影响力。一方面，由于不同厂商的产品存在一定的差异性，这种差异性使得厂商具有一定的垄断势力，因而使得厂商能够有一定的定价自主权。另一方面，虽然不同厂商的产品具有一定的差异性，但由于这种差异性并不是大到足以使得厂商的产品完全不能够被其他厂商的产品替代，因而不同厂商的产品之间还存在着较强的竞争性，这又使得厂商的定价权十分有限。

127. 为什么垄断竞争厂商长期均衡中会出现“效率损失”，应怎样正确认识这种效率损失？

答：一方面，在长期内，由于垄断竞争厂商进出行业比较自由，因此如果某一垄断竞争行业中在位厂商经济利润大于0（即存在超额利润），则行业外的厂商就会进入，使得行业内的在位厂商数量上升，产品市场供给增加，从而导致价格下降，直至超额利润消失为止；反之，如果某一垄断竞争行业中在位厂商经济利润小于0（即存在亏损），则行业内的在位厂商就会退出，使得行业内的在位厂商数量下降，产品市场供给减少，从而导致价格上升，直至行业内的厂商不亏损为止。由此可见，垄断竞争市场长期均衡时，厂商的利润一定等于0，即长期平均成本要等于产品的价格。这意味着，在长期均衡时，垄断竞争厂商的长期平均成本曲线刚好是与其产品的需求曲线相切的，因为只有这样，垄断竞争厂商的长期平均成本才能恰好等于产品的价格。

但另一方面，由于垄断竞争厂商的产品与其他厂商的产品存在一定的差别，因此一个垄断竞争厂商的产品不能够被其他厂商的产品完全替代，使得厂商对产品的价格具有一定的影响力，这意味垄断竞争厂商面临的需求曲线比一个完全竞争厂商的需求曲线的弹性要小，即垄断竞争厂商的需求曲线不是像完全竞争厂商的需求曲线一样是水平的（图 7—1 中的曲线 d'），而是一条略微向右下方倾斜的斜率为负的曲线（图 7—1 中的曲线 d）。

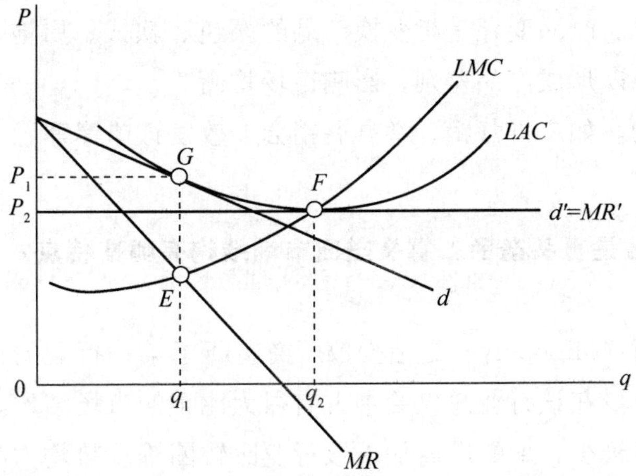

图 7—1　垄断竞争与完全竞争厂商均衡比较

以上分析显示，垄断竞争厂商长期均衡时，要求长期平均成本曲线与产品需求曲线相切，垄断竞争厂商的需求曲线又是一条向右下方倾斜的曲线，因此切点（如图中的 G 点）一定是在长期平均成本最低点（如图中的 F 点）的左上方，该切点所对应的产量（q_1）一定小于长期平均成本最低点（F 点）所对应的产量（q_2）。而完全竞争厂商长期均衡时，其经济利润也等于零，厂商的长期平均成本曲线与其产品需求曲线也刚好相切，但由于完全竞争厂商的需求曲线是一条水平的需求曲线（图中曲线 d'），因此切点（F 点）一定就是长期平均成本的最低点，其所对应的产量（q_2）是平均成本最低的产量。

由此可见与完全竞争厂商相比，长期均衡时垄断竞争厂商的不仅产量更低，而且价格和平均成本更高。这就是垄断竞争厂商在长期均衡时的“效率损失”。但是经济学家认为，这种效率损失对消费者而言是产品差异化和多样化的一个代价。这是因为在完全竞争市场上，产品都是同一的，因此无法满足消费者偏好多样化的种种需求，因此，垄断竞争的“效率损失”可以由垄断竞争市场上产品差别给广大消费者带来的多样化满足所抵消或弥补。

128. 为什么垄断竞争厂商在竞争中更着重于非价格竞争？垄断竞争厂商非价格竞争的手段主要有哪几种？

答： 由于垄断竞争厂商的产品间有一定的替代性，垄断竞争厂商控制价格的能力就受到一定的限制，需求曲线比较平坦，厂商自由斟酌定价的幅度较小，因而价格竞争的利益不大，这就使得垄断竞争厂商更重视非价格竞争。非价格竞争的手段主要有：

（1）产品变异。产品变异是指变换产品的颜色、款式、质地、做工和附带服务等来改变原产品，以形成产品差别，影响市场均衡。

（2）推销活动。如广告营销、举办展销会、散发订单等等。

129. 什么是寡头垄断？寡头垄断市场结构有哪些特点？

答：寡头垄断（oligopoly）是指少数厂商垄断了某一行业的市场，控制了这一行业的供给，其产量在该行业总供给中占有很大比重的市场结构。其基本特点是：

（1）厂商数量极少，新的厂商加入该行业比较困难。势均力敌的少数厂商已经控制了这一行业的市场，其他厂商难以介入并与之竞争。

（2）产品既可以同质，也可存在差别，厂商之间同样存在激烈竞争。

（3）厂商之间相互依存。寡头厂商之间存在相互依赖关系，以至于每个寡头厂商在作出决策时都必须特别考虑这一决策对其对手的影响；每个厂商的价格和产量的变动都会影响其对手的销售量和利润水平。

（4）厂商行为具有不确定性。由于寡头厂商之间相互依存，因而厂商不能独立决策，任何厂商作出的决策，其结果自己不能完全左右，而取决于竞争对手的反应。这种反应是厂商无法控制的，这就使得厂商的行为具有不确定性。

130. 进出市场难易程度对形成垄断竞争和寡头市场有什么意义？

答： 垄断竞争厂商产品有一定的替代性，又有一定的差别性。替代性带来竞争，差别性形成垄断。但是仅有这一点，还不足以形成垄断竞争。例如，不同品牌的牙膏厂商是垄断竞争厂商，但不同品牌的汽车厂商是寡头厂商。显然，仅有产品差别，还不足以形成垄断竞争市场。不同品牌汽车制造商之所以是寡头，是由于进入障碍。生产汽车的厂商一般规模较大，规模经济的需要给厂商进入汽车生产行业构筑了一道进入障碍，而不像牙膏生产行业那样容易进入，因而汽车生产行业中厂商数量较少，厂商都是规模较大的寡头。

131. 经济学中如何区分不同的寡头理论模型？

答： 经济学中分析寡头理论的模型有很多，并且从不同的标准来分析寡头的行为，划分寡头模型的标准，大体上有：

(1) 根据寡头的决策变量，寡头模型可以分为产量决策模型和价格决策模型。前者分析的是寡头如何决定自己的最优产量，后者分析的是寡头如何决定自己产品的价格。

(2) 根据寡头决策行动的先后，可以分为静态寡头模型和动态寡头模型。前者是指寡头同时决策，并且每个寡头在进行决策时，并不知道其他寡头的决策内容；后者是指寡头的决策有先有后，并且后决策的寡头知道先行决策寡头的决策内容。

(3) 根据寡头之间是否合作，可以分为竞争寡头模型和合作寡头模型（又称勾结型寡头模型）。前者是寡头各自独立决策，追求各自利润的最大化；而后者是指寡头之间进行合作，就产量或价格达成某种联盟，在谋求合作联盟利润最大化的基础上，来实现各自的利益。

(4) 根据寡头产品是否同质，可以分为纯粹寡头模型和差别寡头模型。前者是指各寡头的产品是完全同质的，可以相互替代，因此面临着相同的市场需求曲线；后者是指各寡头的产品存在差异，不能完全替代，因此面临的产品需求不一样。

按照上述标准，我们可以区分不同寡头模型。比如**古诺模型**（Cournot model）就是属于产量决策、静态的、非合作的、纯粹的寡头模型；**斯塔克伯格模型**（Stackelberg model）就属于产量决策、动态的、非合作的、纯粹寡头模型；**卡特尔模型**（Cartel model）就属于产量决策、静态的、合作的、纯粹的寡头模型；**伯特兰模型**（Bertrand model）就属于价格决策、静态的、非合作的、纯粹的寡头模型；**斯威齐模型**（Sweezy model）就属于价格决策、动态的、非合作的、纯粹的寡头模型；**价格领导模型**（price leadership model）就是价格决策、动态的、合作的、纯粹的寡头模型；**霍特林模型**（Hotelling model）就属于价格决策、静态的、非合作的、差别寡头模型；如此等等。

132. 什么是古诺模型中的数量反应函数和均衡？

答： 古诺模型以法国经济学家古诺命名。古诺模型假设不同的寡头产品是同质的，可以相互替代，因此寡头面临着相同的市场需求，在市场需求量给定的情况下，寡头间存在着产量和市场份额的竞争，因此，每个寡头在决定自己的产量时，要预估其竞争对手的产量水平，并根据这个预估的产量水平，来决定自己的最优产量水平，即利润最大化的产量水平。这意味着，每一个寡头的利润最大化产量水平都与其竞争对手的产量相关，这种反映一个寡头利润最大化的产量水平与其竞争对手产量水平之间关系的函数就是所谓的**数量反应函数**（quantity reaction function）。根据数量反应函数作出的曲线就是**数量反应曲线**（quantity reaction curve）。

数量反应函数表明，每个寡头会根据自己的数量反应函数来决定自己的产量，在给定竞争对手的产量水平下，每个寡头就可以知道自己的最优产量是多少，所以一组能够满足所有寡头的数量反应函数的产量水平，即由所有寡头数量反应曲线的交点所决定的产量组合就是古诺模型的均衡产量组合。在该产量组合下，假定其他寡头不改变产量，则没有任何寡头愿意改变自己的产量。

133. 什么是斯塔克伯格模型？这个模型和古诺模型的区别是什么？

答：斯塔克伯格模型由德国经济学家斯塔克伯格提出。该模型的意思是：行业中有主导厂商和跟随厂商。主导厂商知道跟随厂商的产量取决于自己的产量水平，如果主导厂商改变产量，则跟随厂商的产量也会发生相应变化，也就是跟随厂商的产量是关于主导厂商产量的一个函数，并且主导厂商知道跟随厂商的这一数量反应函数，因此主导厂商将跟随厂商的数量反应函数代入自己的利润函数中去，然后据此决定一个使自己利润最大化的产量水平。跟随厂商看到主导厂商的这一产量水平后，再根据主导厂商的这一产量水平来决定自己的最优产量水平。

斯塔克伯格模型和古诺模型的区别在于，前者是一个动态模型，即产量决策有先有后；而后者是一个静态模型，即所有寡头的产量决策是同时进行的。

134. 什么是伯特兰模型？它和古诺模型的区别是什么？

答：伯特兰模型是由法国经济学家约瑟夫·伯特兰（Joseph Bertrand）于1883年建立的。古诺模型和斯塔克伯格模型都是把厂商的产量作为竞争手段，是一种产量竞争模型，而伯特兰模型是价格竞争模型，该模型假设：（1）各寡头厂商通过选择价格进行竞争；（2）各寡头厂商生产的产品是同质的，可以完全替代；（3）寡头厂商之间也没有正式或非正式的勾结行为。

在上述假设下，寡头之间进行价格竞争，在市场只有两个寡头的情形下，如果一个寡头产品的价格比另一个寡头低，则该寡头产品就会占据整个市场，另一个寡头的市场份额就为0，反之亦然。如果两家寡头的价格相等，则两家寡头平分需求。在这一竞争格局下，两家寡头会竞相降价，直至产品价格等于产品的边际成本为止。因此，伯特兰模型的结论是：只要有一个竞争对手存在，寡头的行为就同在完全竞争的市场结构中一样，价格等于边际成本。

与古诺模型的不同之处在于，古诺模型中决策变量是产量，即古诺模型是一个产量竞争模型，而伯特兰模型中决策变量是价格，它是一个价格竞争模型。

135. 什么是斯威齐模型？为什么这个模型会受到一些经济学家批评？

答：斯威齐模型是由美国经济学家斯威齐（Paul M. Sweezy）提出的，用以解释寡头垄断市场上所存在的价格刚性现象的经济模型。

斯威齐模型假设，寡头在进行价格竞争时遵从“跟跌不跟涨”的原则，即当一个寡头厂商涨价时，其竞争对手为保持市场份额并不跟随涨价，这使得涨价寡头的需求量会大幅下降；但是当一个寡头厂商降价时，其竞争对手为避免市场份额减少也会跟随降价，这使得发起降价的寡头厂商的需求量只会少量增加。因此，“跟跌不跟涨”的原则使得寡头厂商的需求曲线是一条弯折的需求曲线。正是由于寡头厂商的需求曲线是弯折的，所以其边际收益曲线是间断的，故只要边际成本曲线的位置变动不超过边际收益曲线的垂直间断范围，就仍然可以在同样的产量水平与边际收益相等，即均衡数量和均衡价格不变，这意味着，即使寡头产品的成本发生了变化，但是产品的价格并不一定就会因此变化，这就解释了为什么寡头垄断市场上会存在价格刚性现象。

斯威齐模型对寡头市场的价格刚性作了一定的解释，但由于其他寡头“跟跌不跟涨”的假设在现实中难以成立，也由于其对如何确定已定价格没有作出解释，因此受到了一些经济学家的批评。

136. 什么是卡特尔？加入卡特尔的厂商怎样决定产品价格和产量？

答：卡特尔就是寡头垄断厂商用公开或正式的方式进行合作（或者说勾结）的一种形式。它是一个行业的独立厂商之间为就有关价格、产量和市场划分等事项达成明确的协议而建立的一个垄断组织。卡特尔的主要任务：一是为各成员厂商的产品规定统一的价格；二是在各成员之间分配总产量。

卡特尔制定统一价格的原则是使整个卡特尔组织的利润最大化，因此，必须使边际收益等于边际成本。为此，卡特尔要根据有关资料确定在每一可能的价格水平上对该行业产品的需求量，以确定卡特尔的需求曲线，并从中推算卡特尔的边际收益曲线，同时，将各厂商的边际成本曲线水平加总，形成卡特尔的边际成本曲线，最后，根据卡特尔的边际成本曲线和边际收益曲线的交点来确定产量水平和价格水平。卡特尔的产量和价格水平的决定和完全垄断厂商的产量和价格水平的决定是一样的，因此实际上可以把卡特尔视为一个垄断组织。

137. 为什么卡特尔常常会不稳定？

答：卡特尔在统一了产品的价格后，通常要规定参与者的生产限额，以支持该价格。卡特尔分配产量定额的原则是使得各厂商的边际成本与卡特尔均衡产量水平上的边际成本相等。这一分配产量的方式，往往被认为是一种理想的分配方式，但在现实中很难实现。因为卡特尔内部成员厂商之间产量的分配受到各厂商地位、争议能力、厂商已有的生产能力和销售规模以及地区划分的影响。同时，卡特尔的各成员厂商还可以通过广告、信用和服务等非价格竞争手段拓宽销路，增加产量，因此卡特尔是不稳固的，各厂商为追求各自利润的最大化，往往会避开卡特尔的规定而另做手脚。

138. 为什么寡头厂商的行为更倾向于相互勾结而不是独立行动？

答：卡特尔模型显示，如果寡头厂商之间相互勾结，成立一个产量联盟，就可以像一个垄断企业一样行事，使得产量联盟的产量水平和价格水平与垄断企业的均衡产量和均衡价格水平一致，从而获得高额垄断利润。而寡头厂商如果独立行动，则寡头之间的相互竞争将导致产品价格下降，寡头利润减少。因此寡头厂商的行为更倾向于相互勾结而不是独立行动。

139. 什么是价格领导制？价格领导者和非领导者是怎样做价格和产量决策的？

答：价格领导制是寡头间一种暗中默契的非公开的合作方式，是指行业中的一个或少数几个大厂商开始变动价格，其他厂商均随之行动。

价格领导厂商一般是根据其地位和实力或市场行情预测能力来确定或变动价格，其他厂商则随之采取同样行动。其所以如此，并不是因为合谋，而是出于各自追求利润最大化的考虑。比如，如果价格领导厂商推出降价措施，其他厂商不跟随，就会失去顾客。因此一些较小的厂商为了自身利益，会不自觉地接受价格领导厂商确定或变动的价格。

价格领导可以分为晴雨表型的价格领导制和支配型的价格领导制。前者是指价格领导厂商根据市场行情首先宣布能够合理而且准确反映整个行业成本和需求情况变化的价格，其他厂商则按照这一价格对自己的价格进行调整。晴雨表型厂商并不一定是行业中规模最大、效率最高的厂商，但它熟悉市场行情，能够代表其他厂商的愿望，所以其他厂商愿意做它的跟随者。

支配型的价格领导制是指销售市场容量比重比较大、地位牢固、具有支配力量的大厂商，根据自己利润最大化的需要和其他厂商希望销售的全部产量确定和变动价格，其他中小厂商是这一价格的接受者，因此这一价格水平实际上就是这些中小厂商的边际收益，中小厂商根据边际收益等于边际成本的原则确定自己的产量水平。

140. 什么是成本加成定价法？为什么这种方法会成为寡头厂商最常用的方法？

答：成本加成定价法（cost-plus pricing）是在估计的平均成本的基础上，加上一个赚头，据以确定价格的定价方式。它是寡头垄断厂商不按照边际收益等于边际成本原则追求利润最大化的一种常见的定价方式。其基本方法是：

先根据厂商生产能力的某一百分比确定一个正常的或标准的产量水平，然后根据这个产量计算出相应的包含固定成本与可变成本的平均成本（AC），并加上一个按照平均成本的一定百分比 r 计算的赚头，就得出销售价格 P，即 $P=AC(1+r)$。当同行业的全部厂商都采用统一的会计制度，它们的投入要素的价格和生产函数都相同，并用相同的百分比加成，这些厂商产品的价格就是一致的，否则，它们的价格就会不一致，但是，不管各厂商的价格是否一致，成本加成定价法使得它们的价格变化方向是一致的。

成本加成定价法尽管不是按照边际成本等于边际收益原则追求利润最大化的定价形式，但它可以避免价格随产量变动而频繁变动，从而使得价格稳定，减少了寡头垄断厂商因价格竞争可能带来的不利后果，巩固了寡头垄断厂商的地位，因而成为寡头垄断厂商最常用的方法。

第八章

博弈和信息

141. 为什么传统经济学必须融入博弈论和信息经济学？

答：传统经济学存在一系列与实际经济生活不相符合的局限性：第一，传统经济学中的经济主体（个人或者机构）做经济决策时不考虑自己的决策（选择）对别人的影响，也不考虑别人的选择对自己的影响。例如，消费者都是在给定商品价格和自己收入约束条件下最大化自己的效用，厂商的决策是在给定生产技术和成本约束条件下最大化自己的利润。消费者效用函数和生产者利润函数只依赖自己的选择，不考虑别人的选择。经济学在这样前提下研究理性人如何根据一定约束条件来实现效用、利润或者收入最大化，从而进行稀缺资源的配置。可是，在现实经济生活中，任何一个经济活动主体进行决策时不可能不考虑这种决策会对别人造成的影响，也不会不考虑别人的决策对自己的影响。博弈论本质上也是研究理性的经济主体的最大化行为的，但是比传统经济学前进了一步，认为自己的效用（以及利润或收入）函数不仅依赖自己的选择，也依赖他人的选择。因此传统经济学必须融入博弈论。第二，传统的经济学（这里主要指新古典经济学）的基本假定条件与现实经济生活也不符合。例如，认为市场是充分竞争的，市场信息是充分的，不存在信息不对称问题。而实际上市场往往是不完全竞争的，经济活动主体是相互影响的，市场信息在经济活动主体之间也往往是不对称的、不充分的。在信息不对称条件下，要使市场有效运行，必须要有有效的制度安排。这种制度安排必须满足"激励相容"和"个人理性约束"条件，而这一扩张恰恰是信息经济学研究的范围。可见，传统经济学必须融入博弈论和信息经济学，才能真正成为符合现实生活的现代经济学。

142. 上策均衡（优势策略均衡）和纳什均衡有何联系和区别？

答：所谓均衡是指博弈中所有参与人都不想改变自己策略的一种相对静止状态。**上策**（dominant strategy）是指某参与人的最优策略不依赖其他参与人的策略选择，就是说，不论其他参与者选择什么策略，该参与者的最优策略是唯一的。

上策均衡（dominant-strategy equilibrium）是指由博弈中的所有参与者的上策组合所构成的均衡，又称优势策略均衡。例如，在囚徒困境中，甲乙二人的最好策略都是选择坦白，因为不管对方选择坦白还是抵赖，自己选择坦白可以判得最轻，于是，二人都坦白就构成他们的上策均衡。而**纳什均衡**（Nash equilibrium）是指这样一种策略组合，在该策略组合下，没有任何一个参与人有积极性单方面改变自己的策略选择，因为如果某个参与人单方面改变自己的策略选择，利益不但不会增加，反而会受损。

上策均衡一定是一个纳什均衡，但纳什均衡不一定是上策均衡。例如，甲乙二人在博弈中有如表 8—1 的收益矩阵。

表 8—1　　　　纳什均衡

		乙	
		策略A	策略B
甲	策略A	2，1	0，0
	策略B	0，0	1，2

显然，该博弈没有上策均衡，因为乙选择 A 时甲最好也选择 A（2 大于 0）；乙选择 B 时，甲最好也选择 B（1 大于 0），不存在不管乙选择策略 A 或者策略 B，甲总应当选择某一策略的情况。对乙来说，同样如此。总之，在本例中，只存在给定对方某一策略时，甲或乙才能有正确策略，这种策略组合构成的均衡就是纳什均衡。例中的左上（A，A）和右下（B，B）都是纳什均衡，但不是上策均衡。但是，囚徒困境中的均衡既是上策均衡，也是纳什均衡。因为这种均衡既符合上策均衡条件，也符合纳什均衡条件。可见上策均衡会是纳什均衡，但纳什均衡不一定并且通常不是上策均衡。

为什么会有这种区别？因为纳什均衡属于完全信息静态博弈解的一般概念，而上策均衡不是。就是说，在囚徒困境中，甲乙二人是背靠背交代问题，谁都不知道对方如何交代，如果可以通气，肯定都会抵赖。可是在纳什均衡中，甲乙二人都是在知道对方策略情况下做决策的，那当然会采取（A，A）和（B，B）的策略了。

143. 一次性博弈和重复博弈的结果会有什么区别？

答：最大区别在于一次性博弈是局中人无法对对方的行为作出反应。例如，如果对方欺骗了自己，自己也无法进行报复。可是重复博弈就不同。如果一方欺骗了另一方，另一方就可以进行“以牙还牙”的报复和惩罚。例如，在卡特尔各方博弈例子中，如果一方毁约，就会受到其他局中人的报复，从而得不到毁约的好处，很可能自己的利益受到伤害。因此，为了长期利益，局中人可能会选择合作以免受报复。正因为有这种区别，如果是一次性博弈，必须要有一定的制度来保障博弈的结果。比方说，在合同中规定有严格的处罚条款等等。另外，即使是重复博弈，如果博弈是有限次数的并且局中人知道这一点，就有可能在最后一次博弈中采取不合作行为，因为它们认为，反正对方没有机会惩罚自己了。可见，无限重复博弈和有限重复博弈的结果也会不一样。有限重复博弈的结果同样需要相应的制度或者规则来加以保障。

144. 在序列博弈中威胁和承诺对博弈结局会产生什么影响？

答：序列博弈指一方的一种对策会导致另一方的一种相应对策的一种有先后次序的重复博弈。例如，假定某寡头市场上已占领市场的在位者甲，面临一个想进入市场的竞争者乙。在位者甲当然希望乙别进入以坐收垄断性利益。在位者可能威胁说，你若进入，我会采取措施（如扩大生产规模以大削价）叫你血本无归。乙会不会相信？甲当然不能光靠口头威胁，还必须有真正的承诺。所谓承诺，是在位者使自己的威胁变成可以置信的行动。例如，如果在位者在作出威胁的同时采取扩大生产的准备工作，真正作出扩大生产以大力削价的姿态，就会使进入者确实感觉到进入很不值得，并取消进入打算。可见，在序列博弈中威胁和承诺会对博弈结果产生很大影响。

145. 为什么会出现极大极小化策略均衡？

答：在信息不完全的博弈中，由于局中人不清楚别人可能采取什么策略，一些局中人为了避免最大损失，往往会采取比较保守的策略，即首先找出各策略中自己能获得的最小的收益，然后选择其中最大者作为自己的策略，这就是所谓极大极小化策略。例如假定A、B在博弈中有如表8—2的收益矩阵。

表8—2　　极大极小化策略

		B 策略1	B 策略2
A	策略1	−20，−30	900，600
A	策略2	100，800	50，50

显然，A、B之间的博弈无上策均衡，但有纳什均衡，即左下（策略2，策略1）和右上（策略1，策略2）。但是，由于信息不完全，如果B在选择策略1时，A没有选择策略2，或者A在选择策略1时，B没有选择策略2，这时A和B的损失就大了，A、B的收益分别会是−20、−30。为了避免这类最大的损失，它们首先会找出各策略中自己能获得的收益，然后选择其中最大者作为自己的策略。在本例中就是A从−20和50中找出50，B从−30和50中找出50，这样，双方极大极小化策略均衡解

就是（策略 2，策略 2）。这一均衡解的收益小于纳什均衡解，但是在双方都不了解对方选择的情况下避免了可能遭受的最大损失。因此这虽然属于比较保守的策略，却是一种比较安全的策略。

146. 现实经济生活中信息不充分的原因有哪些？

答： 现实经济生活中信息不充分的原因是多方面的：

一是人们认识能力有限。人们不可能知道在什么地方、什么时候会发生什么事情，尤其在社会分工越来越细的时代，每个人只从事某一方面工作，不可能成为什么都知道的“百科全书”。

二是掌握信息的成本太高。人们要把与自己有关的经济活动的信息都掌握有时不是不可能，但与掌握这些信息后的收益相比，成本太高了。例如，如果你要到你所买商品的每一个制造工厂去调查商品是否为假货，那成本实在太高了。

三是信息商品特殊。信息商品与其他商品不同，无法事先了解其价值。人们之所以愿掏钱购买信息，是因为不知道它，一旦知道了就不会掏钱购买了。因此掌握信息的人不可能让买者在购买前就了解所售信息。

四是机会主义倾向。交易双方在有关信息掌握上一般处于不对称地位。卖者掌握较多，买者掌握较少。为了自己的利益，卖方往往故意隐瞒一些信息。

147. 信息的价值是什么？

答： 信息的价值通俗点说就是掌握和不掌握信息得到的收益的差额。比方说，如果你知道这个商品的真实价值确实为 10 元，你用 10 元去购买了，就没有吃亏；相反，如果你不清楚这个商品应该值多少钱，按照商店虚开的 13 元价格去购买了，那么，这个信息的价值就是 3 元钱。正因为信息是有价值的，因此人们在经济活动中都要千方百计去掌握有关的真实信息。但是，经济学里所讲的信息的价值主要是指信息能给经济活动当事人消除经济变动不确定性所带来的利益或者说好处。例如，保险公司掌握了健康保险投保人的有关信息，就可以预防大量的严重逆向选择风险从而获得收益。

148. 什么是私人信息和公共信息？

答： 任何经济活动都可以看成是一种博弈。所谓私人信息是指一些参与人自己知道，而不为其他参与人知道的信息。例如，在商品买卖中，商品的有关信息只有出售者知道，而购买人不知道；健康保险活动中投保人健康状况只有他自己知道而保险公司不知道。这样的信息就是私人信息。公共信息是指被公开的信息。既然是公开的信息，获取就不要成本。公共信息是相对私人信息而言的。

149. 什么叫完全信息和不完全信息？

答：完全信息指个体经济活动的决策者具有决策所需要的全部信息，从而能使决策者对决策的结果作出准确的预测，这样就可以使决策者相当于在确定条件下作出选择。不完全信息是指个体经济活动决策者不能确定地预测他自己的行动会有什么结果，这就相当于不确定条件下的选择。

150. 逆向选择和道德风险的共性和区别是什么？

答：逆向选择指在信息不对称条件下，参与交易（博弈）的一方隐藏只有自己所掌握的信息（私人信息）而导致对自己有利和对方受损的现象。例如，健康保险的投保人故意隐瞒了自己身上的病情参加了保险，结果经常看病报销，自己获利了，保险公司吃亏了。这种现象之所以称为逆向选择，是因为这类投保人并不是保险公司所希望选择的，其处于信息劣势。道德风险指交易合同签订以后交易一方的行为不易为另一方所观察而导致另一方利益受损的现象。这种现象之所以称为道德风险（有时也称为败德行为），是因为受损者的风险是交易合同成立后由隐藏行动造成一些参与人的行为变得不道德、不合理所引起的。例如，买了健康保险的人经常要医生多开一些不必要的贵重药品。

这两种现象的共性是：二者都产生于经济生活中的信息不对称，都属于机会主义行为，都会阻碍市场对资源的优化配置。这两种现象的区别在于，逆向选择问题产生于交易合同成立以前一方隐藏信息，而道德风险问题产生于交易合同成立以后一方隐藏行动。

151. 解决逆向选择问题的手段有哪些？

答：逆向选择问题对于那些真正想实现交易的诚信企业会造成莫大的伤害，因为市场上交易者弄不清谁是真的，谁是假的，正如古人所说“假作真时真亦假”。

为此如何解决信息不对称所引起的逆向选择问题，便成为许多真正想实现正常交易的企业的迫切要求。它们想了许多办法来设法使别人相信它们的产品质量是可靠的，它们的行为是可靠的。例如，二手车市场上高质量汽车的卖主乐意让买主试用车子；优质产品设置防伪标记，并向消费者作出产品质量有问题可以包退、包修、包换的“三包”承诺；人才市场上的应聘者显示自己的学历、资格证书等等。所有这些办法都是拥有信息的一方通过某种能观察到的情况或者行为向缺乏信息的一方传递一定信息，这就是信号显示和信号传递。这也是必然的，因为逆向选择问题产生于隐藏信息，让缺乏信息的一方知道信息就成为解决问题的根本办法。

152. 为什么激励相容是解决道德风险问题的重要机制？

答：由于道德风险是交易合同成立以后隐藏行动引起的，因此要解决道德风险问题，缺乏信息的一方（委托人）需要在事先设计出一套有效制度，来激励掌握私人行动信息的一方（代理人）克服道德风险倾向，即不发生败德行为或者说不道德行为。激励相容就是这样一种解决道德风险问题的重要机制。激励相容的基本意思是指，委托人要设计和选择一种办法或者说制度，使代理人能选择一种也能使委托人利益最大化的行为。例如，为了防止参加车险后用车人不当心使用和保管车子问题，保险公司可设计和实行一种由保险公司和用车人共同承担事故损失的保险合同。这样用车人当心使用和保管车子既符合保险公司利益，也符合用车人利益，做到了对委托人和代理人激励的兼容或者说相容。

153. 存款保险制度可能带来道德风险行为吗？如何降低这种风险？

答：存款保险制度可能带来道德风险行为。有了存款保险，对于储户而言，他们从此几乎没有任何动力来评估和监督商业银行的风险，选择商业银行主要基于利率的高低。对于商业银行而言，为了追求高利率吸引储户，会比以前更大程度地进行高风险同时也是高收益的业务。由此可见，在存款保险的逆刺激下，商业银行的整体风险反而可能提高。在美国 20 世纪 80 年代末和 90 年代初，大量的储蓄机构由于从事高风险的房地产和能源贷款业务而纷纷倒闭。

降低存款保险制度可能带来的风险的建议包括：降低存款保险金额；将最高补偿适用于每一个人，而不是每一个账户；对存款保险实施共同保险等等。

第九章

收入分配与贫富差别

154. 为什么市场经济中国民收入分配问题是一个生产要素价格决定问题?

答: 每一种收入都是生产经营创造出来的，而任何生产经营都需要四种生产要素：劳动、资本、土地和经营管理才能。这些要素共同发挥作用，创造了产品。这些产品的价值扣除了原材料价值和税金后就形成工资、利息、利润和地租这些收入。为什么会形成这些收入，因为在市场经济中，使用任何生产要素都不可能无代价。工资是使用劳动的代价，利息是使用资本的代价，利润是使用经营管理的代价，地租是使用土地的代价。

那么，生产中创造的收入是怎样分割为工资、利息、利润和地租的呢？在市场经济中，这个问题是由市场来解决的。各种收入就是对要素在生产经营中发挥作用的报酬。报酬大小又如何决定？根据要素在生产经营中的作用大小或者说所做贡献大小来决定。作用大，市场对这种要素需求就大，生产经营者就愿意出高一些的价格来使用它。这种使用价格就是所谓的要素价格。当然，这种要素价格是指要素的使用价格，而不是要素本身的价格。这种要素使用价格，也同样是要素的供给和需求的对比关系决定的。如果某种要素供不应求，其价格就会上涨；相反，就会下跌。就这样，要素价格问题就成了收入分配的问题。

155. 厂商对生产要素（例如劳动）的需求是由什么决定的?

答: 厂商对生产要素（例如劳动）的需求是由该要素的边际生产力和增加该要素使用的边际成本的对比来决定的。要素的边际生产力是用增加 1 单位某种要素投入所增加的产量以及由此所增加的收益（边际收益产品，可以用符号 *MRP* 来表示）来衡量的。增加 1 单位某种要素投入所增加的产量，称为边际物质产品，有时也称为边际产品或者边际产量（*MP*），增加 1 单位产品所增加的收益称为边际收益（*MR*），$MP \times MR = MRP$。例如，增加某 1 单位劳动投入增加的产量是 3 单位物质产品，增加 1 单位物质产品所增加的收益是 5 元，那么增加这一单位劳动所增加的边际收益产品就是 15 元。那么，企业是不是就会增加这一单位劳动的使用了呢？还不一定。例如，如果增加这一单位劳动使用所增加的成本是 14 元，企业就一定会增加这一单位劳动的使用，如果增加这一单位劳动使用所增加的成本是 16 元，企业就一定不会增加这一单位劳动的使用。增加 1 单位要素使用所增加的成本称为边际要素成本（*MFC*）。如果边际要素成本（*MFC*）小于边际收益产品，企业就会增加该要素使用，否则就不会。企业使用要素一直会到 $MRP=MFC$ 时为止。

156. 生产要素价格与其产品的价格有何区别?

答：生产要素价格通常是指生产要素使用的价格，而不是指这些要素本身的价格，这与其产品的价格不一样。产品的价格是指这些产品本身的价格。例如大米的价格是每公斤 8 元，这就是大米本身的价格。可是，生产要素价格则不一样。例如，劳动的价格是指使用劳动者的价格，比方说一个工人月工资是 5 000 元，而不是指这个人本身值 5 000 元；资金的价格是指使用资金的价格，比方说使用一笔 100 万元资金的价格一年是 6 万元，是指使用这笔资金的成本一年是 6 万元；租用一套房子一年的价格是 10 万元，是指这套房子一年的租金是 10 万元，而不是这套房子本身只值 10 万元，也许这套房子目前市场价格要 200 万元。

既然生产要素价格通常是指生产要素使用的价格，因此，第一，必须是使用一定期限的价格，比方说一年或者一个月等的使用价格；第二，必须是特别约定的价格，也就是有一定合同规定的价格。

157. 为什么劳动需求曲线向右下方倾斜而供给曲线可能出现向后弯曲的情况?

答：前面说过，对劳动的需求是由劳动的边际收益产品（MRP）和劳动的边际要素成本（MFC）的对比关系决定的。为了实现利润最大化，企业会把劳动使用到 $MRP=MFC$ 时为止。假定劳动市场是完全竞争的，那么 MFC 就等于工资率即 W（单位劳动的工资，比方说小时工资）。$MRP=MP\times MR$，MP 即劳动的边际产量总是随着劳动使用增加而递减的，在完全竞争市场上，MR 保持不变（等于产品价格），在不完全竞争市场上，MR 是随着产量增加而下降的。因此 MRP 总是随着劳动使用量增加而下降的。这样就不难理解劳动需求曲线总是向右下方倾斜了。

可是劳动的供给曲线虽然通常会向上倾斜，但有时候也会向后弯曲。原因在于，劳动者的工作意愿很大程度上取决于他们对工资和闲暇效用的比较。劳动得到的工资收入会给劳动者带来效用，闲暇也会给他带来效用。劳动作为闲暇的牺牲会给劳动者带来负效用，即痛苦和不舒服的感觉。劳动多，工资收入也多，但闲暇会减少，可见收入和闲暇之间存在替代关系。工资率提高对劳动供给有两种效应：替代效应和收入效应。替代效应指，工资率越高，对牺牲闲暇的补偿越大，劳动者就越愿意用多劳动代替多休息。收入效应是指，工资率越高，个人就越有条件以较少劳动换得所需要的收入和消费品，因而就越不愿意增加工作时间即劳动供给。这两种效应都是工资率提高的效应。当收入效应小于替代效应时，劳动供给会随工资率提高而增加，劳动供给曲线向右上方倾斜。当收入效应大于替代效应时，劳动供给量则可能随着工资率提高而减少，劳动供给曲线向左上方倾斜。一般说，工资率较低时，替代效应大于收入效应；工资率较高时，收入效应会大于替代效应。因此，随着工资率提高，劳动供给曲线可能会从向右上方倾斜变为向左上方倾斜，即出现向后弯曲的情况。

158. 为什么劳动工资由市场供求决定时会出现很大差异?

答: 由市场供求决定的市场工资是一个国家或者地区某一时期的社会平均工资，但是，现实生活中各行各业、各个单位和每个人的工资都有很大差异。导致这种差异的原因大致有:

(1) 劳动的质量不同，即各人的资力、体力、受教育和训练等都不相同，因而各人工作能力不相同。

(2) 非货币利益不同，即职业与职业相比，在安全性、辛苦程度、环境、声誉等方面有很大差异，因而工作的心理成本不同。如果不保持工资差异，不给那些心理成本高的职业的工作以一定收入补偿，就难以保证这些部门的劳动供求平衡，如必须给火葬场工人以较高工资。这也可以称为补偿性工资差别。

(3) 市场的不完全竞争。例如，由于信息不完全、家乡观念重以及进入条件限制等造成劳动力在各地区、各部门流动受到阻碍，造成工资水平有差异。

(4) 歧视，例如种族、性别以及国籍、户籍等方面的歧视造成工资水平的差异。

(5) 使用劳动的企业的经济效益或者激励手段，也会造成这些企业里的职工工资和其他企业职工工资水平有差别。如果一些企业的效益是因为使用这些劳动而特别好，就可能愿意出较高工资来雇用劳动者，以激励他们更好地工作。

159. 使用资金为什么要付利息?

答: 生产经营必须有生产要素：劳动、资本、土地和经营管理才能。其中资本指机器设备、厂房等实物资本。要支付利息的资金是金融资本，它是实物资本的货币价值形态，而实物资本是金融资本的实物载体。企业借了钱就是债务人。债务人使用资金是为了经营，经营能带来收益和利润，否则就不会借钱了。因此债务人必然会给让渡资金的债权人以一定的利息作为报酬。否则债权人宁可把资金放在家中，这样不会有丢掉本金的风险。风险需要补偿，何况使用资金能带来收益，因此使用资金一定要付利息。只要承认存在资金所有权，利息必然要支付给资金所有者。因此，在没有废除商品货币关系的社会主义计划经济中利息也存在。

160. 市场利息率怎样决定？它和借贷风险有何关系？

答：利息是厂商在一定时期内为利用资本的生产力所支付的代价，或者说是资本所有者在一定时期内因让渡资本使用权、承担风险而索取的报酬。利息与本金的比率就是利率。市场利率由资本的供求关系决定。厂商对资本的需求决定于资本的边际生产力，实际上也就是使用资本的预期利润率。关于资本的供给，经济学家认为，资本来源于储蓄，即收入中没有被消费的部分，而对储蓄的激励又与利率高低有关。利率越高，储蓄会越多。这都属于理论上的分析。实际上，市场利率变化受许多因素影响，包括企业的平均利润率、资金充裕情况、借贷款期限、通货膨胀预期、国家经济政策、国际金融市场利率、借贷风险大小等。

市场利息率和借贷风险是密切相关的，因为利息既是对让渡资本使用权的报酬，也是对承担风险的补偿。贷款风险越大，利率就要求越高。因此，对小企业的贷款利率会高于大企业，因为小企业破产可能性大于大企业；贷款期限越长，利率越高，因为时间越长，不确定性越大即风险越大；通货膨胀预期越强，利率会越高，因为通货膨胀率越高，本金贬值风险越大，如此等等。

161. 为什么地租水平主要是由对土地的需求决定的？

答：地租是使用土地这一生产要素所支付的代价。地租水平是由土地市场的供给和需求的对比关系决定的。土地的需求取决于土地的边际生产力。随着社会经济的发展，人口的增加，对土地需求量越来越大。可是，土地具有稀缺性、不能流动、不能再造等特点，因此就一个国家或者地区而言，土地的全部供给量是固定的。于是，那里的地租水平只由对土地的需求决定。

162. 土地的供给曲线可能是什么形状？

答：土地的供给曲线往往是垂直的，即土地使用价格（租金）变化不影响土地供给量，并不是因为自然赋予的土地数量是固定不变的，而是因为假定土地只有一种生产性用途，而没有自由用途。事实上，任何一种资源，如果只能用于某种用途，而无其他用途，即在该用途上机会成本为0，则即使该资源价格下降，它也不会转移到其他方面，即供给量不会减少，从而供给曲线垂直。如果土地对其所有者确有其他用途（比如土地不仅可以用来种植农作物，还可以用作牧场、网球场或房地产开发等），则土地供给曲线就可能不垂直，而是略微向右上方倾斜。

163. 什么叫租金、准租金和经济租金？

答：地租是使用土地这一生产要素所支付的代价。土地固定不变，因此地租也是支付固定的土地服务的价格。然而，现实经济生活中一定时期内固定不变的生产资源不仅有土地，还有厂房、机器设备甚至某些人的天赋才能等，都有些像土地一样，其供给是固定的。经济学把这种数量也固定不变的一般资源的服务价格都称为租金。资源是土地时的服务价格称为地租，资源是房子时的服务价格称为房租，资源是租用来的机器设备时的服务价格称为设备租金，如此等等。也可以说地租是土地这种特殊资源服务的价格，而租金是所有固定资源服务的价格，等于是一般化的地租。

经济学为了区别起见，往往把那些除土地以外，在短期内供给固定不变的资源在生产经营中提供服务的价格称为准地租，也叫准租金，如房租、设备租金等。

短期内一些资源要素固定不变，但是在长期内，一切资源要素的使用都可以在各行各业流动，哪里能获得更高服务价格就流向哪里。因此，使用某一资源的企业或者行业，要想使该资源要素留下来继续使用，给它们的报酬或者说价格必须超过它们转移到其他地方所能获得的最大报酬即机会成本，这个超过部分就称为经济租金。如歌星、体育明星等所获得的收入中很大部分就是这种经济租金。经济租金大于零时，该要素就会留下来；小于零时该要素就会流动到其他地方。

164. 厂商获取经济利润的来源可能有哪些？

答：经济利润是指销售总收益与企业经营的机会成本或者说经济成本的差额。

它属于超过正常利润的超额利润。关于超额利润的来源，经济学家认为，可能有几种。

一是承担风险的报酬。在市场经济中，企业经营能否获利以及获利多少都有不确定性，由此带来的风险都要企业自己承担，承担风险要有补偿。经济利润就是一种补偿。

二是创新的结果。创新要冒风险，一旦成功就会提高生产力，获得创新利润。

三是垄断的产物，即垄断厂商控制市场、控制产量、控制价格会带来垄断利润。如果这种垄断是政府有关部门通过行政力量给予的，那么由此造成的垄断利润就是行政性垄断利润。

165. 个体经营者的收入属于什么要素价格?

答：个体经营者是一个很庞大的队伍，包括广大个体劳动者和自由职业者等。个体经营者的收入不能一概而论是属于什么要素价格，要具体情况具体分析。举个例子说，一对夫妻开一个小饮食店。他们每月营业收入扣除原材料、能源、税收等以后的余额部分是什么要素的价格呢？如果他们使用的是自己的房子、自己的资金、自己的劳动力，那么余额部分的收入就包括自己的房子的租金、自己的资金的利息、自己的劳动力的工资以及经营管理的利润。如果房子是租赁来的，就得扣除房租，余下部分的收入属于自己的资金的利息、自己的劳动力的工资和经营管理的利润。如果营业资金是由贷款或者部分贷款而来，那么还得偿还利息，余下部分收入属于自己那部分资金的利息、自己的劳动力工资和经营管理的利润。如果这部分收入较低，只相当于他们到其他地方打工的工资收入，就说明这些收入都是他们的劳动工资收入。

如果一个医生开一个个人诊所，所获得的收入可以参考上面的例子分析属于什么性质的收入。不同的一点是，如果收入较高，则其中可能还包括他的人力资本收入以及经济租金之类。

166. 什么是衡量收入不平等的洛伦茨曲线和基尼系数?

答：洛伦茨曲线是平面几何图形上的一条用以衡量收入不平等程度的曲线。如图 9—1 所示。

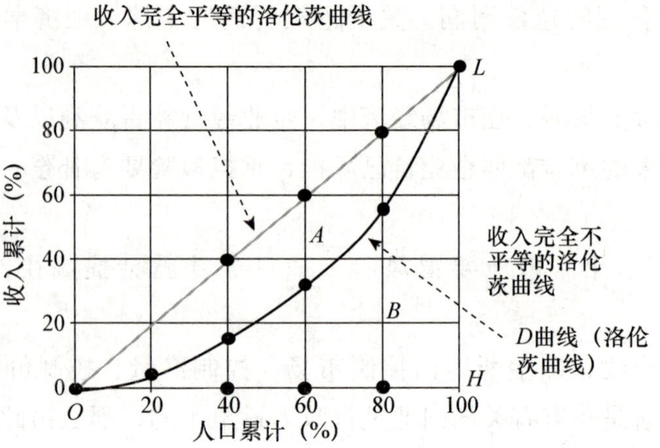

图 9—1 洛伦茨曲线

图 9—1 中横轴表示人口累计百分比，纵轴表示收入累计百分比，然后再将这两个百分比的一一对应关系连接起来所成的图中的 D 曲线，就是洛伦茨曲线，因最早由美国统计学家洛伦茨提出而得名。这条曲线越是向横轴凸出，它与完全平等线（通过原点的 45 度线）之间的面积 A 越大，表示收入分配差距越大，即越不平等。因此 A 是“不平等面积”。收入分配完全不平等时，洛伦茨曲线就成为折线 OHL。这条折线与 45 度线之间的面积 $A+B$，就是完全平等面积。不平等面积与完全平等面积之比 $A/(A+B)$ 称为基尼系数，是一种衡量收入不平等程度的标准，因最早由意大利经济学和统计学家基尼提出而得名。

基尼系数为 0，表示收入分配绝对平均。基尼系数为 1，表示 100%的收入为一个家庭占有了。这两种情况通常不会出现，基尼系数实际会在 0～1 之间。联合国有关组织认为基尼系数低于 0.2，表示收入分配高度平均；0.2～0.3，表示比较平均；0.3～0.4 表示比较合理；0.4～0.5 表示差距较大；0.6 以上表示过于悬殊。

167. 形成收入分配不平等的原因有哪些？

答：前面说过，由于种种原因会形成工资收入差距，从而形成收入分配不平等。然而事实证明，形成收入不平等更大的原因是财产收入不平等。这是因为在现代市场经济社会中，家庭与家庭的差别更大的是财产上的差别。有了财产，就可以进行资本上的投资并带来利润，形成家庭收入上的巨大差距。与财产性收入相比，劳动工资收入上的差别实在是太微不足道了。举例来说，如果我国现在一个工人的年工资收入 10 万元，比另一个工人年工资 5 万元高了一倍，看起来差别很大了，但一个拥有 1 000 万元的金融资产家庭假使其年收益率为 5%，一年财产性收入就有 50 万元，是 5 万元的 10 倍。

现代科学和生产技术的发展可能会大大加剧收入分配的程度。例如互联网技术的发展，一方面大大降低了经济运行的成本，另一方面也会使先进入门槛的一些企业的盈利和收益迅速增加，因为增加的业务量的边际成本几乎为零，从而和传统企业的盈利和收益差距大大拉开。再如，现代交通和通信工具的发展，可以使一些名人、明星一两天内走穴几场，收入可高出普通工人几百倍、几千倍。

168. 为什么国民收入初次分配中更加要注重效率，而在再分配中更加要注重公平?

答：国民收入初次分配是在生产领域中进行的分配，也就是生产中创造的收入直接分割为工资、利润、利息和租金等。由于这是直接在生产领域中进行的分配，因此一定要更加注重效率。如果不对生产要素所有者按生产要素价格给以回报，就会直接影响各种生产要素所有者参与生产经营的积极性，影响经济活力。收入再分配主要是通过国家财政收支渠道实现的对收入的再一次分配。例如，通过税收和社会保障等形式，形成转移支付，在高收入和低收入者之间做一定程度的抽肥补瘦的调节，因此这里更加注重的是公平。但是，初次分配中更加注重效率，也不是只要效率，一点不顾公平；再分配中更加要注重公平，也不是只要公平，不讲效率。

169. 为什么公平和效率的关系实际上体现了市场经济发展的内在要求?

答：公平和效率之间存在着对立统一关系，决不能只顾一头。这种关系是在市场经济运行中产生的，也体现了市场经济发展的内在要求。不公平就是有差别，有差别才有运动，才有变化发展，才有所谓效率。这种情况其实在自然界也是如此。同样，在市场经济中，不公平或者说差别是竞争存在的条件。劳动生产率是在竞争中不断提高的。不允许人们通过勤奋工作改善生活，不允许企业通过改善经营自我发展，天天吃大锅饭，经济怎么上去？允许有差别，相互竞争，才会有进步。可见不公平的存在对效率起着重要的经济作用。但是，不公平的经济作用又存在上下两条界限。上限是差别过于小，干多干少、干好干坏一个样，这种平均主义会伤害效率。下限是差别过大，向绝对不公平靠拢，少部分人极其富有，大部分人极其贫困，社会就会动荡，危及市场经济秩序。可见市场经济运行机制本身要求有一定公平，但又不能过分平等；差距需要存在，又要适当。公平和效率不能兼得，但要兼顾，要在提高效率的前提下尽可能考虑公平的要求，以尽可能降低公平和效率的替换成本。

170. 为什么美国贫富收入差距有扩大趋势？

答：美国国会公布的一项收入不均的报告显示，1993—2012 年之间美国最富有的人群（占人口 1%）的实际收入暴增 86.1%，而剩下的人群收入只增加了 6.6%。美国成了发达国家中贫富差距最严重的国家之一。

美国贫富差距如此之大的原因是多方面的，既有制度（人剥削人）因素，也有经济和社会因素。从经济上说，科技进步、产业结构调整以及资本积累加剧等都是重要因素。第一，科技发展需要的是掌握现代科技知识和技能的人才，却使缺乏科技知识和专门技术的普通职工就业机会大大减少。特别是信息技术应用、生产日益智能化后，不熟练工人需求量大大降低。“智能机器人”从普通工人手里抢走了饭碗，导致经济增长和就业岗位增加脱钩。Facebook（一个社会化网络服务网站）上市后市值达 750 亿美元，只雇用了 3 000 人，而传统制造业的代表通用汽车市值为 350 亿美元，却在美国本土雇用了 27.7 万人，在全球雇用了 221 万人。科技进步的利益越来越多地为富人及其后代所占有，因为他们有条件接受高科技教育，穷人大多与此无缘。因此美国社会流动性（从社会较低阶层流向较高阶层）也在下降。第二，产业结构调整也加剧了贫富差距扩大，因为这种调整使本来有较高工资收入的制造业就业机会不断减少，而呈增长势头的第三产业的职工的平均收入较低，因此第三产业就业人数增长就等于普通职工收入下降。第三，资本积聚集中更是使财富和收入越来越集中到垄断资本集团手中。经济全球化中的美国，受益的是金融科技部门，受害的是制造业中的产业工人，因为大量制造业转移到了海外。

一系列社会因素也加剧了贫富收入差距，包括种族歧视（黑人待遇最低）、单亲家庭增多、非婚生子女人数上升等，都导致贫富悬殊进一步加剧。

美国是发达国家的榜样，也是许多发展中国家努力的方向。美国出现的这种社会经济发展和收入差距不断扩大的趋势，不仅值得发达国家关注，也值得全世界重视。

171. 什么是社会流动性和社会固化？在经济学中衡量社会流动性的指标是什么？

答：这里讲的社会流动性专门指一个社会成员从一个社会阶级或阶层到另一个

社会阶级或阶层转变的过程和现象。每一个社会都是由各个阶级、阶层组成的分层体系。社会流动的程度与社会分层体系封闭或开放的程度密切相关。在传统的农业社会里，社会的阶级、阶层体系是封闭式或半封闭式的，社会流动非常稀少。如古代印度社会，各种种姓之间的流动是不可能的。现代工业社会，社会分层体系是开放的，社会流动比较普遍。社会流动会引起社会结构的变化，大多数人流动的方向和频率反映着社会变迁的方向。因此，社会流动被人们看作是社会变迁的指示器，是社会选择的一种途径。社会学研究社会流动的趣旨在于探索什么人，在什么环境中，具备什么条件才能够获得更多的向上流动的机会。一个社会能够创造更多的向上流动的机会，是社会充满活力的象征和表现。社会流动性差，就是所谓的社会固化，即老话中说的“龙生龙，凤生凤，富人生个小富翁，穷人世世代代穷”，也就是一代又一代的情况都差不多。

在经济学中，衡量社会流动性的指标是两代人的相关系数，包括收入、社会地位、教育程度等的相关系数。系数为 1，表示上一代人的收入、地位等都决定下一代人的收入、地位等；系数为 0，表示两代人收入、地位等之间不相关。这种系数通常在 0～1 之间波动，表示两代人收入、地位等具有一定关系，但并不完全是上一代决定下一代。

172. 社会流动性高低对社会经济发展有什么影响？为什么？

答：社会流动性高低对社会经济发展影响很大。社会流动性高的经济社会有经济活力，社会流动性低的经济社会缺乏经济活力。经济学通常用基尼系数来衡量收入分配平等和不平等程度，其实基尼系数的重要性没有两代人的相关系数重要。在这里，关键不在于人们收入差距本身，重要的是差距能否通过努力得到改善。两代人的相关系数解释了一个人的成功靠什么，靠家庭背景还是自己努力。如果不靠自己努力，社会就不可能有活力。研究发现社会流动性高低与 GDP 增长率有正向关系，社会流动性高的社会，经济发展得快，因为那里的人们感觉到只要自己肯努力学习，努力工作，努力奋斗，就能改变自己的命运，改善自己的生活，从而有一股努力向上的勇气和力量。大家这样想和这样做时，社会就会充满活力。经济学上一个颠扑不破的真理是人需要激励。如果一个社会环境能给以激励，这个社会就一定发展得快。社会流动性高的社会就是这样的社会。相反社会流动性低的社会，也就是高度固化的社会，必然是死气沉沉的社会，甚至不断倒退的社会，社会矛盾逐步扩大，到头来就可能爆发社会革命。这是因为，在社会流动性很低的社会，原来处在社会高层的人们，不用努力就能够过上十分富裕生活，一切都由上一代安排好，因此常常不思进取，不肯学习，不能创新，成天吃喝玩乐。相反，原来处在社会底层或者中下层的人们，不管怎么努力，始终没有出头之日，世世代代只能做牛做马，因此他们就没有兴趣和机会，也没有勇气和动力去好好学习，积极工作，更不用说从事创造性活动了。这样的社会经济就不可能增长和发展。

一些国家的经验教训告诉我们，有的国家之所以会陷入中等收入陷阱，就是因为这些国家初期的经济增长带来了社会分层，带来了利益阶层，由于公平竞争的市场规则还不完善，既得利益集团总想保护自己的既得利益，固化既定的收益分配和财富分配模式，加上政府也常常站在它们一边，不给所有国民以公平竞争的机会，造成社会流动性下降，整个社会缺乏活力，加上其他一些因素，长期陷入了中等收入陷阱。中国也要从中吸取教训，避免走这些国家的老路。情况表明，中国改革开放以前，尽管整个国家比较穷，但社会流动性比现在还高。改革开放后，出现了既得利益集团，社会流动性有所下降，出现了官二代、富二代，这就是社会固化现象，值得注意。

173. 怎样提高社会流动性?

答: 历史告诉我们，社会流动性高低与市场经济发展程度是正相关的，因为市场经济本身要求公平、公开、公正，要求人们在一条起跑线上开展公平竞争，不承认特权，不承认等级。市场经济是最具有活力和流动性的制度。实践证明，哪里的市场经济制度越不发展，哪里的社会流动性就越低。因此，要提高社会流动性，首先要努力发展市场经济制度，打破一切阻碍市场经济发展的规章制度尤其是等级特权制度。

但是，政府在提高社会流动性本身方面也是可以大有作为的。拿中国的情况来说，目前中国政府正在大力深化各方面的改革，大大提高社会流动性。例如，推进户籍制度改革，有利于消除城乡差别；推进教育和医疗制度改革，就可以逐步建立起一个有效率的人力资本投资的机制，实现所有国民的机会平等，在同一条起跑线上竞争；推进反对贪污和廉政建设，有利于消除特权，消除一切讲关系、走后门的不正当社会风气。可以相信，经过不断深化改革，不但中国经济会进一步发展，而且社会流动性将不断提高。

第十章

一般均衡与福利经济学

174. 一般均衡的经济含义是什么？

答：一般均衡（general equilibrium）的经济含义是指所有市场（包括商品市场和要素市场）同时实现均衡，或者说同时达到市场出清（即供求相等）的一种情形。一般均衡分析涉及的主要问题包括：一般均衡是否存在？实现经济的一般均衡需要满足什么条件？经济实现一般均衡时的福利状态如何？

175. 什么是埃奇沃思盒状图？

答：埃奇沃思盒状图（Edgeworth's box）是一个方形的长和宽分别代表两个消费者（或生产者）所拥有的两种商品（或生产要素）的总量，盒状图中各点表示两种商品（或要素）的总供给量在两个消费者（生产者）之间的配置状态。如图 10—1 所示。

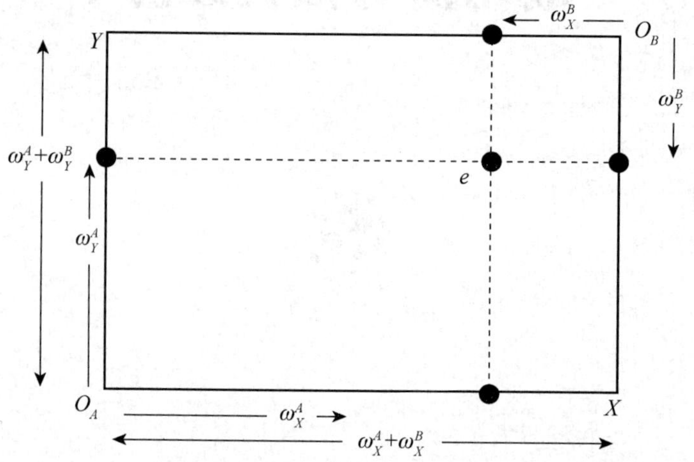

图 10—1　交换经济的埃奇沃思盒状图

图中反映的是只有 2 个消费者（A 和 B）、2 种商品（商品 X 和商品 Y）的交换经济的埃奇沃思盒状图。图中任意一点，如 e 点反映的是商品 1 和商品 2 在消费者 A 和消费者 B 之间的一种分配状态，其中，A 拥有 X 商品的数量是 ω_X^A，拥有的 Y 商品的数量是 ω_Y^A；消费者 B 拥有 X 商品的数量是 ω_X^B，拥有的 Y 商品的数量是 ω_Y^B。因此，埃奇沃思盒状图的长度量了这个交换经济所拥有的 X 商品的总量，它等于 $\omega_X^A+\omega_X^B$，盒状图的宽度量了这个交换经济所拥有的 Y 商品的总量，它等于 $\omega_Y^A+\omega_Y^B$。

在图 10—2 中，两种商品在两个消费者之间的分配状态如 f 点所示，与图

10—1不同的是，图 10—2 添加了两条经过 f 点的曲线，其中凸向原点 O_A 的曲线 I^A 是消费者 A 的一条无差异曲线，它度量商品束 f，即（ω_X^A，ω_Y^A）给消费者 A 所带来的效用水平，凸向原点 O_B 的曲线 I^B 是消费者 B 的一条无差异曲线，它度量商品束 f，即（ω_X^B，ω_Y^B）给消费者 B 所带来的效用水平。

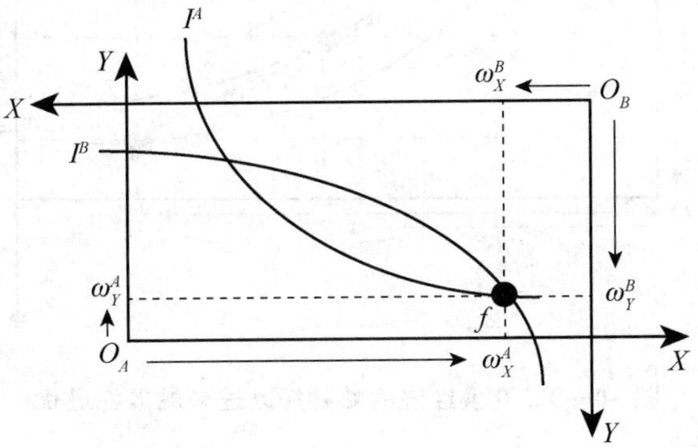

图 10—2　添加无差异曲线的埃奇沃思盒状图

176. 什么是帕累托改进？帕累托最优又是什么意思？

答：帕累托改进（Pareto improvement）是指通过改变现状，可以使一部分社会成员的福利水平上升，但没有任何人的福利水平因此降低。

帕累托最优（Pareto optimality），也称为**帕累托效率**（Pareto efficiency），是指在固有的社会成员和可分配的资源的条件下，资源的分配已经处于一种理想情形，在这种情形下，如果要使得一部分社会成员的福利水平上升，就必然有另一部分人的福利水平因此下降，也就是说，不存在帕累托改进的情形了，这种情形就是所谓的帕累托最优。

我们可以用一个纯交换经济为例来说明交换经济的帕累托改进和帕累托最优概念，如图 10—3 所示。假设最初两种商品在消费者之间的分配情形是 e_1，此时，消费者 A 拥有两种商品的数量分别是 8 和 1，效用水平为无差异曲线 I_1^A 所代表的效用水平，如果将两种商品的分配状态由 e_1 改变为 e_2（即消费者 A 拥有的商品 X 的数量由 8 减少到 5，拥有的商品 Y 的数量则由 1 增加到 3；而消费者 B 拥有的商品 X 的数量由 2 增加到 5，拥有的商品 Y 的数量由 5 减少到 3），这种改变将使得消费者 A 的效用水平由 I_1^A 提高到 I_2^A，消费者 B 的效用水平由 I_1^B 提高到 I_2^B，因此由两种商品的分配状态由 e_1 改变为 e_2 就是一种帕累托改进，因为 A 和 B 的效用水平都提高了，没有任何一方效用水平因此下降。

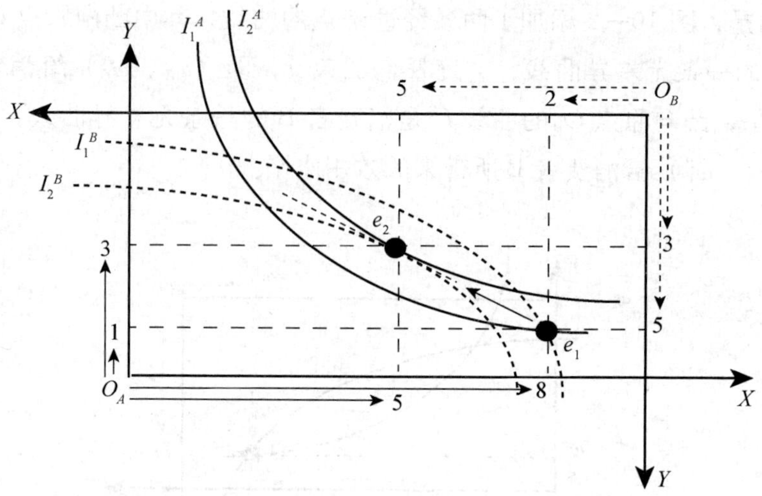

图 10—3 交换经济的帕累托改进和帕累托最优

但是如果两种商品在消费者之间的分配情形变成 e_2，此时如果对商品的分配再做任何改变，都不会使得任何一方效用水平提升而同时不会损害另一方的效用水平，比如，由 e_2 点向 I_2^A 曲线的右上方区域的任意一点变动，虽然会提高消费者 A 的效用水平，但消费者 B 的效用水平却会因此下降，而由 e_2 点向 I_2^B 曲线的左下方区域中的任意一点变动，虽然会提高消费者 B 的效用水平，但消费者 A 的效用水平却会因此下降；如果由 e_2 点向 I_2^A 曲线的左下方区域和 I_2^B 曲线的右上方区域的交集中的任意一点变动，消费者 A 和消费者 B 的效用水平都会下降，由此可见，当分配处于 e_2 点的情形时，该交换经济不存在帕累托改进了，因此 e_2 点就是一种帕累托最优。不难发现 e_2 点是消费者 A 的无差异曲线（I_2^A）和消费者 B 的无差异曲线（I_2^B）的切点。在 e_2 点上，对于消费者 A 而言两种商品的边际替代率就是经过 e_2 点切线斜率的绝对值，对于消费者 B 而言两种商品的边际替代率也是经过 e_2 点切线斜率的绝对值，因此当交换经济达到帕累托最优时，对于消费者 A 和 B 而言，商品 X 和商品 Y 之间的边际替代率（也即两种商品的边际效用之比）都应该相等，即：

$$MRS_{XY}^A=\left(\frac{MU_X}{MU_Y}\right)^A=MRS_{XY}^B=\left(\frac{MU_X}{MU_Y}\right)^B \tag{10.1}$$

等式（10.1）即为交换经济达到帕累托最优的条件。用同样的分析方法，我们也可以得到一个使用两种投入要素（即劳动 L 和资本 K）生产两种商品（即 X 和 Y）的生产经济达到帕累托最优的条件，即：

$$MRTS_{LK}^X=\left(\frac{MP_L}{MP_K}\right)^X=MRTS_{LK}^Y=\left(\frac{MP_L}{MP_K}\right)^Y \tag{10.2}$$

177. 什么是生产契约线？什么是生产可能性曲线？什么是产品的边际转换率？

答： 生产契约线为所有生产帕累托最优点的集合。在一个使用两种生产要素（L 和 K）生产两种产品（X 和 Y）的生产经济中，生产契约线即为商品 X 的等产量曲线与商品 Y 的等产量曲线所有切点的集合。如图 10—4 所示。

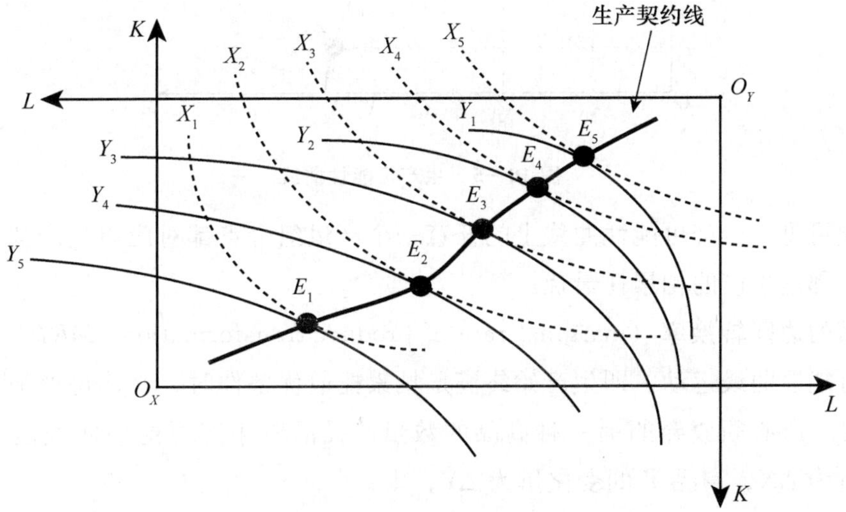

图 10—4　生产契约线

图 10—4 中，凸向原点 O_X 的 5 条虚线表示商品 X 生产者的等产量曲线，它们代表 X 的产量水平分别为 X_1、X_2、X_3、X_4 和 X_5。凸向原点 O_Y 的 5 条实线表示商品 Y 的等产量曲线，它们代表 Y 的产量水平分别为 Y_1、Y_2、Y_3、Y_4 和 Y_5。E_1、E_2、E_3、E_4 和 E_5 为商品 X 和 Y 的等产量曲线相切的切点。在这些切点上，商品 X 生产者的两种要素 L 和 K 之间边际技术替代率（$MRTS_{LK}^X$）和商品 Y 生产者的两种要素 L 和 K 之间边际技术替代率（$MRTS_{LK}^Y$）恰好相等（即满足等式（10.2））。因此，在 E_1、E_2、E_3、E_4 和 E_5 点上，该生产经济均处于帕累托最优状态。将这 5 个点以及商品 X 和商品 Y 的其他等产量曲线相切的切点连接起来，就得到了该经济的生产契约线。

生产可能性曲线是指在生产经济处于帕累托最优状态时，即两种产品等产量曲线所有切点所对应的产量组合点的轨迹，它是由生产契约线转化而来的。图 10—4 中，商品 X 和 Y 的等产量曲线的切点 E_1、E_2、E_3、E_4 和 E_5 所对应的产量组合分别为（X_1，Y_5）、（X_2，Y_4）、（X_3，Y_3）、（X_4，Y_2）和（X_5，Y_1），将这些产量组合点以及生产契约线上的所有其他产量组合点转换到一个以商品 X 的产量为横轴，以商品 Y

的产量为纵轴的二维空间中，我们就可以得到生产可能性曲线，如图 10—5 所示。

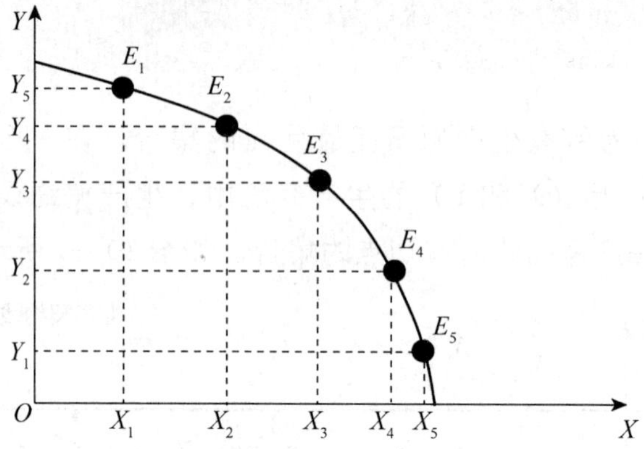

图 10—5　生产可能性曲线

由此可见，生产可能性曲线上的任意一个产量组合点都对应着生产契约线上的某一点，都是生产的帕累托最优。

产品的边际转换率（marginal rate of product transformation，*MRPT*）是指沿着生产可能性曲线运动，即生产始终满足帕累托最优条件时，平均每增加一单位的某种商品，所必须放弃的另一种商品的数量。设沿着生产可能性曲线运动商品 X 的变化量为 ΔX，商品 Y 的变化量为 ΔY，则：

$$MRPT_{XY}=-\frac{\Delta Y}{\Delta X} \tag{10.3}$$

由于 $MRPT_{XY}$ 表示的是增加一单位商品 X 所需要放弃的商品 Y 的数量，因此 $MRPT_{XY}$ 实际上反映的是用商品 Y 度量的商品 X 的边际成本（记为 MC_{XY}），即：

$$MRPT_{XY}=-\frac{\Delta Y}{\Delta X}=MC_{XY} \tag{10.4}$$

如果 $\Delta X\to 0$，则产品的边际转换率就是生产可能性曲线上的某一点切线斜率的绝对值：

$$MRPT_{XY}=-\lim_{\Delta X\to 0}\left(\frac{\Delta Y}{\Delta X}\right)=-\frac{\mathrm{d}Y}{\mathrm{d}X}=MC_{XY} \tag{10.5}$$

178. 什么是生产和交换的一般均衡？实现生产与交换的一般均衡条件是什么？

答：生产和交换的一般均衡的含义是一个经济必须生产反映消费者偏好的产量

组合。我们可以用图10—6来说明生产和交换的一般均衡的含义及其实现的条件。假设最初生产经济在生产可能性曲线E_2点上实现帕累托最优，即产量组合为（X_2，Y_4），商品X和商品Y的边际转换率（$MRPT_{XY}$）为经过E_2点切线的斜率，设此时$MRPT_{XY}=0.5$。由于整个经济商品X的产量为X_2，商品Y的产量为Y_4，这决定了交换经济的埃奇沃思盒状图就是矩形$O_AX_2E_2Y_4$。假设，交换经济在F'点上实现了帕累托最优，此时商品X和Y之间的边际替代率（MRS_{XY}）就是经过F'点切线的斜率的绝对值。

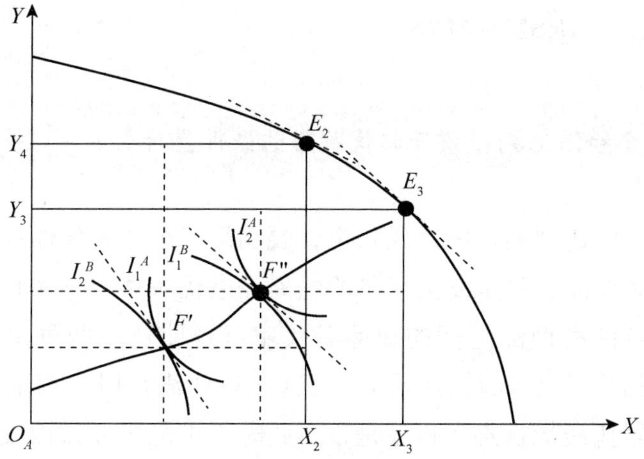

图10—6 生产和交换的一般均衡

我们会发现，显然经过生产可能性曲线E_2点切线的斜率的绝对值要明显小于经过F'点切线的斜率的绝对值，这表明此时商品X和商品Y的边际转换率（$MRPT_{XY}$）要小于商品X和Y之间的边际替代率（MRS_{XY}），设此时$MRPT_{XY}=0.5$，而$MRS_{XY}=1$。这意味着对于生产经济而言，少生产0.5单位商品Y就可以多生产1单位商品X，而对于消费者而言，愿意用1单位商品X交换1单位商品Y。在这种情况下，如果生产领域多生产1单位的商品X，并因此少生产0.5单位的商品Y，这意味着消费者所拥有的商品X会因此增加1单位，而商品Y会因此减少0.5单位（因为消费者所拥有的产品均来自生产领域），实际上，对于消费者而言，当其所拥有的商品X增加1单位时，他愿意为此放弃1单位的商品Y（因为$MRS_{XY}=1$），而现在只需要其放弃0.5单位的Y，因而消费者的效用水平会因此增加。

这说明当$MRPT_{XY}<MRS_{XY}$时，整个经济还存在着帕累托改进，即没有达到生产与交换的帕累托最优，在这种情况下，社会应该增加商品X的生产，而减少商品Y的生产。随着商品X的增加，商品Y的减少，生产经济最终在生产可能性曲线E_3点上实现帕累托最优，即产量组合为（X_3，Y_3），商品X和商品Y的边际转

换率（$MRPT_{XY}$）为经过 E_3 点切线的斜率，由于整个经济 X 商品的产量为 X_3，Y 商品的产量为 Y_4，这决定了交换经济的埃奇沃思盒状图就变成了矩形 $O_AX_3E_3Y_3$。由于在 E_3 点，整个经济的 X 商品数量增加了，而 Y 商品的数量减少了，这个改变两种商品的相对价格（即 P_X/P_Y），因而交换经济的帕累托最优点也会发生变化，假设由 F' 变为 F''，此时我们会发现经过 F'' 点切线的斜率的绝对值（即 MRS_{XY}）恰好等于经过生产可能性曲线 E_3 点切线的斜率的绝对值（即 $MRPT_{XY}$），此时就不存在帕累托改进了。因此生产和交换经济的一般均衡条件为：

$$MRPT_{XY}=MRS_{XY}^{A}=MRS_{XY}^{B} \tag{10.6}$$

179. 一个经济达到帕累托最优状态的条件是什么？

答：一个经济要达到帕累托最优状态，要满足三个边际条件：

第一个边际条件涉及的是交换经济的帕累托最优条件，该条件是说，对于所有消费者而言，任意两种商品之间的边际替代率（也即任意两种商品的边际效用之比）必须相等（如等式（10.1）所示）。当这个条件满足时，商品在消费者之间的分配就达到了帕累托最优状态。也就是说，此时不可能再通过改变商品的分配，使得一部分人的福利增加，同时又不使其他人的福利减少（如等式（10.1）所示）。

第二个边际条件涉及的是生产经济的帕累托最优条件，该条件是说，对于所有商品的生产者而言，任意两种生产要素之间的边际技术替代率（也即任意两种要素的边际产量之比）必须相等（如等式（10.2）所示），当这个条件满足时，生产要素在生产者之间的配置就达到了帕累托最优状态。也就是说，此时不可能再通过改变生产要素的分配，使得一部分商品生产者的福利增加，同时又不使得其他商品生产者的产量减少。

第三个边际条件涉及的是产品替代的边际条件。它指的是，在第一个边际条件和第二个边际条件得到满足的条件下，两种商品的边际转换率与任意消费者关于这两种商品的边际替代率相等（如等式（10.6）所示），只有这样才能达到消费经济和生产经济的全面帕累托最优，也就是说，此时我们已经不可能通过生产要素和产品的重新分配，使得一部分人的福利增加，而同时又不使其他人的福利减少。

180. 为什么完全竞争的市场经济是实现帕累托最优的最好平台？

答：在完全竞争的市场条件下，若规模报酬不变，没有生产或消费的外部性影响，则可满足上述帕累托最优的三个边际条件，正是因为这个原因，我们才说完全竞争的市场经济是实现帕累托最优的最好平台。

首先看第一个边际条件（交换的帕累托最优条件），它要求任意两种商品（如 X 和 Y）之间的边际替代率（MRS_{XY}）对于任意两个消费者（如 A 和 B）而言都是相等的（如等式（10.1）所示）。正如我们在前面曾分析的那样，消费者以有限的收入追求尽可能大的效用水平时，一定要使其消费任何两种商品的边际替代率（也即这两种商品的边际效用之比）等于它们的价格之比，即 $MU_X/MU_Y=P_X/P_Y$。又因为在完全竞争条件下，同一种商品价格对不同的消费者而言都是一样的，因此在完全竞争条件下，任意两种商品的价格之比 P_X/P_Y 对于所有消费者而言都是相同的，这意味着，在完全竞争市场中，当所有消费者的效用水平最大化时，各消费者的任意两种商品之间的边际替代率一定是相等的（即都等于这两种商品的价格之比），如下式所示：

$$\left.\begin{aligned} MRS_{XY}^{A}=\left(\frac{MU_X}{MU_Y}\right)^{A}=\frac{P_X}{P_Y} \\ MRS_{XY}^{B}=\left(\frac{MU_X}{MU_Y}\right)^{B}=\frac{P_X}{P_Y} \end{aligned}\right\} \Rightarrow MRS_{XY}^{A}=MRS_{XY}^{B}=\frac{P_X}{P_Y} \tag{10.7}$$

等式（10.7）表明，在完全竞争市场中，当所有消费者都实现效用最大化时，交换的帕累托最优条件（即等式）会自动得到满足。

再看第二个边际条件（生产的帕累托最优条件），它要求任意两种生产要素（如 L 和 K）之间的边际技术替代率（$MRTS_{LK}$），对于任意两种商品的生产者（比如商品 X 的生产者和商品 Y 的生产者）而言都是相等的（如等式（10.2）所示）。正如我们在前面曾分析的那样，某一产品生产者选择最优要素投入组合的必要条件，就是生产该种产品的任意两种投入要素之间边际技术替代率（也即这两种要素的边际产量之比）要等于这两种生产要素的价格之比，即 $MP_L/MP_K=P_L/P_K$。在完全竞争条件下，由于同一种投入要素的价格对于所有商品的生产者而言都是相同的，这意味着，在完全竞争的市场中，当所有产品生产者的要素投入的数量组合达到最优时，所有产品生产者的任意两种生产要素的边际技术替代率一定是相等的（即都等于这两种生产要素的价格之比）。如下式所示：

$$\left.\begin{aligned} MRTS_{LK}^{X}=\left(\frac{MP_L}{MP_K}\right)^{X}=\left(\frac{P_L}{P_K}\right) \\ MRTS_{LK}^{Y}=\left(\frac{MP_L}{MP_K}\right)^{Y}=\left(\frac{P_L}{P_K}\right) \end{aligned}\right\} \Rightarrow MRTS_{LK}^{X}=MRTS_{LK}^{Y}=\left(\frac{P_L}{P_K}\right) \tag{10.8}$$

等式（10.8）表明，在完全竞争市场中，当所有产品的生产者的要素投入数量组合都达到了最优时，生产的帕累托最优条件（即等式（10.2））会自动得到满足。

最后看第三个边际条件（交换和生产同时实现帕累托最优的条件），它要求任意两种商品（比如 X 和 Y）的边际转换率与所有消费者关于这两种商品的边际替代率相等（如等式（10.5）所示）。而正如我们在前面曾分析的那样，商品 X 对商品 Y 的边际转换率（$MRPT_{XY}$）实际上等于在生产处于帕累托最优状态时以商品 Y 度量的商品 X 的边际成本（MC_{XY}）。而当交换处于帕累托最优时，所有消费者的商品 X 和商品 Y 之间的边际替代率（MRS_{XY}）都等于商品 X 和商品 Y 的价格之比（P_X/P_Y）。由于 P_X/P_Y 实际上反映的是由现行市场价格所决定的 1 单位商品 X 所能够换到商品 Y 的数量，因此，它表明的是商品 X 的相对价格，即 P_X/P_Y 实际上就是用商品 Y 度量的商品 X 的价格（即为 P_{XY}）。由于在完全竞争的市场中，企业实现利润最大化的条件就是商品的边际成本（MC）要等于商品的价格（P），因此在这意味着，以商品 Y 度量的商品 X 的边际成本（MC_{XY}）也一定会等于以商品 Y 度量的商品 X 的价格（P_{XY}）。这意味着：

$$\left.\begin{array}{l} MRPT_{XY}=-\dfrac{\mathrm{d}Y}{\mathrm{d}X}=MC_{XY} \\ MRS_{XY}^{A}=MRS_{XY}^{B}=\dfrac{P_X}{P_Y}=P_{XY} \\ MC_{XY}=P_{XY} \end{array}\right\} \Rightarrow MRPT_{XY1}=MRS_{XY}^{A}=MRS_{XY}^{B} \tag{10.9}$$

等式（10.9）表明，在完全竞争市场中，生产和交换同时实现帕累托最优的条件也会得到满足。

总之，由于完全竞争市场均衡的结果一定会满足帕累托最优的三个边际条件，正是从这个意义上而言，完全竞争市场是实现帕累托最优的最好平台。

181. 什么是福利经济学第一定理?

答：福利经济学第一定理是指经济主体的偏好被定义的条件下（即偏好满足完备性、传递性、单调性和凸性等假设），在价格机制的作用下，竞争性市场实现一般均衡时，资源配置的结果一定是帕累托最优的。

我们可以用一个只有 2 个家庭（A 和 B）、2 种商品（X 和 Y）的简单交换经济的埃奇沃思盒状图来解释福利经济学第一定理及其含义。假设该经济生产出商品 X 的数量为 10 个单位，生产出商品 Y 的数量为 6 个单位。商品 X 和商品 Y 在家庭 A 和家庭 B 之间的初始分配状态如图 10—7 中的 e 点所示，即家庭 A 分配到的 X 商品的数量（X_e^A）为 8 个单位，分配到的 Y 商品的数量（Y_e^A）为 1 个单位；家庭 B 分配到的 X 商品的数量（X_e^B）为 2 个单位，分配到的 Y 商品的数量（Y_e^B）为 5 个单位。假设最初商品 X 的价格（P_X）为 2 元，商品 Y 的价格（P_Y）为 3 元，则家庭的预算约束也就给定了，即：

家庭 A 的预算收入为：$P_X \cdot X_e^A + P_X \cdot X_e^A = 2\times8+3\times1=19$（元）；

家庭 B 的预算收入为：$P_X \cdot X_e^B + P_X \cdot X_e^B = 2\times2+3\times5=19$（元）。

图中直线 mn 即为家庭 A 和家庭 B 所面对的预算约束线，其斜率的绝对值为两种商品的价格之比，即 $P_X/P_Y=2/3$。不管商品的价格如何变动，家庭的预算约束线都一定会经过初始分配点 e。

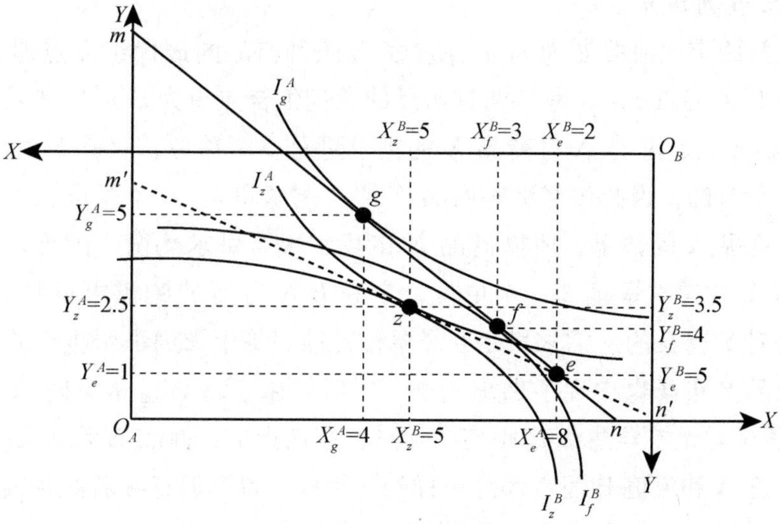

图 10—7　图示福利经济学第一定理

在初始分配状态下，商品 X 的价格（P_X）为 2 元，商品 Y 的价格（P_Y）为 3 元，预算约束线为 mn。此时对于家庭 A 而言，其效用最大化的商品组合点并非是 e 点，而是其无差异曲线 I_g^A 与预算线 mn 相切的切点 g，即对于家庭 A 而言，虽然其分配到的商品 X 的数量为 8 个单位，但其想要的数量是 4 个单位（即家庭 A 对商品 X 的需求量是 4 个单位），家庭 A 分配到的商品 Y 的数量为 1 个单位，但其想要的数量是 5 个单位（即家庭 A 对商品 Y 的需求量是 5 个单位）。

对于家庭 B 而言，其效用最大化的商品组合点也并非是 e 点，而是其无差异曲线 I_f^B 与预算线 mn 相切的切点 f，即对于家庭 B 而言，虽然其分配到的商品 X 的数量为 2 个单位，但其想要的数量是 3 个单位（即家庭 B 对商品 X 的需求量是 3 个单位），家庭 B 分配到的商品 Y 的数量为 5 个单位，但其想要的数量是 4 个单位（即家庭 B 对商品 Y 的需求量是 4 个单位）。

由此可见，在初始分配状态下，商品 X 的价格（P_X）为 2 元，商品 Y 的价格（P_Y）为 3 元，预算约束线为 mn 时，家庭 A 对商品 X 需求量是 4 个单位，家庭 B 对商品 X 的需求量是 3 个单位，因此该经济对 X 商品的总需求量是 7 个单位，但该经济生产出的 X 商品的数量是 5 个单位，这意味着 X 商品出现供给过剩。再看商品 Y，家庭 A 对商品 Y 需求量是 5 个单位，家庭 B 对商品 Y 需求量是 4 个单位，因此该经济对 Y 商品的总需求量是 9 个单位，但该经济生产出的 Y 商品的数量是 6 个单位，这意味着 Y 商品出现供不应求。由于商品 X 供给过剩，商品 Y 供不应求，在竞争性市场中，则 P_X 会下降，P_Y 会上升，因此 P_X/P_Y 会下降，表现为家庭的预算线会变得越来越平坦，直到两个市场的供求均实现均衡为止，在图中表现为预算约束线由 mn 变为 $m'n'$。

一旦预算约束线最终变为 $m'n'$，家庭 A 两种商品的最优组合点即为 $m'n'$ 与其无差异曲线 I_z^A 的切点 z，家庭 B 两种商品的最优组合点也为 $m'n'$ 与其无差异曲线 I_z^B 的切点 z。在 z 点，家庭 A 对商品 X 的需求量是 5 个单位，家庭 B 对商品 X 的需求量也是 5 个单位，因此该经济对商品 X 的总需求量是 10 个单位，恰好等于该经济所生产的商品 X 的数量，所以商品 X 市场实现了供求均衡。同样，在 z 点，家庭 A 对商品 Y 的需求量是 2.5 个单位，家庭 B 对商品 Y 的需求量是 3.5 个单位，因此该经济对 Y 商品的总需求量是 6 个单位，恰好等于该经济所生产的商品 Y 的数量，所以商品 Y 市场也实现了供求均衡。同时，由于 z 点也是家庭 A 的无差异曲线 I_z^A 和家庭 B 的无差异曲线 I_z^B 相切的切点，在该点上，商品 X 和商品 Y 的边际替代率对于家庭 A 和家庭 B 而言都是一样的，因此 z 点不但意味着两种商品市场同时实现了均衡，而且还意味着经济处于帕累托最优状态。

上述分析显示，在竞争性的市场上，在价格机制的作用下，市场不仅能够实现一般均衡，而且均衡的结果一定是帕累托最优的，这就是福利经济学第一定理的含义，福利经济学第一定理也意味我们应该让市场在资源配置中起决定性作用。

182. 什么是福利经济学第二定理？

答：福利经济学第二定理是指在完全竞争的市场条件下，通过政府来改变个人之间禀赋的初始分配状态，然后再利用价格机制，就可以实现某一特定的（或理想的）帕累托效率的资源配置。

我们仍然用一个只有 2 个家庭（A 和 B）、2 种商品（X 和 Y）的简单交换经济的埃奇沃思盒状图来解释福利经济学第二定理及其含义。如果两种商品的初始分配点是图 10—8 中的 e 点，与上一题分析的一样，在这一初始分配状态下，在竞争性

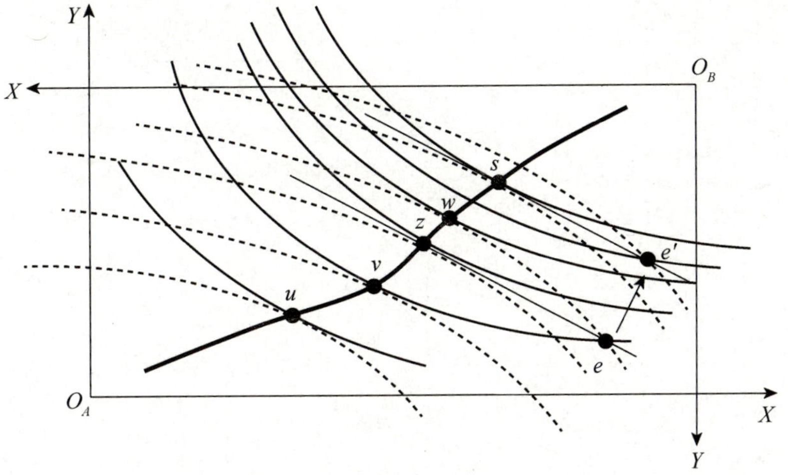

图 10—8　图示福利经济学第二定理

市场价格机制的作用下，两个家庭通过市场交换，最终会在 z 点实现均衡，z 点不仅意味着商品 X 和商品 Y 市场同时实现了供求均衡，而且是一种帕累托最优状态。我们还可以判断，在 z 点，家庭 A 所拥有的 X 商品的数量和 Y 商品的数量与家庭 B 所拥有的这两种商品的数量大致相等，但是，如果假设家庭 A 的人口数远远多于家庭 B 的人口数，则均衡点 z 虽然是一种帕累托最优，但商品在两个家庭的分配实际上是不均的，因为人口数较少的家庭 B 所拥有的两种商品的数量与人口数较多的家庭 A 所拥有的两种商品的数量是一样的。因此，一个理想的帕累托最优也许是 s 点，因为相对于 z 点而言，s 点既是一种帕累托最优状态，而且商品在两个家庭的收入分配相对更平均。但是如果初始分配状态是 e 点，s 点显示是会被家庭 B 所拒绝的帕累托最优，因此竞争性市场无法在 s 点实现均衡。在这种情况下，政府的作用就显现出来了，如果政府通过一些收入再分配政策，将商品的初始分配点由 e 点改变到 e' 点，然后再让价格机制发挥作用，则就有可能使整个交换经济在 s 点实现一般均衡，并使经济处于一种理想的帕累托最优状态。

福利经济学第一定理表明，市场竞争性的均衡结果一定是帕累托最优，因此我们要让市场在资源配置中起决定性作用。但是，市场竞争的均衡结果虽然是帕累托最优，但这一帕累托最优可能不是一种理想的帕累托最优（比如在这种帕累托最优状态下，收入差距可能过大），在这种情况下，就可以通过政府来改变收入的初始分配状态，然后通过价格机制来实现一种理想的帕累托最优，这就是福利经济学第二定理的含义。因此，福利经济学第二定理显示，虽然要让市场在资源配置中起决定性作用，但同时也要更好地发挥政府的作用。

第十一章

市场失灵与微观经济政策

183. 何谓市场失灵？通常认为有哪几种情况会造成市场失灵？

答：市场失灵（market failure）是指市场机制无法实现资源有效配置的情形。通常认为，以下几种情况会造成市场失灵。

（1）市场中垄断因素的存在，阻碍了生产要素的自由流动，降低了资源配置的效率。

（2）市场本身难以解决市场外部性对经济带来的各种影响，比如环境污染控制、传染性疾病的防治等。

（3）市场无法有效配置公共物品和公共资源，会导致公共物品供给不足，公共资源被滥用。

（4）信息不完全会阻碍市场经济有效运转，比如信息不对称会带来逆向选择、道德风险等损害市场运作有效性的问题。

184. 为什么垄断会损害经济效率，因而政府必须实行反垄断政策？

答：与竞争性市场相比，垄断会导致经济效率损失，其主要原因在于以下几个方面：

（1）垄断厂商可以通过限制产量以提高价格的方式向消费者榨取高额垄断利润，导致社会福利相较于竞争性市场而言有一个净损失。

（2）垄断厂商可以依仗垄断地位稳获高额利润，使得垄断厂商缺少技术创新的压力，从而限制了技术进步。

（3）源于行政管制的垄断，还有可能导致厂商向管制当局寻租，谋求排他性的经营权，不仅损害了公平竞争的市场秩序，还导致许多资源浪费在非生产性活动上。

以上都是垄断损害经济效率的表现，因此为了保护竞争，减少垄断的危害和损失，政府通常都会实行各种反垄断政策。

185. 什么是自然垄断？政府对自然垄断行业如何实行管理？

答：自然垄断（natural monopoly）是指由于规模经济和范围经济的原因而导致的垄断。

规模经济很好地解释了产品单一领域行业的自然垄断。一些行业（如煤气、电力、自来水等）的生产技术需要大量的固定设备，使得固定成本很大，可变成本较小。所以，随着生产规模的扩大，产量的增加，单位产量所分担的固定成本越来越小，导致总的平均成本随着产量增加具有递减的趋势，这一特征就是规模经济。规模经济的存在使得一个企业能以低于两个或者更多的企业的成本为整个市场供给一种物品或者劳务，由此而形成的垄断就是自然垄断，因此，规模经济很好地解释了产品单一领域行业的自然垄断。

范围经济很好地解释了产品具有综合性领域存在的自然垄断。在现实生活中，企业并不仅仅生产或提供单一的商品和服务，往往是多元化经营。比如，市话服务、长话服务、电信产品就是关联产品。如果由一个企业生产多种产品的成本低于几个企业分别生产它们的成本，就表明存在着范围经济。由于单独生产某一产品的企业的单位产品定价高于联合生产的企业的相应单位产品定价，因此单独生产的企业就会亏损，这些企业或者退出该生产领域或者被兼并，这也会形成垄断的局面。因此美国著名经济学家萨缪尔森与诺德豪斯指出，有着范围经济的产业也可产生自然垄断。

186. 为什么说垄断也有可能促进效率？政府应当在什么情况下实行反垄断政策？

答：许多经济学家认为，垄断会带来福利纯损失，降低经济效率，因此主张反垄断。但是也有经济学家认为，垄断可以促进经济效率提高。因为：(1) 垄断会带来规模经济，降低成本，节省费用支出，一些自然垄断行业更需要垄断。(2) 范围经济，即垄断企业有条件进行多样化产品组合，把生产技术上相互关联的产品放在一个企业内生产经营，使投入的生产要素（尤其是原材料）多次使用以生产不同的产品，并共同享用商品、包装和营销渠道，从而降低成本。(3) 技术创新，即大企业有力量投入大量研究开发费用，美国经济学家熊彼特就是从技术创新角度为垄断企业进行辩护的。

一些经济学家（尤其是主张自由竞争的经济学家）认为，若由于种种原因造成垄断确实损害了经济效率，如抬高了价格、降低了产品质量、降低了消费者福利，并且市场自身无法修复这一缺陷，此时才需要政府出场实行反垄断政策。比如，如果垄断企业凭借其对市场的控制将产品价格定得过高（高于竞争水平），那么，高利润率自然会吸引潜在竞争者进入市场，从而可以把价格拉低，就是说，这种市场进入障碍一般可以通过市场力量本身加以克服。只有在靠市场力量无法克服这种障碍时才需要政府出面进行反垄断或对垄断加以管制。

187. 什么是公共物品？公共物品有什么特点？公共物品与准公共物品有什么区别？

答：公共物品（public goods）是与私人物品相对应的一个概念，其消费具有非竞争性和非排他性特征，一般不能或不能有效通过市场机制由企业和个人来提供，主要由政府来提供。公共物品具有以下基本特征：

（1）消费的非竞争性，即公共物品向一个额外消费者提供消费或服务的边际成本为零，也即对公共物品的消费增加时，成本并不会因此增加。

（2）消费的非排他性，即公共物品的消费权不是由某经济主体独有，而是整个社会共同所有，任何人都不能因为自己的消费而排除他人对该物品的消费。

准公共物品是指在消费上具有排他性并且只在一定范围内才具有非竞争性的物品，又称“俱乐部物品”，例如球场、游泳池等。公共物品在消费上具有完全的非竞争性和非排他性，而准公共物品在消费上具有排他性（只有付了费用的消费者才能消费），并且只在一定范围内才具有非竞争性，即在一定范围内增加消费者并不增加使用成本，不构成对其他消费者的威胁，但消费者增加到一定数量后，消费就具有了竞争性。

188. 什么是公共资源和公地悲剧？有哪些措施可以用来避免公地悲剧？

答：公共资源是指在消费上不具有排他性，但具有竞争性的商品，如江河湖海里的鱼虾、公共草场等。

公地悲剧（tragedy of the commons）是指公共资源往往会被过度使用，导致公共资源枯竭的一种灾难性情形。公地悲剧的产生和公共资源在消费上的竞争性和非排他性分不开。消费上的竞争性表明公共资源的数量有限，一个人增加对公共资源的消费会降低其他人对公共资源的使用量，但由于公共资源具有非排他性，因此无法阻止任何人对公共资源的使用，于是每个人都想尽可能多地使用公共资源来增进自己的利益，在这种情形下，必然导致公共资源被过度使用，从而造成公共资源枯竭这一灾难性后果。

避免公地悲剧的措施包括：（1）政府的数量管制，即政府限制每个人对公共资源的使用数量；（2）对使用公共资源的消费者征收税费，使用公共资源的数量越多，征收的公共资源使用的税费率越高；（3）私有化，即通过明确产权，将公共资源转化为私产。

189. 能否说政府提供的物品就是公共物品？能否认为由于公共物品不存在交换价格就可以任意定价？

答：不能说政府提供的物品就是公共物品，因为政府提供的物品中也有些具有排他性特点，如邮政服务，就不属公共物品。邮政服务具有可分割性，如电报是一封封发的，邮包是一个个寄的，邮政服务市场并没有失灵。

也不能认为公共物品不存在交换价格就可以任意定价。由于公共物品是政府花钱或者说投资提供的，因此，可用政府在公共物品上的投资量表示该产品的价格，就是说，应当根据公共物品的投资成本来确定公共物品的价格。如果把公共物品数量画在一个坐标的横轴上，把价格画在纵轴上，则公共物品的需求曲线与供给曲线的交点所决定的价格就是最优投资量。如果实际投资量高于最优投资量，公共物品就会供过于求，它表示该公共物品不能被有效地利用。假定把政府本身看作是公共物品，政府供过于求实际上就是机构重叠，人浮于事，办事效率差。相反，如果公共物品投资过少，即投资量低于最优投资量，则公共物品就会供不应求，例如，城市道路投资不足，会造成交通拥挤，道路堵塞。可见，公共物品既不可以任意定价，也不可以想生产多少就生产多少。

190. 什么是搭便车问题，它是如何产生的？

答：搭便车（free rider）是指某些人虽然参与了公共物品的消费，却不愿意支付公共物品的生产成本，完全依赖他人对公共物品生产成本的支付。例如，一条公用走廊上要安装几盏电灯，理应使用者共同出钱，但其中有人可能不愿意出钱，他认为一旦电灯安装好了，自己即便未出钱也照样可以使用，这就是搭便车问题。这在公共物品生产中普遍存在。

搭便车问题源于公共物品的非排他性，即只要公共物品一旦产生了，就无法排除任何人消费该产品，或者即使可以排除，但排除的成本太高。

191. 公共物品生产的帕累托最优条件是什么？它与私人物品生产的帕累托最优条件有什么不同？

答：私人物品生产的帕累托最优条件为：一是所有消费者消费的产品中任意两种产品的边际替代率都相等；二是所有厂商使用的生产要素中，任意两种生产要素的边际技术替代率都相等。

公共物品生产的帕累托最优条件除了以上两条外，还必须加上一条，即所有消费公共物品的消费者对于公共物品和私人物品之间的边际替代率的加总等于公共物品和私人物品在生产中的边际转化率。

192. 什么是外部性？对付外部性的政策措施通常有哪些？

答：外部性（externality）又称外部影响，是指某经济主体的经济行为对社会其他主体产生了一种有利的影响或不利的影响，而这种有利的影响所带来的利益（或者说收益）或有害影响带来的损失（或者说成本）都是不由该经济单位所获得或承担的。当某经济单位的行为对社会其他主体产生有利影响，但该经济单位并不能获得这种有利影响所带来的收益（该收益又称外部收益）时，则该经济单位的行为就具有积极的外部性（或正外部性）。正的外部性的存在，意味着经济单位的经济活动给其所带来的个人收益（即私人收益）要小于该经济活动的社会收益（即私人收益与外部收益之和）；反之，当某经济单位的行为对社会其他主体产生不利影响，但该经济单位并不必承担这种不利影响给他人所带来的损失（该损失又称外部成本）时，则该经济单位的行为就具有消极的外部性（或负外部性）。负的外部性的存在，意味着经济主体的经济活动给其所带来的个人成本（即私人成本）要小于该经济活动的社会成本（即私人成本与外部成本之和）。

对付外部影响的政策措施通常有以下几个方面：

(1) 税收和补贴。对造成消极外部性的活动，政府可以征税，其数额应该等于这一消极外部影响给他人或社会造成的损失，从而将外部成本内部化，使得私人成本与社会成本相等。对具有积极外部性的活动，政府可以给予补贴，其数额应该等于这一积极外部影响给他人和社会所带来的收益，从而将外部收益内部化，使得私人收益与社会收益相等。

(2) 合并。如果A企业的生产活动对B企业产生了负外部性，将这两个企业合并成C企业，则原来A企业负外部性的生产活动给B企业所带来的损失，合并后就成了C企业自己的损失了。这样，外部性活动的外部成本就被内部化了。合并后的C企业为了自身的利益就会自然减少这种具有负外部性的生产活动所带来的损失。

(3) 明晰产权。明晰产权是解决外部影响的一种途径。这种措施是由经济学家科斯提出来的，其理论被称为科斯定理（Coase's theorem）。根据科斯定理，当某个企业的生产活动危害到其他企业的利益的时候，在谈判成本较小，并且每个企业的权利都得到明晰的前提下，两个企业可以通过谈判或通过法律诉讼程序，来解决外部影响问题。

193. 政府的经济职能大致上有哪些方面?

答： 政府为弥补市场缺陷而担负的职能大致可以分为三个方面：

(1) 提供效率方面的职能：包括禁止垄断（分拆垄断企业、阻止可能导致垄断的并购）和管理自然垄断（价格管制）、提供公共物品、防止公地悲剧、披露和管理信息缓解信息不对称等。

(2) 促进公平方面的职能：例如利用税收和转移支付缩小贫富差距的再分配政策。

(3) 稳定经济方面的职能：通过财政政策、货币政策等宏观经济政策实现充分就业、物价稳定、经济增长和国际收支平衡。

(1) 的职能属于微观经济政策方面的职能，(2) 和 (3) 的职能属于宏观经济方面的职能。

194. 什么是政府公共选择中民主决策的阿罗不可能定理?

答：阿罗不可能定理（Arrow's impossibility theorem）由1972年诺贝尔经济学奖获得者美国经济学家肯尼思·J·阿罗提出。其含义是：如果众多的社会成员具有不同的偏好，而社会又有多种备选方案，那么在民主的制度下不可能得到令所有的人都满意的结果，就是老话中所说的“公要馄饨婆要面”。

阿罗不可能定理说明，依靠简单多数的投票原则，要在各种个人偏好中选择出一个共同一致的顺序是不可能的。这样，一个合理的公共物品决定只能来自于一个可以胜任的公共权力机关，要想借助于投票过程来达到协调一致的集体选择结果，一般是不可能的。

195. 为什么“寻租”行为是一种非生产性活动?

答：寻租（rent seeking）是指在没有从事生产的情况下，为垄断社会资源或维持垄断地位，从而得到垄断利润（亦即经济租）所从事的一种非生产性活动。

如果政府运用行政权力对企业和个人的经济活动进行不必要的干预和管制，则会损害市场竞争的作用，从而创造少数有特权者取得超额收入的机会。根据美国经济学家 J. 布坎南和 A. 克鲁格的论述，这种超额收入被称为“租金”（rent），谋求这种权力以获得租金的活动，就是所谓的“寻租”。由此可见，寻租是一种创造垄断的活动，而垄断则会导致低效率和资源的浪费。垄断虽然给寻租者带来了额外收入，但垄断条件下因为价格升高、产量降低而导致消费者剩余减少，因此寻租是一种非生产性活动。

第十二章

宏观经济与国民收入核算

196. 为什么宏观经济学把所有经济活动主体只分为家庭、企业和政府这三大部门，把所有市场归结为产品市场、货币市场和劳动市场？

答：宏观经济学之所以把所有经济活动主体只分为家庭、企业和政府这三大部门，是因为宏观经济学是研究国家经济总体运行的科学，因此不考虑个体经济的差异。如果不考虑个体经济差异，那么所有个体经济活动主体都不外乎属于家庭、企业和政府这三大部门。所有在工厂、商店、农场、学校、金融机构等单位工作的工作人员，都是一个个家庭的成员，而所有这些机构或者单位则都是一个个企业或者类似企业，军队、法院以及所有政府机构都属于政府部门，但政府部门中所有工作人员又都是家庭成员的一分子，因此宏观经济学研究家庭消费和投资行为时，就把所有家庭作为一个完整的经济部门，而不管各个家庭有何差异或特点；在研究企业行为时，不去考虑它是经营什么业务的企业，是生产什么产品的企业，而把所有企业都当作一个生产经营的经济部门；同样在分析政府行为时，也不去管它是什么地方的政府，是中央还是地方的政府。宏观经济学也涉及国外的家庭、企业和政府，但也只是把它们作为一个国外部门来对待。

现代经济是市场经济。市场经济中市场是多种多样的，但宏观经济学在宏观层面研究市场活动时只把市场归结为三大类：产品市场、货币市场和劳动市场。因为社会经济中所有的交易不外乎这三大类：所有的有形产品和无形产品（服务产品）的交易形成产品市场；所有的金融资产（银行存贷款、证券、保险、信托等）的交易形成货币金融市场；所有劳动力的交易形成劳动市场。

197. 宏观经济层面的几大经济活动主体、几类市场和整个宏观经济学分析框架有什么关系？

答：在宏观经济层面的经济主体看似有四大类：家庭、企业、政府和国外。其中，国外是指国外经济部门，包括国外的消费者、投资者个人、企业和政府，因此国外部门无非是家庭、企业和政府的国际化，故严格而言仍是家庭、企业和政府三大主体。与这些经济主体相适应的经济行为有消费、投资、政府收（税收、公债）支（政府购买、转移支付）、国际贸易、国际投资等。

在宏观经济层面的市场通常可归结为三大类：产品市场、货币市场和劳动市场。在产品市场上，发生着有形产品和无形服务产品的需求、供给和交易，与产品市场相联系的宏观经济指标主要有 GDP 和价格水平及其变动即通货膨胀率。在货币市场发生着所有金融资产的需求、供给和交易，与货币市场相联系的宏观经济指标主要有利率和汇率。在劳动市场上，发生着劳动要素的需求（企业）、供给（家庭）和交易，与劳动市场相联系的宏观经济指标主要是失业率。

上述宏观经济学的整个分析框架通常与上述三类市场上的三大经济主体之间的相互作用有关。撇开货币市场和劳动市场，只研究家庭、企业和政府在产品市场的相互作用就形成国民收入决定的最简单模型——收入—支出模型。在产品市场中加进了货币市场来研究上述三大经济主体的相互作用，就形成了国民收入决定的 *IS—LM* 模型。在 *IS—LM* 模型中再加进劳动市场，来研究上述三大经济主体的相互作用，就形成了国民收入决定的总需求—总供给模型即 *AD—AS* 模型。这三个模型再加上衡量宏观经济主要指标研究，再加上宏观经济短期波动和调控政策分析、长期增长和周期研究，以及国际经济往来研究，就构成目前宏观经济学比较完整的体系。

198. 简述宏观经济学和微观经济学的区别和联系。

答：宏观经济学与微观经济学两者之间的区别在于：

（1）研究的对象不同。微观经济学研究单个经济主体的最优化行为，而宏观经济学研究一国整体经济的运行规律和宏观经济政策。

（2）解决的问题不同。微观经济学要解决资源配置问题，而宏观经济学要解决资源利用问题。

（3）中心理论不同。微观经济学的中心理论是价格理论，所有的分析都围绕着价格机制运行展开。而宏观经济学的中心理论是国民收入（产出）理论，所有分析都是围绕国民收入（产出）的决定展开的。

（4）研究方法不同。微观经济学采用的是个量分析方法，而宏观经济学采用的是总量分析方法。

宏观经济学和微观经济学两者之间的联系主要表现在：

（1）相互补充。经济学的研究目的是实现社会经济福利的最大化。为此既要实现资源的最优配置，又要实现资源的充分利用。微观经济学是在假设资源充分利用的前提下研究资源如何实现最优配置问题，而宏观经济学是在假设资源已经实现最优配置的前提下如何充分利用。它们共同构成了经济学的基本框架。

（2）微观经济与宏观经济学都是以实证分析作为主要的分析和研究方法。

（3）微观经济学是宏观经济学的基础。当代宏观经济学越来越重视微观经济主体的行为，将宏观经济分析建立在微观经济主体行为分析基础上。

199. 政府的微观经济政策和宏观经济政策的共同点和区别点是什么？

答： 微观经济政策和宏观经济政策的共同点在于：二者都是政府运用一定经济手段引导和规范经济活动主体的行为，使之趋向有利于改善社会的经济福利。

二者的区别在于：微观经济政策的目标主要解决资源优化配置上的问题，纠正市场在资源优化配置上的“失灵”。例如，政府用反垄断政策矫正企业因垄断行为而不能实现资源优化配置方面的问题，政府出场提供公共物品来解决市场经济主体不能提供社会需要的公共物品问题，政府用税收和补贴手段来解决由正负外部性造成的资源配置不当问题。所有这些微观经济政策都是政府“有形之手”补充市场这只“无形之手”在资源配置上的失灵。宏观经济政策目标虽然也要通过微观经济主体的行为来实现，但这个目标主要不是解决资源配置问题，而是解决资源利用问题。例如，经济出现萧条和失业，表明经济资源没有得到充分利用，政府就需要用经济政策来刺激经济，引导居民和企业增加消费和投资，以克服经济资源闲置和浪费。相反，若经济过热，形成通货膨胀，表明社会对资源需求超越了供给能力，政府就应当用经济政策来给经济降温，引导合理消费和投资。

200. 国内生产总值通常包含哪几方面含义？

答： 国内生产总值（GDP）是指一个经济社会在某一给定时期内运用生产要素所创造的全部最终产品和劳务的市场价值。这个定义通常包括六方面含义：（1）国内生产价值是一个市场价值概念。最终产品和劳务的价值都是用货币加以衡量的。比方说，某国家今年生产的 GDP 是 5 000 亿美元，这就是市场价值。（2）GDP 测度的是最终产品的价值，中间产品价值不计入在内，否则会形成重复计算。（3）GDP 是一定时期内（往往为一年）所生产的而不是所售卖的最终产品价值。生产了但没有卖掉的最终产品要作为存货投资计入 GDP。（4）GDP 是计算期内（如 2016 年）生产的最终产品价值，因而是流量（一定时期内发生的变量）而不是存量（一定时点上存在的变量）。（5）GDP 是一国范围内生产的最终产品的市场价值，从而是一个地域概念，而不是一个国民概念。（6）GDP 一般仅指市场活动的价值，家务劳动、自给自足生产等非市场活动不计入 GDP 中。

201. 什么是名义国内生产总值和实际国内生产总值？在经济衡量上它们各有什么用处？

答：由于国内生产总值是一个市场价值概念，它要等于产量乘以价格，因此产量和价格变动都会使国内生产总值变动。但是，人们的物质福利只与所生产的物品和劳务的数量有关。如果物品和劳务的数量不变，而价格提高一倍，国内生产总值增加了一倍，但人们的物质福利并不会增加。为此，有必要把国内生产总值变动中的价格因素抽象出来，只研究产品和劳务的数量变化。这就需要区分名义国内生产总值和实际国内生产总值这两个概念。名义国内生产总值（nominal GDP）指用生产物品和劳务的那个时期的价格计算出来的价值。实际国内生产总值（real GDP）指用历史上某一年作为基年的价格计算出来的价值。

在经济衡量上，这两个概念各有各的用处。第一，计算实际国内生产总值可以了解从一个时期到另一个时期的产量变化情况，因为都使用了基年的价格计算，因此一个时期到另一个时期实际国内生产总值的变化就是由两个时期的产量变化而来的。第二，相反，某个时期名义国内生产总值和实际国内生产总值之间的差额则可以反映出这一时期和基期相比，价格变动的程度，因为通过计算名义国内生产总值和实际国内生产总值的比率，可以计算出两个时期价格变动的百分比。比方说，假定2015年某国名义国内生产总值为12亿美元，而以2000年基期价格计算出来的实际国内生产总值是10亿美元，就可以知道从2000年到2015年，这个国家的总物价水平上涨了20%。

202. 什么是最终产品和中间产品？为什么二者不可以从物质形态上加以区分？

答：最终产品是指在计算期间生产的但不重复出售而是最终使用的产品。中间产品是指用于再出售、供生产别种物品的产品。例如商店里卖的衣服就是最终产品，而生产衣服用的布料就是中间产品。然而，最终产品和中间产品不是从产品本身的物质属性来区分，而是从它们在再生产的循环流转的功能来区分的，因此不可以从物质形态上来判断它们。例如，上面讲的布料，如果是卖给制衣工厂作为原料，是中间产品，如果是卖给家庭主妇去自己做衣服用，那就是最终产品了。

203. 为什么GDP衡量中要弄清“时点”和“时期”、“生产”和“销售”这些概念？

答： GDP是计算期内（如2016年）生产的最终产品价值，因而是流量（一定时期内发生的变量）而不是存量（一定时点上存在的变量）。GDP就是衡量一个经济体（比如一个国家或者一个地区）在一定时期内（比如一年或者一个季度）创造了多少财富（最终产品），而不是某一时点上达到了多大水平。某一时点上（比如2015年12月30日晚上12点钟）某个经济体GDP达到了某个水平，比如12万亿美元，我们还无法知道这12万亿美元是多长时间内生产出来的，是一年还是一个月？要认识一个国家的生产力水平和人民福利水平，除了要知道一个国家已经达到什么样的经济发展水平，还必须认识这个国家在一定时期内能够创造多少财富。因此GDP衡量中必须要弄清“时点”和“时期”的概念。

为什么GDP衡量中要弄清“生产”和“销售”这些概念？因为“生产”表示创造，而销售只是将已经生产出来的东西卖掉。财富是生产、创造出来的，而不是买卖出来的，因此，GDP定义为一个经济社会在某一给定时期内运用生产要素所创造的全部最终产品和劳务的市场价值。当然，这不是说“销售”不重要。如果只考虑生产，不考虑销售，产品生产出来年复一年销售不出去，压在仓库时间过长，可能变成废品。但是，在市场经济中，生产者一般都会重视市场调查，尽量按需生产。再说，在正常生产经营中，一定的原材料和产成品的库存是必要的。这都是微观经济学中要分析的问题。从宏观经济分析的角度看，研究GDP衡量时，必须把GDP看成是生产的而不是销售的，所有当年未销售的产品，都要作为计划的或者非计划的存货投资。如果最终产品和劳务的当年生产量多于销售量，就是增加了存货投资，则当年存货投资为正值。如果当年生产量少于销售量，就是动用了往年的存货投资，则当年存货投资为负值。

204. 国内生产总值和国民生产总值有什么区别？为什么国民收入衡量中通常更注重国内生产总值？

答： 国内生产总值和国民生产总值（GNP）区别在于，前者是一个地域概念，说的是一国范围内生产的GDP，不管这个GDP是用哪个国家的生产要素创造的。相反，后者是一个国民概念，说的是某国国民的生产要素所生产的GDP，不管这个GDP是在哪个国家生产的。因此一个日本老板在美国设立的制造业公司取得的利润，要计入美国的GDP中，不能计入日本的GDP中，因为它是在美国运营的；但是该公司的利润又要计入日本的GNP中，因为这是日本人开办的公司中创造的利润。

在1991年11月以前，美国还是用GNP作为对经济总产出的基本测量指标的。后来改用GDP，原因是大多数国家都用GDP；同时由于国外净收入难以统计，而GDP则较易测量；再加上GDP相对GNP来说是国内就业状况的更好衡量指标(本国使用外资时解决的是本国就业问题)。正因为这些原因，国民收入衡量中通常更注重国内生产总值。

205. 用GDP衡量一国社会经济有什么意义和局限性?

答： GDP为人类提供了一个经济运行的概括性指标，代表了一个国家或者一个地区所有常住单位和个人在一定时期内全部生产活动（包括产品和劳务）的最终成果，可以对一国或者一地区经济总体运行作出综合性衡量，反映出一国或一地区的经济实力，便于国家间或地区间作经济比较，为制定国家或地区经济发展战略、分析经济运行状况和政府调控和管理经济提供重要依据和参考。

在国民经济核实中，GDP的衡量通常使用GDP总量、GDP增长率和人均GDP三个重要指标。GDP总量衡量的是一个国家或者地区的经济规模和实力。GDP增长率衡量的是经济增长速度，现在我国提出要稳增长就是要稳定增长速度，不能过于波动。人均GDP衡量一个国家或者地区国民的生活水平和富裕程度，也是划分经济发展阶段的重要指标。例如，目前我国GDP总量已位居世界第二，但人均GDP仍位居世界第80位左右，因此还是一个发展中国家。

总之，用GDP作为一国社会经济的衡量指标确实是重要的。然而，用GDP作为一国社会经济衡量指标也有不少局限性：一是不能反映社会成本。例如赌博和黄色交易也许能带来GDP较大幅度的增长，但不利于经济健康发展，只会造成社会生活腐朽。二是不能反映经济增长方式付出的代价。例如，如果只顾经济总量和速度增长，而不顾环境污染、生态破坏，那么，经济可能增长了，但环境可能严重污染了，今天GDP上去了，明天可能要为治理环境污染付出比今天增加的GDP高出几倍的成本。三是不能反映经济增长的效率和效益。例如，如果为了经济增长能高速度而拼命消耗资源，对资源进行低效、掠夺式利用，那么，可能经济一时上去了，但以后经济持续增长的后劲和潜力没有了。四是不能反映人们的生活质量。例如，两个生产同样多GDP的国家，如果一国国民身体十分健康，人均寿命长，享有较多休闲，而另一国国民劳动十分紧张，疲于奔命，人均寿命短，显然，这两个国家国民的幸福度不同。五是不能反映社会收入和财富分配状况。假定两国人均GDP水平相同，但一国贫富差距比另一国大得多，显然，前一国的社会总福利水平要比后一国低得多。

206. 核算国内生产总值有哪两种基本方法？为什么会是这两种方法？

答：我们知道，GDP是经济社会在一定时期内生产的全部最终产品的市场价值总和。因此，从理论上说，似乎只要把所有最终产品市场价值加总就可以得到GDP了。如果用Q_i代表各种最终产品，P_i代表它们的价格，则$GDP=\sum P_iQ_i$，但这样做事实上不可能。这不仅因为无法找到明确区分是否是最终产品的标准（最终产品不是根据产品的物质形态区分，而是根据它们在再生产的循环流转中的功能来区分的），而且即使能找到，最终产品也是没完没了的一长串。因此只能采取其他方法来核算。从国民收入流量循环模型中我们知道，最终产品价值等于整个生产过程中价值增加的总和，因此GDP可以通过核算各行各业在一定时期中生产的价值增值来求得。这种方法称为生产法。各行各业在一定时期中生产的价值增值，都会化为各种生产要素的报酬，即工资、利息、租金和利润，这些都是生产要素所有者的收入。因此，核算GDP可以从生产要素所有者获得收入的角度来进行。这可以称为收入法。用收入法核算GDP，除了生产要素所有者收入外，还包含间接税、折旧、公司税前利润、企业转移支付以及非公司企业收入等等。所有这些其实也是企业经营中的成本，因此收入法又称为成本法。用收入法核算的国内生产总值＝工资＋利息＋利润＋租金＋间接税和企业转移支付＋折旧＋非公司企业收入。

各行各业在一定时期中生产的价值增值都要通过出售最终产品来实现。出售最终产品取得的收入，也就是最终产品购买者的支出。因此GDP也可以通过核算一定时期内整个社会购买最终产品的支出来进行，这被称为核算GDP的支出法。谁是最终产品的购买者谁就是产品和劳务的最后使用者。在经济生活中产品和劳务的最后使用，除了居民消费，还有企业投资、政府购买和净出口（进出口差额）。因此，用支出法核算的国内生产总值＝消费＋投资＋政府购买＋净出口。

207. 为什么间接税和折旧应计入GDP？

答：间接税由出售产品的厂商缴纳给政府，折旧也由生产产品的厂商提取，但都要作为产品价格的组成部分由购买者负担。它们虽然不形成要素所有者的收入，但毕竟是购买者的支出。因此，为了使支出法计得的GDP和收入法计得的GDP相一致，必须把间接税和折旧加到收入方面计入GDP。例如，假定某人购买一上衣支出 100 美元。这 100 美元以支出形式计入 GDP。实际上，若这件上衣价格中含有 5 美元销售税和 2 美元折旧，则要素收入只有 93 美元。因此，用收入法计算 GDP 时，应当把这 5 美元和 2 美元一起加到 93 美元中去作为收入计入 GDP。

208. 用收入法核算国内生产总值时，为什么人们从公司债券中得到的利息要计入 GDP，而从政府公债中得到利息不计入 GDP?

答： 购买公司债券实际上是借钱给公司作生产经营用，比方说购买机器设备，就是提供了生产性服务，创造了价值。于是公司债券的利息可看作是资本这一要素提供生产性服务的报酬或者说收入，当然应计入 GDP。可是，政府公债利息被看作为转移支付，因为政府举债不一定用于生产性活动，而往往用于弥补财政赤字。公债利息通常是纳税人身上取得的收入支付的，因此常常被当作转移支付。

209. 为什么人们购买债券、股票从个人角度来说是投资，但宏观经济学里不算是投资?

答： 经济学里所讲的投资是增加或替换资本资产的支出，即购买或者建设新厂房、机器设备和增加存货的行为，而人们购买债券和股票只是一种证券交易活动，并不是实际的生产经营活动。人们购买债券或者股票，是一种产权转移活动，不属于经济学意义的投资活动，故不能计入 GDP。当公司取得了出售债券或者股票的货币资金再去购买厂房和机器设备时，才是投资活动。

210. 为什么计算 GDP 时存货会当作资本，存货变动会当作投资?

答： 存货对厂商来说，像设备一样，能提供某种服务，例如，当市场发生意料之外的需求增加时，存货可用来应付这种临时增加的需要，同时，生产过程要连续不断地维持下去，仓库也必须有足够的原料储备。至于商店，更需要库存必需的商品，才能满足顾客不断购买的需要。可见，库存对厂商的正常经营来说是必不可少的，它构成资本存量的一部分。

GDP 是某经济社会在每一时期所生产的产品价值。如果把存货排除在 GDP 之外，所计得的就只是销售额，而不是生产额。例如，某国某年生产了 9 000 亿美元产值，但只卖掉 8 500 亿美元，还有 500 亿美元的产品要作为存货投资计入 GDP，即看作企业自己购买存货的支出计入 GDP。

211. 用支出法核算 GDP 时的投资指什么？

答：用支出法核算 GDP 时的投资指用来满足未来需要的、花费在新商品上的私人支出，这类商品称为资本品，用于未来生产其他产品和劳务。它包括三类：固定资产投资（购买机器、设备、车辆或者建造厂房等）、住宅投资和存货投资。这里有三点要注意，一是满足未来需要的，如果是满足当前需要的支出，就是消费而不是投资。二是私人支出，如果是用来满足未来需要的、花费在新商品上的支出不是私人的而是政府的，就是政府购买而不是投资了，当然这里的私人主要是指企业而不是个人。三是这里私人支出是用来对新的物质资本货物的购买支出，而不是购买股票、债券或者其他金融产品的支出。

212. 政府购买和消费、投资的区别在哪里？

答：政府购买和消费、投资的区别在于购买者是谁，而不在于购买货物的物质形态。例如，一辆摩托车如果是公安局购买就是政府购买，如果是企业购买就是投资，如果是个人购买就是消费。

213. 政府给一部队发放 500 万元军饷，军人用这 500 万元来购买吃的、穿的，计入 GDP 的价值是多少？

答：计入 GDP 的价值是 500 万元军饷的政府购买。如果把军人用这 500 万元购买吃的、穿的的支出再以消费名义计入 GDP，就会造成重复计算。

214. 企业利润如何计入 GDP？企业给雇员缴纳的社会保险费要不要计入雇员报酬？

答：计入 GDP 的利润是指税前利润，而不是税后的利润。例如今年某企业获得 1 000 万元利润，要上缴税收 200 万元，那么计入 GDP 的应当是 1 000 万元而不是 800 万元，否则和支出法计算的 GDP 会不一致，因为按支出法计算的 GDP 是购买最终产品的支出，企业出卖产品后的销售收入扣除各种成本后的余额就是利润，都要计入 GDP。同样，企业给雇员缴纳的社会保险费也要计入雇员报酬并以此计入 GDP，否则也和支出法计算的 GDP 不一致。

215. 怎样理解国民经济核算方法的演化是经济发展实践的要求和反映?

答: 随着经济实践的发展，国民经济核算的方法也必须相应改革和演化，才能正确反映这种实践发展的要求。例如，创新是现代经济增长和竞争力提高的主要动力，知识产权的授予和保护是促进创新和创造力的关键。2010 年的数据显示，知识产权密集型产业对美国当年的经济贡献超过了 5 万亿美元，大约占 GDP 的 34.8%。这样的数据只有在美国 GDP 核算新标准中才得到反映。这一新标准的突出表现之一是研发支出的资本化。由于研发支出由原来的中间消耗转变为资本，才使得生命科学、信息通信、新能源、新材料等领域的研究与开发对经济增长的贡献得到如实反映。显然，美国经济核算的新标准真正反映了经济增长动力的新变化。

2009 年，联合国、OECD、世界银行等五大国际组织联合颁布了新的国民经济核算国际标准——《国民账户体系 2008》。其中，研发支出的资本化是新国际标准的重要修订内容之一。中国国民经济核算方法在 2016 年也作了同样改革，将研发支出修订为固定资本形成。这也是我国今后五大发展理念（创新、协调、绿色、开发、共享）的首先要求。我国经济要创新驱动，国民经济核算方法必须相应改革以适应这一要求。

216. 政府购买计入 GDP 时有何特点? 为什么政府购买计入 GDP 而转移支付不计入 GDP?

答: 政府购买和消费及投资支出在计入 GDP 时虽然都是从支出角度计算的，但计算方法并不相同。购买机器设备和消费品都是根据购买这些物品所花费的货币金额计算的。可是，政府购买是政府花钱设置法院、提供国防建筑道路、开办学校等。政府这些购买通过雇请公务员、教师、建造公共设施或枪炮等为社会提供服务。由于这些服务不是典型地卖给最终消费者的，因此，难以有一个市场估价。因此，在计入 GDP 时，不是根据购买政府服务所费成本，而是根据政府提供这些服务所费成本。例如，根据政府在教育方面的支出来计算公共教育的价值，用国防费支出来计算国防服务的价值。

政府购买计入 GDP 而转移支付不计入 GDP 是因为，政府转移支付只是简单地通过税收把收入从一个人或者一个组织转移到另一个人或者组织手中，并没有相应的货物或者劳务的交换发生。例如，政府给残疾人发放救济金，并不是他提供了劳务，创造了收入；相反，是因为他丧失了创造收入的能力而失去生活来源才给予救济。失业救济金发放是因为人们失去了工作从而失去了取得收入的机会才给予救济。政府购买和转移支付虽然都属于政府支出，但政府购买中发生了实实在在的交换活动，比方说，政府给公立学校教师发放工资，是因为教师提供了教育工作的服务，因此要计入 GDP。

217. 为什么计入 GDP 的只能是净出口而不是出口？

答：出口是本国生产的一部分，因而也是本国 GDP 的一部分，而从外国进口的货物用于本国的消费、投资和政府购买，它们并不是本国生产的一部分，只是外国生产的一部分，却被计入本国消费、投资和政府购买。例如进口一套 10 万美元的机器被计入本国的投资，进口 5 万美元的香水被计入本国的消费，进口 15 万美元的军火被计入政府购买。如果计算投资、消费和政府购买时不把这 30 万美元的进口减去，就会误把外国生产的 GDP 作为本国的 GDP。因此，计算 GDP 时必须从出口中扣除进口即仅计算净出口，否则，就会犯多计算 GDP 的错误。

218. 衡量国民收入除 GDP 外，还有哪些指标？它们相互关系如何？

答：衡量国民收入的指标除 GDP 外还有：

（1）国内生产净值（NDP）。从国内生产总值中扣除了资本折旧就得到国内生产净值，可以衡量出社会创造的国内生产总值中扣除了资本设备消耗后，究竟有多少净增加价值。

（2）按生产要素报酬计算的国民收入（NI）。从国内生产净值中扣除了间接税和企业转移支付加上政府补助金，就得到 NI。间接税和企业转移支付虽然构成产品价格一部分，但不成为要素收入。政府补助金虽然不是产品价格一部分，但能成为要素收入的一部分。

（3）个人收入（PI）。从上述国民收入中减去公司未分配利润、公司所得税以及社会保险税（费），加上政府给个人的转移支付，就得到个人收入。

（4）个人可支配收入（DPI）。个人收入扣除个人所得税后就得到个人可支配收入，即人们可以用来消费和储蓄的收入。

219. 什么是国民收入核算中的储蓄—投资恒等式？这个恒等式和国民收入决定中的投资必须等于储蓄的含义有何区别？

答：国民收入核算中的储蓄—投资恒等式，是指在国民收入核算体系中，储蓄总等于投资的恒等关系。这个恒等式是完全根据储蓄和投资的定义得出的。

根据定义，在两部门经济中，国内生产总值总等于消费加投资（$Y=C+I$），国民总收入总等于消费加储蓄（$Y=C+S$），国内生产总值又是总收入。这样就有了储蓄恒等于投资（$S=I$）的关系。

在三部门经济中，国内生产总值总等于消费加投资和政府购买（$Y=C+I+G$），国民总收入总等于消费加储蓄和税收（$Y=C+S+T$），国内生产总值又是总收入，同时又把 $T-G$ 看作为政府部门的储蓄，这样就有了三部门经济中的储蓄恒等于投资（$S+T-G=I$）的关系。

在四部门经济中，国内生产总值总等于消费加投资、政府购买和净出口即 $Y=C+I+G+(X-M)$。国民总收入总等于消费加储蓄和税收（$Y=C+S+T$）。国内生产总值又是总收入。同时，由于从本国立场看，M（进口）代表其他国家出口商品，从而是这些国家获得的收入，X（出口）代表其他国家购买的商品和劳务，从而是这些国家的支出，因此（$M-X$）就等于是其他国家的收入减去支出的储蓄，这样就有了四部门经济的储蓄恒等于投资（$S+T-G+M-X=I$）的关系。

可见，不管在几部门经济中，只要遵循储蓄和投资的这些定义，储蓄和投资一定相等，而不管经济是否充分就业或者通货膨胀，即是否均衡。但是，这一恒等式并不代表人们意愿的或者说计划的储蓄总会等于企业想要的投资。在实际经济生活中，储蓄和投资主体以及它们动机都不一样，这就会引起计划投资和储蓄的不一致，引起总需求和总供给不平衡，引起经济扩张和收缩。分析宏观经济均衡时所说的投资要等于储蓄，是指计划投资和储蓄。这和国民收入核算中的储蓄—投资恒等关系不是一回事。

第十三章

国民收入决定的收入—支出模型

220. 分析国民收入决定为什么通常要从最简单的两部门经济开始?

答: 两部门经济是指不存在政府，也不存在对外贸易，只有家庭部门（居民户）和企业部门的经济。两部门经济虽然最简单，但是由于家庭和企业是经济中最重要的两个主体，它们的行为决定了整个经济的供求关系，因此宏观经济学分析国民收入决定问题的起点定在两部门模型基础上，通过逐步引入政府和国外部门，将两部门经济拓展为三部门经济和四部门经济才能逐步接近现实。

221. 国民收入的收入—支出模型有哪些假定?

答: 国民收入的收入—支出模型是最简单的国民收入决定的模型。这个模型的假定主要有:（1）总需求水平低于经济中总供给能力，因此，需求变动时只会引起产出变动，不会引起价格水平变动。（2）储蓄和投资不相关，储蓄只和收入有关，投资只和利率以及预期利润有关，并且在这个模型里假定投资是外生变量，但实际上储蓄增加会使可以使用的投资资金增加并且会使利率下降从而刺激投资，这些情况这个模型不加以考虑。（3）货币供给总可以满足总需求变化，并不会对总需求形成约束或者刺激，即货币供给对利率有没有影响。

222. 为什么经济学家通常假定产出或者收入是由总需求决定的? 为什么和总支出相等的产出或者收入就可以称为均衡产出或者收入?

答: 经济学家之所以通常可假定产出或者说收入是由总需求决定的，可以从企业行为上作出回答。在正常条件下，大多数企业总是在有一定程度超额生产能力的情况下运转的。例如，美国制造业生产能力的平均利用率大约为86%。一些机器闲置着作为备用品；另一些机器只在三班中开两班。同样，劳动力也不总处于充分就业状态。即使在充分就业时，西方社会也大约有5%～6%的劳动力处于所谓自然失业状态。因此，一旦市场对产品需求增加时，企业就有相当大的余地通过增加生产能力来增加生产。企业可以把以前雇用的工人召回，或让一些工人加班加点，增加生产。同样，需求下降时，企业也会作出相反的反应，减少生产。因此，把经济社会作为一个整体看，可以把整个社会的产量看成是由总需求决定的。正因为如此，才把和总支出相等的产出或者说收入称为均衡产出或者收入。

223. 为什么现行宏观经济学教材的基本框架是面向需求的凯恩斯主义经济学?

答: 在凯恩斯主义经济学产生以前，西方经济学教材的基本框架是面向供给的新古典经济学，最主要的代表人物是英国经济学家 A. 马歇尔，信奉经济自由主义。但是，在 20 世纪 30 年代的经济大危机中，这种经济学显得一筹莫展。主张国家干预经济的凯恩斯主义经济学应运而生，并取代面向供给的新古典经济学成为主流经济学，经过凯恩斯的继承者加工改造，成为新古典综合经济学。这套经济学宏观部分的基本框架依然是凯恩斯的有效需求理论。有效需求不足是现代市场经济的常态，必须靠政府的政策调控，而有效需求理论是国家干预经济的宏观经济政策的理论基础，因此现行宏观经济学教材的基本框架是面向需求的凯恩斯主义经济学。这一框架容易带来的一个问题是国家把对经济的短期波动的调控和长期增长的政策混淆起来，例如把消费、投资和出口当作拉动经济增长的三驾马车就是对本来用来对付经济短期波动的凯恩斯主义经济学的误用。

224. 总支出曲线和总需求曲线有没有区别?

答: 总支出曲线表示在每一收入水平上的总支出量 AE，$AE=C+I+G+NX$，如图 13—1 (a) 所示。AE 线与 45 度线的交点表示总支出等于总收入。AE_0 线表示其他情况不变时，价格水平为 P_0 时的总支出曲线，AE_0 线与 45 度线的交点决定收入水平为 Y_0；AE_1 线表示价格水平上升为 P_1 时的总支出曲线，AE_1 线与 45 度线的交点决定收入水平为 Y_1。

总需求曲线表示与不同的价格水平所对应的需求量之间的关系，如图 13—1 (b) 所示。由图 13—1 (a) 可以导出图 13—1 (b)。将不同价格和相应的均衡产量或收入（也等于总支出）的组合点连接起来，就得到总需求曲线 AD。价格水平越高，总需求量或者说均衡总支出量越小；反之亦然。也即价格水平与总需求量之间存在反向变化的关系。这是由于：(1) 价格水平上升时，人们就需要更多的货币从事交易活动。如果货币供给没有增加，货币交易需求增加，利率上升，这将使投资和收入水平下降。(2) 价格水平上升，以货币表示的资产（如现金、存款）的购买力下降。人们实际所拥有的财富减少了，消费和投资水平就会下降。(3) 价格水平上升，导致名义收入水平增加，由于税率的累进性，从而使消费者税收负担增加，实际可支配收入下降，消费和投资水平也会随之下降。(4) 国内物价水平上升，本国公民购买外国商品增加，因而净出口减少。

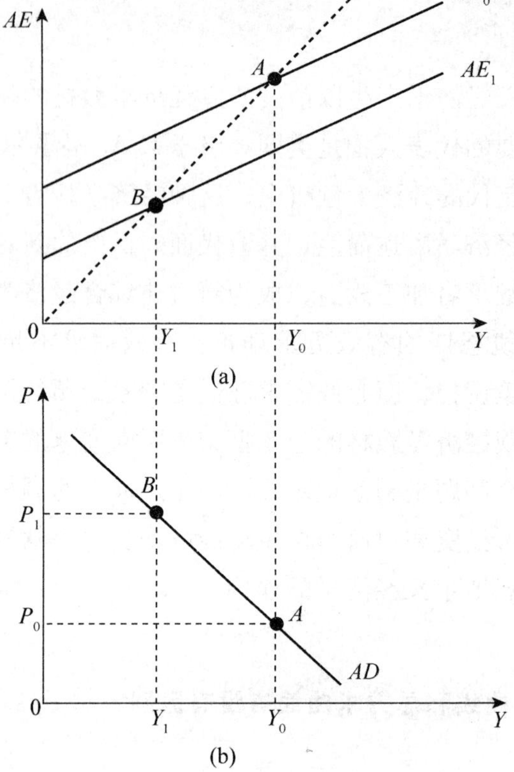

图 13—1　总支出曲线和总需求曲线

225. 为什么说把消费、投资和出口当作拉动经济增长的三驾马车是对凯恩斯主义经济学的误用？

答：凯恩斯主义经济学的核心是有效需求理论。这种理论本来是针对 20 世纪 30 年代经济大萧条而提出的，而不是用来解决经济如何长期增长的，或者如凯恩斯本人所说：至于长期我们这些人都死了。可是，一些发展中国家根据需求能够决定供给的理念，以为只要有市场需求，经济就能增长和发展，于是就把本来是用来解决需求不足的消费、投资和出口当作是能够拉动经济增长的三驾马车。实际上，解决经济长期增长问题是一个如何增加生产能力的总供给问题，而解决经济短期波动问题是一个如何稳定总需求问题。如果把消费、投资和出口当作拉动经济增长的三驾马车完全是对凯恩斯主义经济学的误用。

226. 意愿投资（计划投资）和非意愿投资（非计划投资）的区别是什么？

答：总投资包括净投资和重置投资（即折旧），净投资又包括两部分，即固定资产投资和存货投资（处于生产过程中的产品和待出售的成品的存量，包括原材料以及企业暂时持有的待售的产成品等），存货投资中又分意愿存货投资（即符合生产经营所需要的存货投资）和非意愿存货投资（即超过生产经营所需要的存货投资）。意愿投资就是总投资中不包括非意愿存货的投资，即图 13—2 中虚线圈起来的部分。而非意愿投资就是指非意愿的存货投资。

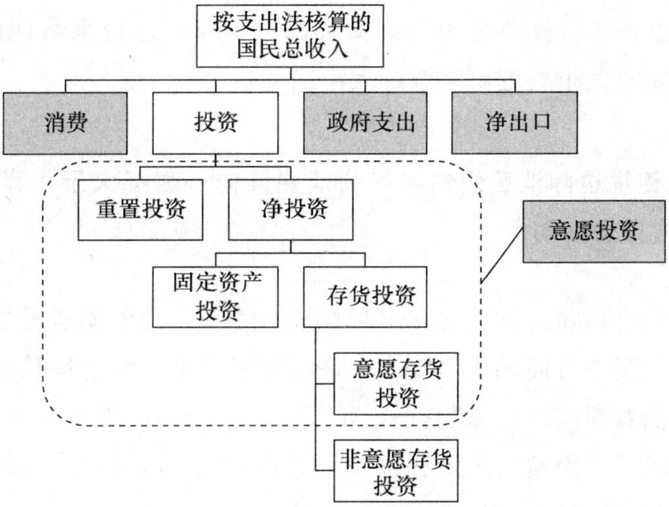

图 13—2　按支出法核算的总收入

在国民收入核算中，按照支出法核算的总收入就是消费、投资、政府支出与净出口之和，而在国民收入决定理论中，当非意愿存货投资等于零时，总收入就与意愿总需求（即消费、意愿投资、政府支出与净出口之和）相等，此时的总收入就是均衡收入。

227. 什么是消费函数？边际消费倾向理论在分析国民收入决定的理论中有什么重要性？

答：消费函数（consumption function），是指反映消费支出与影响消费支出的诸因素（如收入水平、物价水平、利率水平、收入分配状况、消费者偏好、信贷状况、风俗习惯和制度等等）之间关系的一种函数。凯恩斯认为，在影响消费的各种因素中，收入水平是具有决定性意义的因素，因此消费函数往往被看成是反映消费支出与收入水平之间关系的一种函数。

边际消费倾向（marginal propensity to consume，简称 MPC）则是指增加的一单位收入中用于增加消费部分的比率，即消费增量与收入增量的比率。凯恩斯消费理论认为，随着收入的增加，消费也会增加，但消费的增加不及收入增加得多，且消费增量与收入增量的比率会越来越小（即 MPC 递减）。这一理论在国民收入决定理论中具有重要意义。第一，这一理论是有效需求理论的重要支撑。由于消费需求是总需求中最大比例的部分，如果边际消费倾向理论成立，则意味着随着收入的增加会出现消费需求不足，因此整个有效需求必然不足，在这种情况下，必须通过投资需求、政府需求或外需（即出口）来加以补足，否则就可能导致实际产出大于意愿需求，使得产出过剩，失业率上升。第二，这一理论还是乘数理论的重要支撑，因为边际消费倾向的大小决定着乘数的大小。

228. 能否说边际消费倾向和平均消费倾向一般都大于 1 而小于 0，并且总是同方向变动的？

答：不能。消费倾向就是消费支出和收入的关系，又称消费函数。消费支出和收入的关系可以从两个方面加以考察，一是考察消费支出变动量和收入变动量的关系，这就是边际消费倾向（可以用公式 $MPC=\Delta C/\Delta Y$ 或 $MPC=\mathrm{d}C/\mathrm{d}Y$ 表示），二是考察一定收入水平上消费支出量和该收入量的关系，这就是平均消费倾向（可以用公式 $APC=C/Y$ 表示）。

边际消费倾向总大于 0 而小于 1，因为一般说来，消费者增加收入后，既不会不增加消费，也不会把增加的收入全用于增加消费，一般情况是一部分用于增加消费，另一部分用于增加储蓄，即 $\Delta Y=\Delta C+\Delta S$，因此，$\Delta C/\Delta Y+\Delta S/\Delta Y=1$，所以，$\Delta C/\Delta Y=1-\Delta S/\Delta Y$。只要 $\Delta S/\Delta Y$ 不等于 1 或 0，就有 $0<\Delta C/\Delta Y<1$。可是，平均消费倾向就不一定总是大于 0 而小于 1。当人们收入很低甚至是零时，也必须消费，哪怕借钱也要消费，这时，平均消费倾向就会大于 1。

229. 从家庭消费函数求取社会消费函数时需要考虑哪些限制条件？

答：经济学认为，社会消费函数并不是家庭消费函数的简单加总，从家庭消费函数求取社会消费函数时，还要考虑一系列限制条件：

（1）国民收入分配。不同收入阶层的边际消费倾向不同，富人的边际消费倾向较低，穷人的边际消费倾向较高，这样，国民收入分配越不均等，社会消费曲线就越是往下移，反之亦然。

(2) 政府的税收政策。如果政府实行累进个人所得税，将富人原来可能用于储蓄的一部分收入征收过来，以政府支出的形式花费掉，这些支出不管是政府购买还是转移支付，最终通常成为公众的收入，最终用于消费，这样，社会中消费数量会增加，从而使得社会消费曲线向上移动。

(3) 公司未分配利润所占比例。公司未分配利润无形中是一种储蓄，因此公司未分配利润在利润中所占比例越大，消费就越少，这会使得社会消费曲线向下移动。

影响社会消费的因素还有其他一些，因此，社会消费函数并非家庭消费函数的简单相加。但是考虑到各种限制条件后，社会消费函数的基本形态和家庭消费函数的基本形态相似。

230. 消费和消费支出有没有区别?

答：一般而言，消费品可分为三类：耐用消费品、非耐用消费品和劳务。耐用消费品的特征是消费期常常会持续一年以上，比如汽车。非耐用消费品是在购买的当年就消费完，而劳务则是购买和消费同时进行的。

消费是指消费者购买消费品的消费过程，消费支出则是指消费者购买消费品的开支。从数量上来看，消费和消费支出的区别在于耐用消费品的消费和消费支出（购买上），由于耐用消费品的消费期不仅是购买的当年，而且要持续几年；而耐用消费品的购买是在某一年一次性完成的，因此消费的波动要比消费支出平稳。

231. 为什么消费支出波动比国内生产总值波动要平稳一些?

答：从长期来看，消费支出和国内生产总值按相同的比率增长，但是从短期或从经济周期角度来看，消费支出和国内生产总值都有波动，消费支出波动的幅度比国内生产总值要小。这是因为，国内生产总值中包含折旧、税收、公司未分配利润等项内容，而个人可支配收入则不包含这些；个人可支配收入包含诸如失业保险和社会保险等政府转移支付，而国内生产总值中不包含这些。

由于税收和政府支付的存在，当经济衰退时（即国内生产总值减少时），税收减少，政府给个人转移支付增加，使得个人可支配收入的减少幅度小于经济衰退的幅度（即小于国内生产总值减少幅度）；反之当经济高涨时（即国内生产总值增加时），税收增加，政府给个人的转移支付减少，使得个人可支配收入的增加幅度小于经济高涨的幅度（即小于国内生产总值增加的幅度）。税收和转移支付起到了自动稳定器的作用，个人可支配收入的波动幅度要小于国内生产总值的波动幅度。而消费支出则依赖于个人可支配收入，在这种情况下，显然消费支出幅度要比国内生产总值小，即消费支出波动比国内生产总值波动要平稳一些。

232. 影响消费支出的非收入因素有哪些？

答：在影响消费的因素中，收入当然是最重要的因素，但影响消费的因素还有许多，忽视这些因素就无法完整地理解消费问题。这些非收入因素包括：

（1）金融资产。包括家庭所拥有的现金、存款、股票、债券等资产，它们与消费是正相关的。

（2）利率。利率对消费的影响是双重的：收入效应和替代效应。收入效应是指利率上升将增加消费者储蓄所带来的利息收入，从而增加当前消费；替代效应是指利率上升将倾向于使消费者以将来的消费替代现时的消费，也即人们更加愿意储蓄了，从而减少当前消费。由于这两个效应的作用是相反的，并难以确定哪一个效应占主导地位，所以也就难以确定利率对消费的影响。

（3）价格水平。价格水平与消费的关系有两点：第一，价格水平对整个消费水平的影响，即价格水平变动对收入中消费与储蓄的划分的影响。一般而言，价格水平上升，会促使消费者提高当前消费而降低未来消费（即储蓄）；当价格大幅上升时，即通货膨胀严重时，货币就像"烫手的山芋"，人们都不愿意持有货币而想持有实物，这会导致商品抢购风潮。第二，价格变动对实际收入所产生的影响。价格水平上升降低了人们的实际收入从而会降低消费，但如果价格水平变动与名义收入是同步的，那么消费也就不会由于价格变动而变动。

（4）收入分配。消费支出取决于可支配收入，而不同收入水平家庭的边际消费倾向是不一样的，一般而言，高收入家庭的边际消费倾向低，低收入家庭边际消费倾向高。因而，如果收入分配更加均等化，则会提高整个社会的消费倾向。

（5）人口增长。显然多一张嘴就要多一份消费，人口增长得越快，消费总量增加越快。

另外，消费还受消费品存量、人口年龄结构、消费结构和风俗习惯等因素的影响。

233. 凯恩斯消费函数理论提出以后，消费函数理论有哪些发展？

答： 在凯恩斯的消费函数理论中，家庭当前消费水平取决于该家庭当前的收入水平，这一消费理论又被称为“绝对收入”假说。在凯恩斯提出消费函数理论后，这一理论得到一些补充和修改，主要在以下几个方面：

(1) 相对收入假说。该假说由美国经济学家杜森贝里提出。主要内容包括：一是在空间上，一个家庭的消费支出不仅受家庭自身收入水平的影响，也受其周边家庭收入的影响。这是因为周边家庭的消费具有“示范效应”。如果周边家庭收入增加了，周边家庭的消费支出就会增加，即使该家庭的收入水平没有增加，但在周边家庭消费支出增加的示范作用下，该家庭的消费水平也会增加。二是在时间上，一个家庭的当前的消费不仅受当前收入水平的影响，还受其过去峰值收入水平的影响。这是因为消费具有“棘轮效应”(消费水平上升容易，但下降难)，如果当前收入比过去峰值收入下降了，但家庭为了维持已有的生活水平和生活方式，就会改变当前消费倾向，提高消费在当前收入中所占的比例，以维持既有的生活水准。

(2) 持久收入假说。该假说由美国经济学家米尔顿·弗里德曼提出。该理论认为，家庭的当前消费水平不是其当前收入水平决定的，而是其持久收入决定的。所谓的持久收入是指消费者可以预计到的长期收入的加权平均值，即他一生中可得到收入的加权平均值。该理论认为，由于持久收入通常是一个常数，因此长期消费倾向就会比较稳定。根据该理论，政府想要通过减少税收来影响消费需求是不能奏效的，因为人们因减税而一时增加的收入，并不会立即用来增加消费。

(3) 生命周期假说。该假说由弗朗科·莫迪利安尼提出。该理论将人生分为青年、壮年和老年三个阶段，认为消费者总是要估计一生的总收入并考虑在生命过程中如何最佳分配自己的收入，以获得一生中最大的消费满足。一般说来，年轻人家庭收入总体偏低，这时消费会超过收入，随着他们进入壮年，收入日益增加，这时收入会大于消费，多出的收入一方面用于偿还年轻时欠下的债务，一方面储蓄起来以备年老之用。

除了这些理论以外，经济学家还探讨了影响消费的其他因素，如利率、物价总水平和价格预期等。这些理论都是对凯恩斯消费理论的拓展和补充。

234. 为什么总需求组成部分中常常是投资需求最不稳定？

答： 简单地说，有三个原因：加速原理、厂商预期的不确定性和投资时间的灵活性。

(1) 加速原理。这一理论假设，投资只和产量变动有关，即在一定时期内资本存量 K 调整到意愿资本存量 K^* 水平（并假设资本—产出比例 v 为常数）与资本的租用成本无关，而只和产量变化成比例，则有：

$$I_t = K_t - K_{t-1} = K_t^* - K_{t-1}^* = vY_t - vY_{t-1} = v(Y_t - Y_{t-1}) \qquad (13.1)$$

上式表明，当期投资 I_t 取决于产出的变动 $(Y_t - Y_{t-1})$ 和资本—产出比例 v，由于 $v>1$，所以投资变动大于产出变动。

(2) 厂商预期的不确定性。这是由凯恩斯提出的。他用本能冲动（animal spirits）这个词来说明投资者的乐观和悲观情绪。厂商的预期受其情绪影响而易变动，预期无实在的根据，故投资者作出决策所依据的基础是不可靠的，这样投资也极易变动。

(3) 投资时间的灵活性。投资是在长期中进行的，投资的具体时期则是易于变动的。比如企业要进行投资时，经济正处于衰退，企业无法确定衰退会在何时结束，因此就会把投资延期，等到经济开始复苏时再投资，从而导致在经济复苏时可能出现投资过多的现象。这样投资时间的灵活性加剧了投资波动。

235. 两部门经济中如何使用消费函数和投资函数决定均衡国民收入?

答：两部门经济是一个最简单的经济，在该经济中不存在政府，也不存在对外贸易，只有家庭部门和企业部门，消费行为和储蓄行为都发生在家庭部门，而生产和投资行为都发生在企业部门。

均衡的国民收入就是与总需求相一致的国民收入，也就是经济社会的收入（记为 Y）正好等于全体家庭和企业想要的总支出（记为 AE）。而在两部门经济中 AE 分为两部分：一部分即为全体家庭的消费支出（C），它是关于总收入（Y）的函数，即：$C=\alpha+\beta Y(\alpha>0,\ 0<\beta<1)$；另一部分即为全体企业的意愿投资支出（$I$），在两部门经济中，它被视为一个外生变量，即不随收入的变化而变化。因此，利用总收入（Y）等于家庭总消费支出（C）与企业总的意愿投资支出（I）这个关系，就可以求出均衡的国民收入。具体步骤如下：

$$Y = C + I \quad \text{均衡条件} \qquad (13.2)$$

$$C = \alpha + \beta Y \quad \text{消费函数} \qquad (13.3)$$

将等式（13.3）代入均衡条件就可以求出均衡的国民收入：

$$Y=\frac{1}{1-\beta}(\alpha+I) \tag{13.4}$$

在两部门经济中，由于企业都归家庭所有，因此企业创造的收入归根到底都会形成家庭的收入，而在两部门经济中，家庭的收入要么用于消费，要么用于储蓄(即为 S)，因此，总收入等于消费与储蓄之和，即 $Y=C+S$，因此均衡国民收入所要满足的条件 $Y=C+I$，也可以表述为 $C+S=C+I$，等式两边消除 C，则国民收入的均衡条件也可以改写为：

$$S=I \quad \text{均衡条件} \tag{13.5}$$

由于 $Y=C+S$，因此有：$S=Y-C$，代入 $C=\alpha+\beta Y$，可得：

$$S=-\alpha+(1-\beta)Y \tag{13.6}$$

将等式（13.6）代入均衡条件，即等式（13.5），同样可以求出均衡的国民收入，其值与等式（13.4）完全一致。

236. 什么是乘数理论？为什么一笔投资支出能带来几倍收入增加？乘数理论在宏观经济学中有什么重要地位？

答：由于连锁反应，当影响国民收入的某一因素发生变动后会导致国民收入成倍变化，收入这一变化的倍数就是所谓的乘数，解释国民收入为何会以一个倍数变化的理论就是乘数理论。

考虑一个两部门经济，假设企业最初意愿的投资为 I'，则根据上题中等式(13.4)，可知均衡的国民收入为：

$$Y'=\frac{1}{1-\beta}(\alpha+I') \tag{13.7}$$

如果现在企业意愿的投资变为 I''，同样根据等式（13.4)，可知均衡的国民收入变为：

$$Y''=\frac{1}{1-\beta}(\alpha+I'') \tag{13.8}$$

将等式（13.8）减去等式（13.7）可得：

$$Y''-Y'=\frac{1}{1-\beta}(I''-I') \tag{13.9}$$

另，记均衡收入的变化量为 $\Delta Y=Y''-Y'$，投资的变化量为 $\Delta I=I''-I'$，因此等式（13.9）可以改写为：

$$\Delta Y=\frac{1}{1-\beta}\cdot\Delta I \tag{13.10}$$

等式（13.10）意味着均衡收入的变化量是投资变化量的$\frac{1}{1-\beta}$倍，这一倍数就是**投资乘数**（investment multiplier）。假设边际消费倾向 $\beta=0.8$，则投资乘数即为 5，也就是投资每增加 1 元钱，均衡的国民收入会因此增加 5 元。

那么为什么增加一笔投资就会导致国民收入以一个倍数增加呢？因为当增加一笔投资时，比如 100 亿美元，这 100 亿美元的投资会用于购买投资所需要的各种生产要素，因此它会以工资、利息、利润和地租的形式流入各种生产要素所有者手中，即流入家庭部门，从而家庭的收入会相应增加 100 亿美元，这是国民收入的第一轮增加。假设家庭的边际消费倾向是 0.8，这意味着，家庭收入增加 100 亿美元后，会将其中的 80 亿美元（即 100×0.8＝80）用于购买消费品，于是这 80 亿美元又会以工资、利息、利润和地租的形式流入生产消费品的生产要素所有者手中，从而该社会家庭收入又增加 80 亿美元，这是国民收入的第二轮增加。这个过程会一致持续下去，经过一轮又一轮后，最后会导致国民收入增加 500 亿美元。其过程如表 13—1 所示。

表 13—1　　　　乘数

假设新增投资（$\Delta I=100$），边际消费倾向：$\beta=\frac{\Delta C}{\Delta Y}=0.8$		
	增加的国民收入（ΔY）	引致消费的增加（$\Delta C=\beta\cdot\Delta Y$）
第 1 轮	100	100×0.8
第 2 轮	100×0.8	100×0.8^2
第 3 轮	100×0.8^2	100×0.8^3
第 4 轮	100×0.8^3	100×0.8^4
⋮	⋮	⋮
第 n 轮	$100\times0.8^{n-1}$	100×0.8^n
n 轮合计	500	400

乘数理论在宏观经济分析中具有重要地位，实际上不仅投资变动会引起国民收入以一个倍数变动，而且政府支出的变动、税收的变动和净出口的变动都会引起国民收入以一个倍数变动，这意味着，政府在通过财政政策来对宏观经济进行干预时，会有一个乘数效应的影响，从而可实现政府对剧烈的经济波动加以干预。

237. 投资乘数实际上会受到哪些限制？

答： 投资乘数理论认为收入会按边际消费倾向大小几倍地增加。例如，边际消费倾向是80%，1 000万元投资最终会使收入增加5 000万元。但实际生活中存在种种因素会限制投资乘数的作用。

第一，现实经济中可能没有那么多过剩生产能力使投资造成的消费支出增加就会真正变成产量或者说收入增加。

第二，如果储蓄和投资相关，投资增加使利率上升并会刺激储蓄，就会削弱消费，使消费并不会像乘数理论所说的那样增加。

第三，货币供给不可能不受限制地按照投资和消费的要求那样任意增加。如果投资和消费增加使货币需求增加并造成利率上升，投资就会受到抑制。

第四，政府的税收和支出会大大影响私人投资乘数的作用。例如，私人投资增加使收入增加时税收也会相应增加从而使消费受到限制，这样，收入就无法按乘数理论所说的那样增加。

第五，消费和储蓄如果不是完全依赖于当年收入，还会依赖于比如预期收入或者长期收入，那么，乘数就会变小。比方说，目前收入增加1万元，但是预期明年收入不会增加，那么边际消费倾向就会下降，从而乘数就会变小。还有，如果考虑进出口因素，那么乘数也要有变化。总之，乘数理论只是说明私人投资可能会对国民收入增加产生倍加作用，至于这倍加作用究竟有多大，会受到一系列其他因素的约束。

238. 三部门经济中均衡国民收入是怎样决定的？

答： 在两部门经济模型中引入政府部门，就成为三部门经济模型。在三部门经济中，政府的经济活动表现在，一方面政府要向企业和居民征税，另一方面政府会购买商品和服务，并向家庭进行转移支付。这样，在三部门经济中，总支出 AE 就包括三个部分，即家庭的消费支出（C）、企业意愿的投资支出（I）和政府的购买（G）。I 和 G 都被视为是一个外生变量。由于家庭的收入一部分要交税，且税收为 $T=T_0+tY$（这里 T_0 表示自发性税收，t 是税率），同时家庭还会接受政府的转移支付（TR），TR 也被视为一个给定的外生变量。因此家庭可支配的收入（Y_D）为家庭的收入减去税收再加上政府给家庭的转移支付，则可支配收入为 $Y_D=(1-t)Y-T_0+TR$，因此，消费函数变为 $C=\alpha+\beta Y_D=\alpha-\beta T_0+\beta TR+\beta(1-t)Y$。

当国民收入恰好与总支出相等时，此时的国民收入即为均衡的国民收入，因此三部门经济中均衡条件变为：

$$Y=C+I+G \quad \text{均衡条件} \tag{13.11}$$

$$C=\alpha-\beta T_0+\beta TR+\beta(1-t)Y \quad \text{消费函数} \tag{13.12}$$

将等式（13.12）代入均衡条件（13.11）就可以求出均衡的国民收入：

$$Y=\frac{1}{1-\beta(1-t)}(\alpha-\beta T_0+\beta TR+I+G) \tag{13.13}$$

而在三部门经济中，家庭的收入一部分用于消费，一部分用于储蓄（即为 C），还有一部分用于交税。因此，在三部门经济中总收入等于消费、储蓄和税收之和，即 $Y=C+S+T$，因此均衡国民收入所要满足的条件 $Y=C+I+G$，也可以表述为 $C+S+T=C+I+G$，等式两边消除 C，则国民收入的均衡条件也可以改写为：

$$S+T=I+G \quad \text{均衡条件} \tag{13.14}$$

由于 $Y=C+S+T$，因此有 $S=Y-C-T$，代入 $C=\alpha-\beta T_0+\beta TR+\beta(1-t)Y$，可得：

$$S=-\alpha-\beta TR-(1-\beta)T_0+(1-\beta)(1-t)Y \tag{13.15}$$

将等式（13.15）代入均衡条件，即等式（13.14），同样可以求出均衡的国民收入，其值与等式（13.13）完全一致。

239. 三部门经济中的乘数有哪些？哪一种乘数作用最大？

答：三部门经济中的乘数除了投资乘数和自发性消费乘数外，还包括政府购买乘数、税收乘数、转移支付乘数和平衡预算乘数。

（1）政府购买乘数：是指国民收入变动量与引起这种变动的政府购买变动量之间的倍数关系，或者说国民收入变化量与促成这种量变的政府购买变动量之间的比例。运用求投资乘数的方法和等式（13.13）可知，政府购买乘数与投资乘数和自发性消费乘数一样，为 $\frac{1}{1-\beta(1-t)}$。例如，假定边际消费倾向 $\beta=0.8$，税率 $t=0.25$，则增加100亿美元政府购买就能使国民收入增加250亿美元。

（2）税收乘数：是指国民收入变动量与引起这种变动的税收变动量之间的倍数关系，或者说国民收入变化量与促成这种量变的税收变动量之间的比例。运用求投资乘数的方法和等式（13.13）可知，政府税收乘数与投资乘数和自发性消费乘数一样，税收乘数为 $\frac{-\beta}{1-\beta(1-t)}$。税收乘数绝对值之前加负号是因为国民收入的变化与税收变化方向相反，即增加税收，国民收入会减少；减少税收，国民收入会增加。例如，假定边际消费倾向 $\beta=0.8$，税率 $t=0.25$，则减少 100 亿美元税收就能使国民收入增加 200 亿美元。

(3) 转移支付乘数：是指国民收入变动量与引起这种变动的转移支付变动量之间的倍数关系，或者说国民收入变化量与促成这种量变的转移支付变动量之间的比例。运用上题求乘数的方法和等式（13.13）可知，转移支付乘数为 $\frac{\beta}{1-\beta(1-t)}$。例如，假定边际消费倾向 $\beta=0.8$，税率 $t=0.25$，则增加 100 亿美元转移支付就能使国民收入增加 200 亿美元。

(4) 平衡预算乘数：是指政府税收和购买性支出同时以相等数量增加或减少时，国民收入变动量与政府购买变动量之间的比例。假定政府的税收收入（T）与国民收入无关，即 $T=\overline{T}$，则平衡预算乘数为 1，即如果政府购买支出和税收支出同一个金额，则国民收入会增加同样一个金额；如果政府的税收收入（T）按一定的比例随国民收入的增加而增加，即 $T=\overline{T}+tY$，则政府的平衡预算乘数为 $\frac{1-\beta}{1-\beta(1-t)}$。例如，假定边际消费倾向 $\beta=0.8$，税率 $t=0.25$，则增加 100 亿美元税收和政府购买就能使国民收入增加 50 亿美元。

假定政府税收和购买性支出同时以相等数量增加或减少时，国民收入还是会增加的，原因是政府购买性支出乘数的绝对值是大于税收乘数的，就是说政府税收和支出同时以相等数量增加时，政府购买增加带来的收入增加量大于税收增加带来的收入减少量。

在上述各种乘数中，自发性消费乘数、投资乘数和政府购买乘数是最大的。

240. 四部门经济中均衡国民收入怎样决定？为什么开放经济中乘数绝对值变小了？

答：在三部门经济模型中加进一个国外部门，就成为四部门经济模型。在四部门经济中，由于有了对外贸易，总支出 AE 就包括四个部分，即家庭的消费支出（C）、企业意愿的投资支出（I）、政府的购买（G）以及净出口，即出口额 X 与进口额 M 之差（$X-M$）。一般进口额 X 被视为一个由国外部门决定的外生变量，而进口额 M 随本国收入的增加而增加，因此 $M=M_0+mY$（这里 M_0 表示自主性进口，m 为边际进口倾向）。

当国民收入恰好与总支出相等时，此时的国民收入即为均衡的国民收入，即四部门经济中均衡条件变为：

$$Y=C+I+G+(X-M) \quad 均衡条件 \tag{13.16}$$

$$C=\alpha-\beta T_0+\beta TR+\beta(1-t)Y \quad 消费函数 \tag{13.17}$$

$$M=M_0+mY \quad 进口函数 \tag{13.18}$$

将等式（13.17）和（13.18）代入均衡条件（13.16）就可以求出均衡的国民收入：

$$Y=\frac{1}{1-\beta(1-t)+m}(\alpha-\beta T_0+\beta TR+I+G+\overline{X}-M_0) \tag{13.19}$$

与三部门经济一样，在四部门经济中，家庭的收入一部分用于消费（C）、一部分用于储蓄（S），还有一部分用于交税（T）。因此，在四部门经济中总收入依然等于消费、储蓄和税收之和，即 $Y=C+S+T$，因此均衡国民收入所要满足的条件为 $Y=C+I+G+(X-M)$，也可以表述为 $C+S+T=C+I+G+(X-M)$，等式两边消除 C，则国民收入的均衡条件也可以改写为：

$$S+T=I+G+(X-M) \quad 均衡条件 \tag{13.20}$$

利用等式（13.20），并将储蓄、税收、投资、政府购买和净出口等变量代入，同样可以求出均衡的国民收入，其值与等式（13.19）完全一致。

开放经济中的乘数比封闭经济中的乘数要小一些，原因是在封闭经济中投资和政府购买增加带来的国民收入增加，现在有一部分要用于购买进口商品了。

241. 什么是潜在国民收入？国民生产总值缺口和通货膨胀及通货紧缩缺口有什么区别？

答：潜在国民收入（potential national income）也称潜在产出，是指一国在一定时期内一切可供利用的经济资源（劳动、资本、土地等）在充分利用的条件下所能生产的最大产量，也就是该国在充分就业状态下所能生产的国民收入，因此又被称为充分就业的国民收入。

国民生产总值缺口（GDP gap）是指潜在国民收入和均衡国民收入之间的差距。当均衡国民收入小于潜在国民收入时，GDP 缺口小于 0，在这种情况下，均衡国民收入水平上的总支出要小于达到潜在国民收入所需要的总支出，前者与后者之差就是**通货紧缩缺口**（deflationary gap）。如果经济中存在通货紧缩缺口，意味着经济中有资源闲置，没有实现充分就业，通货紧缩缺口正好度量了达到潜在国民收入所需要增加的总支出量。

当均衡国民收入大于潜在国民收入时，GDP 缺口大于 0，在这种情况下，均衡国民收入水平上的总支出要大于达到潜在国民收入所需要的总支出，前者与后者之差就是**通货膨胀缺口**（inflationary gap）。如果经济中存在通货膨胀缺口，意味着经济中存在通货膨胀，通货膨胀缺口正好度量了恢复到潜在国民收入所需要减少的总支出量。图 13—3 和图 13—4 清楚地表示了 GDP 缺口、通货膨胀缺口和通货紧缩缺口之间的区别。

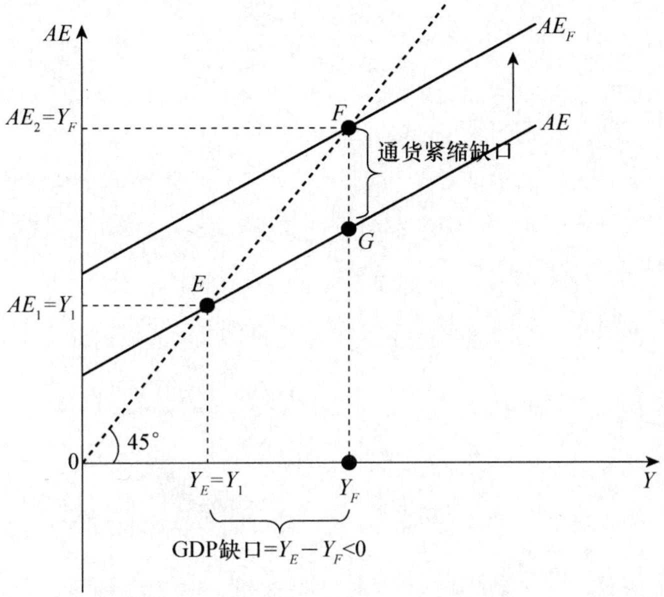

图 13—3　GDP 缺口与通货紧缩缺口

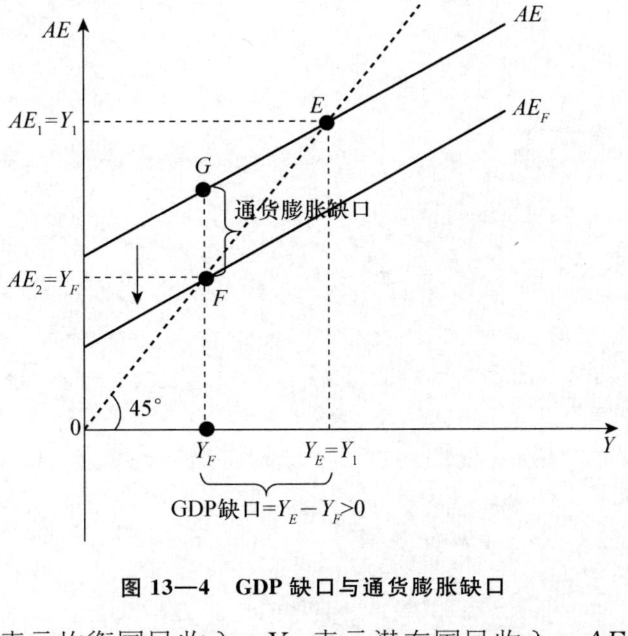

图 13—4　GDP 缺口与通货膨胀缺口

在图中，Y_E 表示均衡国民收入，Y_F 表示潜在国民收入，AE 表示经济实际发生的总支出，AE_F 表示实现潜在国民收入所需要的总支出。

第十四章

国民收入决定的 *IS—LM* 模型

242. 国民收入决定的 *IS—LM* 模型怎样发展了收入—支出模型？

答：国民收入决定的 *IS—LM* 模型从两方面发展了收入—支出模型。一是将收入—支出模型中的投资从外生变量变成内生变量，二是将收入—支出模型中的产品市场变成产品市场和货币市场这两个市场的同时均衡或者说一般均衡，并且这两方面的发展是相互联系的。

在收入—支出模型中，投资是一个由外生因素决定的固定的量。在 *IS—LM* 模型中，投资需求变成了内生变量，被视为是一个与利率反向变动的函数。如果利率变动，投资需求就会波动，从而总需求也会发生波动。利率是货币的价格，是由货币的供给和需求决定的，因此国民收入的决定，不仅要考虑产品市场的供求平衡，还要考虑货币市场的供求平衡，满足两个市场同时均衡的要求。能否满足这个要求呢？*IS—LM* 模型告诉我们，能。为什么？因为产品市场的均衡要满足投资等于储蓄的要求，而投资是利率的函数，储蓄是收入的函数，在一系列利率和收入的组合中，存在着一条满足投资等于储蓄这一要求的所谓 *IS* 曲线。同样在货币市场上，货币供给是由中央银行决定的，而货币需求是由收入决定的交易需求、预防需求和利率决定的投机需求决定的，其中交易需求、预防需求是收入的正方向变动函数，投机需求是利率的反方向变动函数。当货币供给一定时，交易需求、预防需求和投机需求之间就存在此长彼消的关系。这样，在一系列利率和收入的组合中，也存在着一条满足货币需求等于货币供给这一要求的所谓 *LM* 曲线。在两条曲线的交点上的利率和收入水平，就满足了两个市场同时均衡的要求。这就是所谓 *IS—LM* 模型。这个模型是对收入—支出模型的一个重要拓展。

243. 投资需求量与利率为什么会存在反方向变动关系？

答：利率被视为是投资的成本，是因为企业进行投资，不管是建造厂房仓库还是购买机器设备一般都需要贷款，而贷款就得支付利息，即使投资者使用的是自有资金，投资者也会把利息看成是投资的机会成本。正是因为利率是投资成本，因此在投资收益不变的情况下，如果利率越高，投资所需付出的利息就越多，因而投资需求量就越少；反之，投资需求量就越多。

244. 什么是投资抵免？这种抵免如何影响投资？

答：投资抵免是指投资者可以从他们的所得税税单中扣除其投资总值的一定百分比。比如，某企业在某一年投资 1 亿元，若规定投资抵免率是 10%，则该企业就可以少交所得税 1 000 万元，这 1 000 万元相当于政府为企业支付的投资项目的成本补贴。如果该企业在这一年的所得不足 1 000 万元，只有 600 万元，则所余 400 万元还可以到来年甚至第 3 年再抵扣。这等于是降低了投资成本，因此能刺激企业的投资需求。

245. 什么是 *IS* 曲线？*IS* 曲线为什么通常假定向右下方倾斜？

答：*IS* 曲线是描述产品市场均衡时，利率与国民收入之间关系的曲线。由于产品市场的均衡条件是投资（*I*）要等于储蓄（*S*），因此该曲线就被称为 *IS* 曲线。

IS 曲线通常假定向右下方倾斜是因为经济学家一般假定投资需求是利率的减函数以及储蓄是收入的增函数。这就是说，利率上升时，投资会减少，利率下降时，投资会增加，以及收入上升时储蓄会增加，收入下降时储蓄会减少。在这样的情况下，利率下降时，投资增加，为了达到产品市场均衡，或者说投资与储蓄相等，储蓄和收入必须增加。这样较低的利率必须与较高的收入相结合才能达到产品市场均衡。于是，当坐标图形上以纵轴表示利率，横轴表示收入时，*IS* 曲线就会向右下方倾斜。

246. *IS* 曲线向右下方倾斜的程度由什么因素决定？讨论 *IS* 曲线斜率的意义是什么？

答：决定 *IS* 曲线向右下方倾斜的程度（即曲线斜率的绝对值大小）的因素主要包括以下两个方面：

（1）在其他条件不变的情况下，如果投资对利率的变化越敏感，则利率的变化会对投资的冲击越大，导致均衡的国民收入也变化越大，这意味着均衡的国民收入对利率的变化也相应地越敏感，即利率稍有下降，投资从而收入增加越多，从而表现为 *IS* 曲线向右下方倾斜的程度越小，也就是 *IS* 曲线越平坦。

（2）在其他条件不变的情况下，如果乘数（包括投资乘数和政府支出乘数）越大，则相应的支出变动量对国民收入的影响就越大，这意味着均衡的国民收入对利率的变化也相应地越敏感，表现为*IS*曲线向右下方倾斜的程度越小，也就是*IS*曲线越平坦。在二部门经济中，乘数与边际消费倾向有关。边际消费倾向越大，乘数就越大。在三部门经济中，除了边际消费倾向以外，乘数还与边际税率有关。边际消费倾向一定时，税率越小，乘数越大。

当然，以上说的道理，要以人们预期不变为前提。讨论*IS*曲线斜率的意义主要是为了分析财政政策效果。在*LM*曲线斜率一定时，*IS*曲线斜率绝对值越小，即曲线越平坦，则政府扩大支出对私人部门支出的“挤出效应”就越大，即财政政策效果就越小；反之亦然。

247. 引起*IS*曲线移动的因素有哪些？研究*IS*曲线移动的意义是什么？

答：引起*IS*曲线移动的因素主要有：

第一，投资需求的变动。如果其他因素不变，而投资者对投资前景乐观，信心增强，使自发性投资水平上升，则在每一个利率水平上，投资需求量都会增加，*IS*曲线相应右移。

第二，储蓄函数的变动。如果其他因素不变，而人们的储蓄意愿增加，即人们更加节俭，自发性消费下降，则每一储蓄水平所需要的国民收入就会少些，*IS*曲线相应左移。

第三，政府支出及税收的变动。如果其他因素不变，政府实施扩张性的财政政策，增加政府支出或减免税收，其作用都类似于增加投资或刺激消费，因此*IS*曲线将右移。

第四，净出口额的变动。如果其他因素不变，净出口额增加，其作用相当于增加了自发性支出，因此*IS*曲线会右移。

从以上分析可知，政府可以通过改变政府支出和税收来移动*IS*曲线，因此研究*IS*曲线移动的意义在于可以据此分析财政政策对经济的影响。

248. 为什么凯恩斯认为利率不是由投资与储蓄决定的而是由货币需求与供给决定的？

答：在传统的古典经济学理论中，利息既是储蓄（抑制消费）的报酬，也是投资的资金成本。资金就是资本。资本的供给来自储蓄，资本的需求来自投资。利率是资本的价格。利率由资本的供给和需求决定，就是由储蓄和投资的均衡决定。反过来，利率会调节储蓄和投资。利率过高会刺激储蓄而抑制投资；相反，利率过低会刺激投资而抑制储蓄。

凯恩斯否定了上述理论，认为利息不是人们放弃消费的报酬，而是人们放弃流动性偏好的报酬。所谓流动性偏好是指，货币是一种最灵活的资产，人们之所以总喜欢保留一部分现金即货币在手上，是因为可灵活地应付各种日常开支、意外开支和做投机活动的需要，为此又称为灵活偏好。利息就是放弃这种灵活偏好的报酬。因此利率不是由资本供给即储蓄和资本需求即投资均衡决定的，而是由对所希望持有的流动性偏好的数量即货币的需求量和货币的供给量的均衡决定的。

249. 什么是货币？货币有哪些职能？

答：在经济学中，货币是在商品和劳务的交换及其债务清偿中作为交易媒介或支付工具被普遍接受的物品。这个定义实际上意味着货币有三种主要职能：

首先，货币可以充当商品和劳务的交换媒介，用来购买物品、清偿债务、支付租金和工资等；其次，货币可以充当价值尺度，确定各种商品和劳务相交换的比率，用来表明各种物品价值多少，也可以用于会计核算；最后，货币可作为价值储藏手段，即现代货币数量论代表人物弗里德曼所说的“货币是购买力的暂时栖息处”，而所谓的价值储藏就是指在相当时间内能够使得资产保存其价值，使其用于将来购物。

250. 货币的统计口径分为几个层次？

答：根据资产的流动性程度，货币的统计口径可以分为以下几个层次：

第一层次为狭义货币，一般用 M1 表示。M1 又包括两个部分：第一部分是中央银行发行的钞票，即通货，纸币和硬币（记为 C_U），这是最具流动性的资产，随时可以作为流通手段和支付手段投入流通；第二部分是银行活期存款（即为 D），活期存款可以随时提取并用于支付，因而也是狭义货币的一个组成部分。

第二层次为广义货币，一般用 M2 表示。M2 是在 M1 的基础上再加上定期存款（D_T）。

第三层次为更广义货币，一般用 M3 表示。M3 是在 M2 的基础上再加上其他流动性资产或“货币近似物”，比如个人及企业所持有的债券（D_n）。

251. 货币供给分为 M1、M2、M3，为什么宏观经济学经常把注意力集中在 M1 上？

答：宏观经济学之所以把注意力集中在 M1 上是因为：（1）M1 是中央银行最容易控制的货币供给，货币政策必须通过容易施加影响的货币供给来实施，而 M2 和 M3 中有不少与银行系统没有直接联系，难以控制；（2）经济学研究货币对经济的作用，关键要研究货币的交换媒介功能，而 M1 是最直接和交换媒介相联系的。

252. 什么是货币需求？人们需要货币的动机有哪些？在此问题上，凯恩斯和古典学派观点有何区别？

答：**货币需求**（demand for money）是指人们愿意以货币形式来保存财富数量。按照凯恩斯的说法，人们需要货币是出于三个动机：

第一，交易动机（the transaction motive），即人们需要货币是为了进行交易或者说支付，这种动机源于人们收入和支出的非同步性。就个人或家庭而言，一般是定期取得收入，经常需要支出，为了购买日常需要的生活资料，他们经常要在手边保持一定数量的货币。就厂商而言，它们在取得货款以后，为应付日常的成本开支，也需要持有一定数量的货币。出于交易动机的货币需求量主要取决于收入，收入越高，交易的数量越大，为应付日常开支所需要的货币量就越大，因此货币交易需求量是收入的增函数。

第二，预防动机（the precautionary motive），即人们需要货币是为了应付不时之需，这种动机源于人们未来收入和支出的不确定性。无论是个人还是厂商，尽管对未来的收入和支出有一个大概的估计，但这种预测不一定完全符合实际，遇到不时之需是常事，为此，人们总需要持有一部分货币以防万一。出于预防动机的货币需求量也与收入水平相关，一般而言，收入越高，源于不时之需的货币需求量也越大，从而也是收入的增函数。

第三，投机动机（the speculative motive），指由于未来利率的不确定性，人们为了避免资产损失或增加资本收益，需要及时调整资产结构，因而形成的对货币的需要。凯恩斯认为，人们暂时不用的财富可以以货币的形式持有，也可以购买债券以取得利息，而持有货币没有利息收入，那么人们为什么不全部购买债券而要在两者之间作选择呢？原因就在于人们想利用利率水平的变化来进行投机套利。因为债券的价格与利率水平呈现反比例关系，比如，持有一张永续债券，未来每年都可以取得 R 元的利息收入，则这张债券在当前的价格（PV）就应该等于持有者未来每年所获得利息收入按现行市场利率（r）贴现的现值之和，即：

$$PV=\frac{R}{(1+r)}+\frac{R}{(1+r)^2}+\cdots+\frac{R}{(1+r)^n}=\frac{R}{r} \tag{14.1}$$

由上式可见，利率越高，持有债券的利息收入的现值就越低，债券的价格也就越低，因此债券的价格与利率是负相关的。当利率上升时，债券的价格就下降，此时人们对债券的需求量就会上升；反之，当利率下降时，债券的价格就会上升，此时人们对债券的需求量就会减少。

凯恩斯的货币需求论与古典学派不一样的地方就在于，凯恩斯提出了货币需求的投机动机，而古典学派的货币需求论认为人们对货币的需求主要是交易动机和价值储藏动机，并且不管是出于交易动机还是价值储藏动机的货币需要量都取决于收入水平。而凯恩斯则认为人们持有货币还有一个重要动机，就是投机的动机，出于投机动机的货币需求量与利率负相关。这是凯恩斯的货币需求论与古典货币需求论的重要差别之处。

253. 什么是凯恩斯的货币需求函数？凯恩斯的货币需求函数向右下方倾斜的含义是什么？

答：货币需求函数是指反映货币需求量与其影响因素之间关系的函数。根据凯恩斯的货币需求理论可知，人们对货币的需求有三个动机，即交易动机、预防动机和投机动机，出于交易动机和预防动机的货币需求量（记为 L_1）与收入水平正相关，而出于投机动机的货币需求量（记为 L_2）与利率水平负相关，因此货币的总需求函数可以描述为：

$$L=L_1(Y)+L_2(r)=kY+m_0-hr \tag{14.2}$$

式中，k，m_0，h 都是大于 0 的参数，Y 表示名义国民收入，r 表示名义利率，由于这里假设物价水平为 1，因此名义国民收入就等于实际国民收入，名义利率就等于实际利率。

如果以利率水平 r 为纵轴，以货币需求量为横轴，则在收入水平和其他因素给定不变的情况下，如果利率下降，则债券的价格就会上升，从而对债券的需求量就会减少，对货币的需求量就会增加，反之对货币的需求量就会减少，货币需求曲线向右下方倾斜的含义即在于此，也就是说货币需求是利率的递减函数。

254. 什么是凯恩斯陷阱？

答：凯恩斯陷阱（Keynes' trap）又称流动性陷阱（liquidity trap）是指当利率极低时，市场会产生这样一种预期：利率不可能再下降了，也即有价证券价格不可能再上升只会下跌了。在这样的预期下，人们不管有多少货币都愿意持有在手中，而不愿去购买债券。这种情况就是所谓的“凯恩斯陷阱”，当出现“凯恩斯陷阱”时，即使实行宽松的货币政策也无法使利率再下降，因而货币政策失效。

255. 通货膨胀对货币需求有什么影响？

答：通货膨胀意味着货币购买力的下降，因而通货膨胀使人们持有货币的成本增加。比如，假定某年经济通货膨胀率为20%，则年初的1元钱到年末只值0.83元（1元/1.2=0.83元），这丧失的0.17元就是持币成本，这和持币损失的利息收入所产生的成本一样。显然，通货膨胀率越高，持币成本就越高。如果年通货膨胀率为100%，则年初的1元钱到年末的购买力只有0.5元。于是，人们就会减少对货币的需求，即一有钱就想把它尽快地用掉，以免丧失购买力，于是，货币的流通速度就会加快。当人们具有很高的通货膨胀预期时，人们对货币的需求就会大大减少。

256. 为什么通常假定货币供给曲线是一条垂直线？货币供给曲线左右移动的含义是什么？

答：由于货币供给量的大小是由中央银行控制的，因而被视为是一个外生变量，其大小与利率水平无关，因此在以利率为纵轴、以货币数量为横轴的二维空间中，货币供给曲线是一条垂直于横轴的曲线。

当中央银行采取扩张性货币政策（如降低准备金率、降低再贴现率或通过公开市场操作购买债券），增加货币供给量时，货币供给曲线就会向右移动；当中央银行采用紧缩性货币政策（如提高准备金率、提高再贴现率或通过公开市场操作卖出债券），减少货币供给量时，货币供给曲线就会向左移动。

257. 什么是 *LM* 曲线？*LM* 曲线向右上方倾斜的条件是什么？

答： *LM* 曲线是描述货币市场均衡时，也即货币需求量与货币供给量相等时，利率与收入关系的曲线。

LM 曲线向右上方倾斜的条件是货币需求随利率上升而减少，随收入上升而增加。如果这些条件成立，则当货币供给既定时，若利率上升，货币投机需求量减少(即人们认为债券价格下降时，购买债券从投机角度看风险变小，因此愿买进债券而减少持币)，为保持货币市场上供求平衡，货币交易需求必须相应增加，而货币交易需求只有在收入增加时才会增加，于是较高的利率必须和较高的收入相结合，才能使货币市场均衡。古典学派认为，人们需要货币只是为了交易，货币投机需求为零，这样，*LM* 曲线就是一条垂直线。相反，凯恩斯认为，利率下降到足够低时，人们都不愿再去购买债券，因而产生流动性陷阱，使 *LM* 曲线变成水平状态。经济学家认为货币投机需求一般不可能无限大，也不可能是零，而是介于二者之间，因此 *LM* 曲线一般是向右上方倾斜的。

258. 决定 *LM* 曲线向右上方倾斜程度的因素是什么？讨论 *LM* 曲线斜率的意义什么？

答： 决定 *LM* 曲线向右上方倾斜程度即 *LM* 曲线的斜率的因素是货币需求对利率的敏感程度和货币需求对收入的敏感程度。我们已经知道，*LM* 曲线是描述货币市场均衡时，也即货币需求量与货币供给量相等时，利率与收入关系的曲线。假设货币供给量用 m 表示，货币需求公式用 $L=ky-hr$ 表示（这个公式实际是从上面题中货币需求公式中忽略 m 而来），则货币供求相等时就是 $m=ky-hr$，或者变形为 $r=\frac{k}{h}y-\frac{m}{h}$，这是 *LM* 曲线的代数表达公式。由于 *LM* 曲线图形中纵轴表示利率，横轴表示收入，因此，公式中 k/h 就是 *LM* 曲线的斜率。h 是货币需求的利率系数，表示货币需求对利率的敏感程度，k 是货币需求的收入系数，表示货币需求对收入的敏感程度。公式告诉我们，在其他情况不变时 k 越大，h 越小，曲线斜率就越大，即曲线越陡峭；相反，k 越小，h 越大，曲线斜率就越小，即曲线越平坦。为什么 k 不变时 h 越大，*LM* 越陡峭，这是因为 k 不变时 h 越大，表示货币需求对利率变化越敏感，则利率变动时，货币投机需求量变化就越大。这就是说货币需求变动一定量时利率变动较少，从而只要较少的收入变动来配合。因此 *LM* 较陡峭。为什么 h 不变时 k 越大，*LM* 越陡峭，这是因为 h 不变时 k 越大，表示货币需求对收入变化越敏感，则收入变动时，货币交易需求量变化就越大。这就是说货币需求变动一定量时只要较少的收入变动来配合。因此 *LM* 较陡峭。

讨论 *LM* 曲线斜率的意义在于分析货币政策的效果。第一，如果货币需求对利率变动反应很灵敏，比方说利率稍有降低，货币需求就增加很多，那么中央银行增加货币供给量时，利率只会有很小幅度降低，从而投资和国民收入增加就较小，即货币政策效果就较小。反之，政策效果就大。第二，如果投资对利率变动反应很灵敏，利率稍有下降，投资就会增加很多，那么，中央银行变动货币供给对投资和国民收入变化的影响就大，即货币政策效果就大。反之，政策效果就小。

259. 引起 *LM* 曲线移动的因素有哪些？研究 *LM* 曲线移动的意义是什么？

答：导致 *LM* 曲线移动的因素有二。其一，名义货币供给量（*M*）的变动。在价格水平（*P*）不变的情况下，名义货币供给量增加，*LM* 曲线将向右下方移动，反之将向左上方移动。

其二，物价水平的变动。在名义货币供给量（*M*）不变的情况下，如果物价水平（*P*）上升，则实际货币供给量就会下降，*LM* 曲线将向左上方移动，反之就会向右下方移动。

中央银行可以通过调节货币供给量来移动 *LM* 曲线，从而可以影响利率水平和收入水平，因此研究 *LM* 曲线移动的意义在于可以据此分析货币政策对经济的影响。

260. 市场机制能否使产品市场和货币市场同时达到均衡？

答：由 *IS—LM* 模型可知，在 *IS* 曲线与 *LM* 曲线的交点位置，产品市场和货币市场同时达到均衡，此时投资等于储蓄，货币需求量等于货币供给量。偏离这一点的任何区域都表明两个市场没有同时达到均衡。根据 *IS—LM* 模型的假设，市场机制可以使得产品市场和货币市场同时达到均衡。

例如，假定产品市场上投资大于储蓄，而货币市场上货币供给量大于货币需求量。在产品市场上由于投资大于储蓄，意味着存在超额的产品需求，这会导致产出增加，从而国民收入增加，而随着国民收入的增加，储蓄会相应增加，并推动储蓄量向投资量接近，直至投资与储蓄相等时为止，从而实现产品市场的均衡。另一方面，由于货币供给量大于货币需求量，因此会导致利率下降，而随着利率的下降，货币需求量会增加，并推动货币需求量向供给量接近，直至货币供给量与货币需求量相等时为止，从而达到货币市场的均衡。任何非均衡的利率和国民收入，通过市场机制，都能够逐步使投资和储蓄的失衡回复到投资与储蓄相等，货币需求量与供给量的失衡回复到货币需求量与供给量相等，最终使得产品市场和货币市场同时达到均衡。

261. 产品市场和货币市场同时达到均衡的收入是否就是充分就业的国民收入?

答: 产品市场和货币市场同时达到均衡的收入并不一定就是充分就业的国民收入。

充分就业的国民收入是一个经济在既定的技术条件下，充分有效地利用现有资源的情况下所能够达到的最大的国民收入，因此又被称为潜在的国民收入。但是产品市场和货币市场同时达到均衡时的国民收入只是有效需求所决定的国民收入。根据凯恩斯的理论，由于边际消费倾向递减、投资的边际效率递减和流动性陷阱的存在，会导致投资需求和消费需求不足，从而导致有效需求不足。当出现有效需求不足时，产品市场和货币市场同时实现均衡的收入就会小于充分就业的国民收入。如图 14—1 所示，假设 IS 曲线和 LM 曲线分别为 IS_1 和 LM_1，则产品市场和货币市场

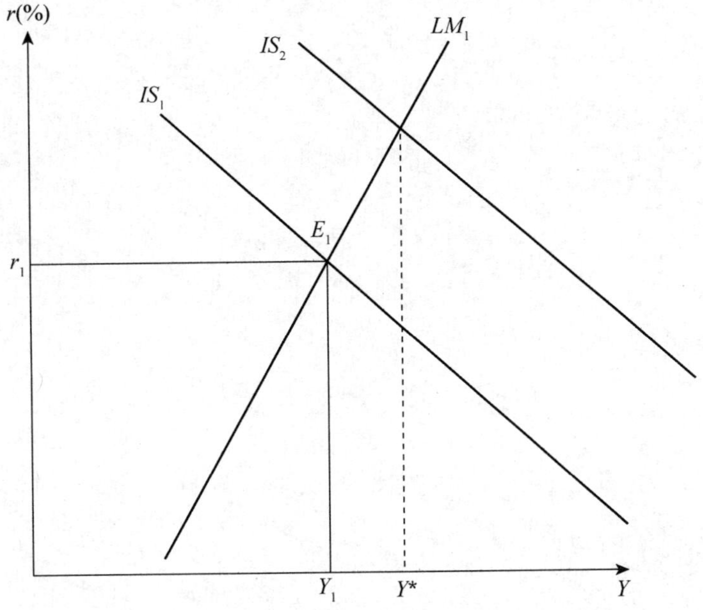

图 14—1　充分就业的国民收入

同时实现均衡时的国民收入是 Y_1，但充分就业的国民收入是 Y^*，此时均衡的国民收入就小于充分就业的国民收入，这意味着有效需求不足，为实现充分就业的国民收入，必须通过财政政策和货币政策来刺激有效需求。比如通过扩张性财政政策使得 IS 曲线移动到 IS_2 的位置，就可以同时实现均衡的国民收入与充分就业的国民收入。

第十五章

国民收入决定的 *AD—AS* 模型

262. 什么是总需求、总需求函数和总需求曲线？

答：总需求（aggregate demand）是指不同的价格总水平下，整个经济对产品和劳务总的意愿支出额，它由消费支出、投资支出、政府支出和净出口等部分构成。**总需求函数**（aggregate demand function）是反映物价总水平和总意愿支出额之间关系的一种函数。

总需求曲线（aggregate demand function curve）则是反映产品市场和劳务市场同时实现均衡时，物价水平与由总需求所决定的总产出（或总收入）之间关系的一条曲线。

263. 为什么总需求曲线通常会向右下方倾斜？倾斜程度由什么因素决定？

答：总需求曲线向右下方倾斜表明总需求量与物价总水平之间是负相关的，这主要由以下几个因素所决定：

第一，价格总水平变化的**"利率效应"**（interest rate effect），即：在其他因素不变的情况下，物价总水平上升时，一方面将导致实际货币供给减少，另一方面，人们需要更多的货币从事交易，导致货币需求增加。货币需求和货币供给的一增一减，必然导致市场利率的上升，而利率的上升又会引起投资支出减少，并最终导致产出水平下降。这就是所谓价格总水平变化的"利率效应"，它是导致总需求曲线向右下方倾斜的重要原因。

第二，价格总水平变化的**"实际余额效应"**（real balance effect），即：在其他因素不变的情况下，物价总水平上升时，人们以货币形式持有财富的实际价值下降了，他们的消费支出和投资水平就会因此下降，从而最终导致总支出需求量的减少。这就是所谓价格总水平变化的"实际余额效应"，它也是导致总需求曲线向右下方倾斜的重要原因。

第三，价格总水平变化的**"税收效应"**（tax effect），即：在其他因素不变的情况下，物价总水平上升时，人们的名义收入会上升，使得人们进入更高的纳税等级，进而使得税负增加，实际可支配收入下降，从而最终导致消费支出水平下降，这就是所谓价格总水平变化的"税收效应"，它也是导致总需求曲线向右下方倾斜的一个原因。

第四，在开放经济的条件下，价格总水平的上升，还会在以下两个方面导致总需求下降：一方面，本国公民购买外国商品比较合算，因而进口增加，同时，由于本国出口商品价格也上升，导致外国公民购买本国商品减少，因而出口减少，最终导致净出口下降；另一方面，物价总水平上升，使得本国生产成本上升，导致企业在本国的投资减少，而到外国的投资增加，从而降低本国投资需求。它也是导致总需求量与价格总水平反方向变动的原因之一。

正是由于以上几个因素，导致了总需求曲线向右下方倾斜，即物价水平越高，则总需求水平越低。

总需求曲线倾斜的程度则反映了总需求量对物价水平变化的敏感性，它取决于以下几个因素：

第一，从物价水平的变化会导致货币的实际余额效应看，如果物价水平的变化所导致实际货币余额的一定量变化对消费支出影响较大，则总需求曲线就比较平坦，反之，则总需求曲线就比较陡峭。

第二，从价格总水平变化的“利率效应”看，如果物价水平变动所引起的利率变动的影响比较大，就会导致投资支出反方向大幅波动，在这种情况下，总需求曲线就比较平坦。

第三，从上述价格总水平变化的“利率效应”可知，如果投资对利率变动比较敏感（表现为 *IS* 曲线比较平坦），则价格水平的一个较小变化所引起的利率变动对投资支出的影响就比较大，在这种情况下，总需求曲线也比较平坦。

264. 哪些因素会使总需求曲线移动？

答：总需求是由消费、投资、政府支出和净出口构成的，因此这些部分的任何变动都会使得总需求曲线移动。

在物价水平给定的情况下，任何使得消费支出增加的事件（如减税、股市高涨）都会使总需求曲线右移。在物价水平给定的情况下，任何使得消费支出减少的事件（如增税、股市低迷）都会使总需求曲线左移。

在物价水平给定的情况下，任何使得投资支出增加的事件（如对未来的预期乐观，或由货币当局增加货币供给引起利率下降）都会使总需求曲线右移。在物价水平给定的情况下，任何使得投资支出减少的事件（如对未来的预期悲观，或由货币当局减少货币供给引起利率的上升）都会使总需求曲线左移。

在物价水平给定的情况下，任何使得政府支出增加的事件（如增加国防支出或高速公路建设支出）都会使总需求曲线右移。在物价水平给定的情况下，任何使得政府支出减少的事件（如削减国防支出或高速公路建设支出）都会使总需求曲线左移。

在物价水平给定的情况下，任何使得净出口增加的事件（如国外经济繁荣、汇率下降即本币贬值从而会刺激出口）都会使总需求曲线右移。在物价水平给定的情况下，任何使得净出口减少的事件（如国外经济衰退、汇率上升即本币升值从而会抑制出口）都会使总需求曲线左移。

265. 什么是总供给、总供给函数和总供给曲线？总供给函数和总需求函数有何区别？

答：总供给（aggregated supply）是指在各个价格水平上，整个经济所提供的商品和劳务的总量。**总供给函数**（aggregated supply function）是反映总产出量与物价水平之间关系的一种函数。**总供给曲线**（aggregated supply curve）则是反映总产出与物价水平之间各种不同组合的曲线。

总供给函数和总需求函数的区别在于：前者反映的是劳动市场实现均衡时总产出（国民收入）与物价水平之间的关系；而后者反映的是产品市场与货币市场同时实现均衡时，总产出（国民收入）与物价水平之间的关系。

266. 为什么古典总供给曲线也称长期总供给曲线，而凯恩斯主义总供给曲线也称为短期总供给曲线？

答：古典学派认为，价格和货币工资具有完全伸缩性，就是说货币工资率会随市场物价总水平波动而波动。如果劳动市场存在超额需求或超额供给，货币工资就会进行调整，直至劳动市场实现供求均衡为止。这意味着，劳动市场的均衡供求量始终保持充分就业水平不变，因此国民收入也不会随物价水平波动而波动。总供给曲线就成为一条垂直的充分就业产量曲线。这条总供给曲线就称为古典总供给曲线。它又称为长期总供给曲线，一方面是因为在短期内工人会把伴随价格水平上升的名义工资上升误认为是实际工资上升，因而会有更多就业和产量。但长期内工人们会消除货币幻觉，按实际工资提供劳动，从而使就业和产量稳定在充分就业水平上；另一方面，也只有长期内，名义工资才会对劳动供求关系变动作出应有调整，短期内难以做到。因此，在长期中，经济的就业水平或产量并不随着价格的变动而变动，而始终处于充分就业的状态上，经济的产量水平也将位于潜在产量或充分就业的水平上，不受价格变动影响，因此古典学派的总供给曲线是一条位于经济的潜在产量或充分就业产量水平上的垂直的长期总供给曲线。

与古典学派不同的是，凯恩斯主义认为，货币工资不具有充分伸缩性，而具有刚性或黏性。当社会经济存在大量失业和生产能力过剩时，工资不容易下降。这时增加总需求也只会增加产出，也不会导致商品价格和工资明显上升，最多只是导致商品价格和工资缓慢上升。在这种情况下，凯恩斯的总供给曲线就是一条水平或较平缓地向右上方倾斜的曲线。凯恩斯主义的总供给曲线是建立在价格和货币工资具有刚性或黏性的假设基础之上的，而价格和货币工资通常是在短期内确实难以调整，因此，凯恩斯主义水平状或平缓地向右上方倾斜的总供给曲线也被称为短期总供给曲线。

267. 为什么总需求—总供给模型中的总供给曲线只是短期的？真正的长期总供给函数应当怎样表达并可从中得到什么启示？

答：总需求—总供给模型中的总供给曲线是短期的，因为这条总供给曲线说的是社会总产量或者说总收入与价格总水平的关系，即价格水平上升，总收入水平提高，之所以会这样是因为假定技术和制度不变的前提下，资本总量也不变，只有劳动就业量可变，而劳动就业量可变是因为社会处于非充分就业状态。这时，社会价格总水平如果上升，工人的名义工资由于种种原因无法及时相应地上涨，从而实际工资下降，刺激企业增加就业和产量即收入。这是凯恩斯主义的缓慢向上的总供给曲线的观点。但是古典学派认为工人的名义工资会随着价格水平变化立即调整，因此社会总处于充分就业水平上，使总供给曲线是垂直的。这种总供给曲线也称为长期总供给曲线，是因为只有在长期内工人才能消除货币幻觉，使名义工资调整到与总价格水平一个样。这条垂直的总供给曲线同样是假定技术和制度不变的前提下，资本总量也不变，因此也并不是真正的长期总供给曲线，并且认为长期内社会总处于充分就业水平也不符合事实。

如果真正要说有长期总供给曲线，那么就应当说长期内社会总产出究竟与哪些因素有关系，并且还要弄清这总产出是指实际总产出还是潜在总产出。实际总产出总是与当时总需求一致的总产出，这是短期内总需求水平决定的总产出，而不是长期总产出。长期内能够存在的只有潜在总产出也就是潜在生产能力。众所周知，一个国家在长期内的生产能力取决于多种因素，归根到底取决于可利用的经济资源（资本、劳动等生产要素）及其效率，而这种效率又取决于技术水平和制度因素，可用公式表示为：$Y=AF(K, L)$，其中 Y、A、F、K、L 分别代表潜在总产出、技术水平、资本和劳动的组织方式即制度、资本和劳动。这个公式也许真正可以称为总生产函数或者说长期总供给函数，也就是长期总供给曲线。

从以上总供给函数公式中可见，要提高潜在 GDP 生产能力，只有两条途径：一要增加生产要素即资本和劳动的投入量，二要靠提高投入要素的生产效率即单位生产要素的产出量，而要提高投入要素的生产效率必须依靠提高技术水平及资本和劳动的组织方式即制度尤其是产权制度，这就是潜在总生产函数或者说长期总供给函数公式所表达的意思。

各国经济增长的历史证明，单靠增加生产要素即资本和劳动的投入量来增加生产会遇到不少限制。先说增加劳动力投入，不但会受到人口增长的限制（经济发展到较高水平时，人们生育意愿下降会使人口难以增长），而且会抑制人均 GDP 水平提高；再说增加资本投入，在其他因素不变的条件下，不断投入资本会遇到资本边际收益递减的问题。一旦到这种边际收益降低到零时，投入再多资本也没有用了。总之，经济的长期增长决不能单靠要素投入这条通常称之为粗放式的经济扩张之路。

研究发现，产出的增长主要越来越靠投入要素的生产率的提高。这种由投入要素的生产率的提高带来的 GDP 的增加在经济学里有时也称为索洛剩余或索洛余量，也称为全要素生产率，它衡量出产出增长中除投入要素（资本和劳动）带来的产出增加以外所有的 GDP 增加值。要素生产率提高靠的是技术和制度的进步，并且技术进步在很大程度上也有赖于通过制度来实现。这也许是总供给函数给人们的最大启示。

268. 哪些因素会引起短期总供给曲线移动？

答：导致短期总供给曲线移动的因素主要有：

第一，劳动变动。参加工作的劳动量增加会使得短期总供给曲线向右移动；而就业的劳动量减少，将使得短期总供给曲线向左移动。

第二，物质资本或人力资本变动。物质资本或人力资本的增加会使得短期总供给曲线向右移动；而物质资本或人力资本的减少会使得短期总供给曲线向左移动。

第三，自然资源变动。自然资源可获得性的增加会使得短期总供给曲线向右移动；而自然资源可获得性减少会使得短期总供给曲线向左移动。

第四，生产技术水平变动。生产技术进步会使得短期总供给曲线向右移动；生产技术退步会使得短期总供给曲线向左移动。

第五，预期价格的变动。预期价格水平下降会使企业想办法快速出售产品，因此一般会增加物品与劳动的供给，并使得短期总供给曲线向右移动；相反，预期价格水平上升一般会减少物品与劳动的供给，并使得短期总供给曲线向左移动。

269. 总需求—总供给模型怎样用来解释经济萧条、通货膨胀和滞胀经济现象？

答： 现代主流经济学把古典的或长期的总供给曲线（LAS）、凯恩斯主义的或短期的总供给曲线（SAS）以及总需求曲线（AD）结合起来，放在一个坐标系中，用来解释经济萧条、通货膨胀和滞胀经济现象。如图 15—1 和图 15—2 所示。

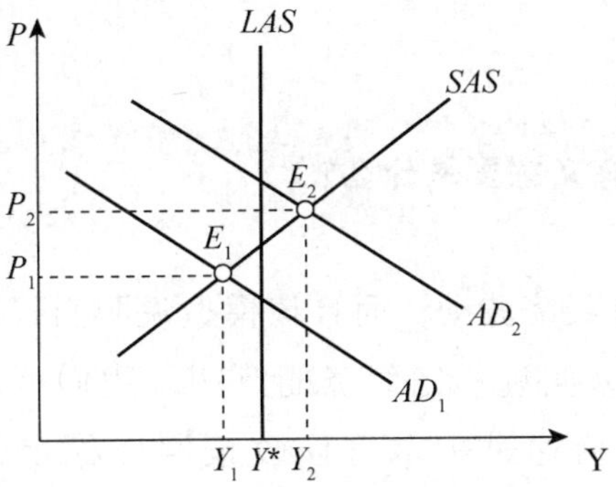

图 15—1　经济萧条与繁荣

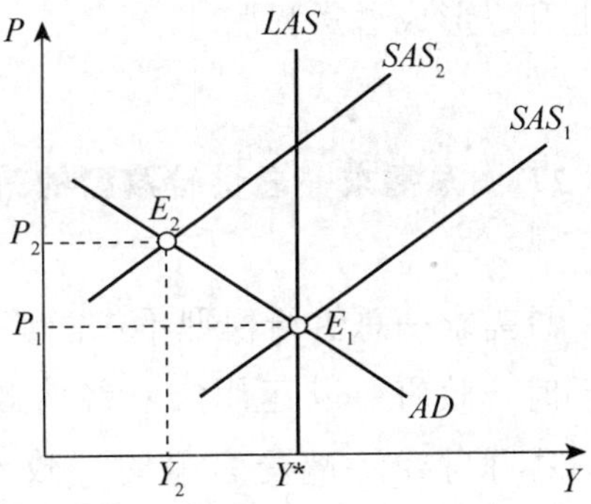

图 15—2　经济滞胀

图 15—1 显示，在长期总供给曲线 LAS 和短期总供给曲线 SAS 不变的情况下，如果总需求曲线由 AD_1 移动到 AD_2，则总需求的这种变动会使经济社会出现经济萧条和经济过度繁荣两种情况。在经济萧条阶段，短期总供给曲线 SAS 与总需求曲线 AD_1 相交于 E_1 点，这时现实经济中的均衡产量 Y_1 小于潜在产量 Y^*，这就是经济萧条。但是，如果政府采取扩张性的货币政策刺激总需求，使得 AD_1 向右移动到 AD_2，则新的均衡点为 E_2，均衡产量上升到 Y_2，两者均处于较高水平，使 $Y_2>Y^*$，经济出现过度繁荣。

图 15—2 显示，在总需求曲线 AD 和长期总供给曲线 LAS 不变的情况下，如果短期总供给曲线 SAS 由于供给冲击（如农业歉收、石油价格上涨等）而向左移动，由 SAS_1 移动到 SAS_2，则均衡点由 E_1 移动到 E_2，价格由 P_1 上升到 P_2，均衡产出由 Y^* 下降到 Y_2。从图中可以发现，由于实际经济中的均衡产出水平 Y_2 小于潜在产出水平 Y^*，经济处于萧条停滞状态，但是物价水平却高于原来的价格水平 P_1，经济出现了通货膨胀和经济萧条共生现象，即滞胀（stagflation）现象。

根据上述分析，现代凯恩斯主流经济学派认为总需求—总供给模型可用于解释经济的萧条、通货膨胀、滞胀等短期经济波动的原因，还可以表现长期充分就业的产出和价格水平的变动趋势。

270. 为什么总需求低于和高于总供给就会产生失业和通货膨胀?

答: 总需求低于总供给，比方说社会明明能够生产 10 000 亿美元产品，但社会上只能销售 9 000 亿美元产品，那么实际产量就只能是 9 000 亿美元，于是就会有 1 000 亿美元的生产能力闲置起来，使工人和机器处于失业状态。相反，如果总需求高达 11 000 亿美元，但社会只能生产 10 000 亿美元产品，过高的需求必然引起物价普遍上升，形成通货膨胀。

271. 总需求—总供给模型的政策含义主要是什么?

答: 总需求—总供给模型不仅能够解释经济波动，而且该模型说明当经济出现短期波动时，政府可以运用宏观经济政策来实现稳定经济的意图。我们可以用图 15—3 来说明当经济遭受衰退时，政府如何通过需求管理政策实现稳定经济的意图。

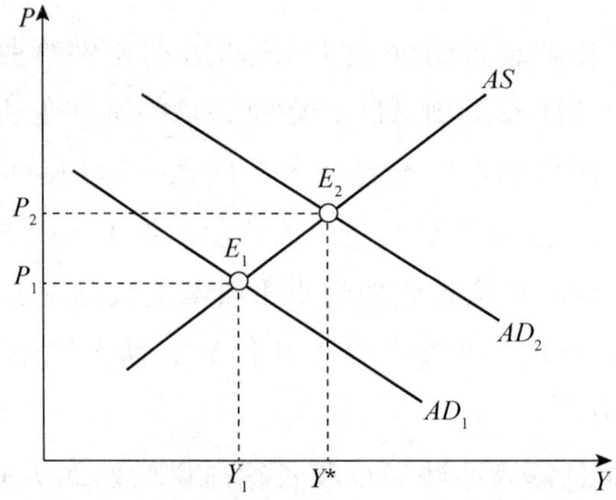

图 15—3 政府运用需求管理政策稳定经济

在图 15—3 中，假设由于受到冲击，总需求下降到 AD_1，与总供给曲线 AS 相交于 E_1，经济中的均衡产出水平为 Y_1，它低于经济的潜在产出水平 Y^*，这表明该经济正经历衰退，为了减少经济衰退给整个经济带来的不利影响，政府可以通过扩张性的财政政策（如减税、增加政府购买和转移支付等）或货币政策（如降低准备金率、降低贴现率、购买债券等）来刺激总需求，使得总需求曲线由 AD_1 向右移动到 AD_2，并使其与总供给曲线相交于 E_2，此时均衡的产出水平就由 Y_1 上升到 Y^*，达到了潜在产出水平，从而实现了稳定经济的目的。

第十六章

通货膨胀和失业

272. 什么是通货膨胀和通货膨胀率?

答：**通货膨胀**（inflation）是指经济中的大多数商品和劳务的价格连续在一段时间内普遍上涨的情形，或者说是货币价值在一定时期内持续下降的情形。按照这一定义，如果仅有一种或少数几种商品的价格上涨，还不是通货膨胀，只有大多数商品和劳务的价格持续上涨才是通货膨胀。

通货膨胀率（inflation rate）则是指从一个时期到另外一个时期价格水平变动的百分比。用公式表示就是：

$$\pi_t=\frac{P_t-P_{t-1}}{P_t} \tag{16.1}$$

式中，π_t为t期的通货膨胀率，P_t为t期的物价总水平，P_{t-1}为$t-1$期的物价总水平。而物价总水平（又称价格指数）的计算有以下几个步骤：

第一步，选定一篮子商品，并固定这一篮子商品的种类和每一种商品的数量。

第二步，按照各期各种商品的价格，分别计算在不同时期购买所选定的一篮子商品所需要的费用。

第三步，以某一期为基期（base year），某期购买所选定的一篮子商品所需费用与基期购买该一篮子商品所需费用之比即为该期的价格指数。

在得到各期的价格指数之后，就可以计算各期的通货膨胀率了，表 16—1 以一个简单的假想例子来说明通货膨胀率的计算。假设选定一篮子商品，这一篮子商品包括A、B和C，并且这三种商品的数量分别为 2、1 和 3。根据表中的信息，并按照上述三个步骤，我们可以得到这一篮子商品的所需费用、价格指数以及通货膨胀率。

表 16—1　价格指数和通货膨胀率的计算：一个例子

品种	数量（件）	价格（元）	
		2005 年	2015 年
A	2	1.00	1.50
B	1	3.00	4.00
C	3	2.00	4.00
购买一篮子商品的费用		$2\times1.00+1\times3.00+3\times2.00=11.00$	$2\times1.50+1\times4.00+3\times4.00=19.00$
价格指数（以 2005 年为基年）		$\frac{11.00}{11.00}\times100\%=100\%$	$\frac{19.00}{11.00}\times100\%=172.7\%$
通货膨胀率		—	$\frac{172.7-100}{100}\times100\%=72.7\%$

273. 通货膨胀是否就是各种商品价格按相同比例上升？

答： 否。通货膨胀衡量的是平均价格水平的走向。如果说某国或某地区在某一时期消费者价格指数（CPI）上升了10%，这并不是意味着所有商品的价格都上升了10%，而只是平均价格水平上升了10%。这一“平均”指的是各种商品价格变动的“加权平均”，而非简单的“算术平均”。

274. 衡量通货膨胀率有哪些指标？这些指标的变化方向和变化幅度是否总是一致的？

答： 衡量通货膨胀率主要有三种指标：一是消费者价格指数（CPI）；二是生产者物价指数（PPI）；三是GDP折算指数。

这三种指标的变化方向基本一致，但是由于它们所选择的作为计算基础的一篮子商品的种类和商品的数量各不相同，比如在计算CPI时考虑了进口商品，而在计算GDP折算指数时不包含进口商品，因此这些价格指数的变化幅度有很大的差异。

275. 消费者价格指数能否完美衡量人们生活费用的变化？

答： 消费者价格指数能够在很大程度上反映人们的生活费用，但不能完美地衡量人们的生活费用。这是因为：

（1）消费者价格指数的“一篮子”商品和服务组合的种类和数量是固定的，如果一些消费者实际消费的“一篮子”商品和服务的组合和数量与计算CPI所采用的“一篮子”商品和服务不一致，这些消费者的生活费用及其变化就不能够完全在CPI上反映出来。

（2）CPI没有考虑到消费者的替代倾向。当商品和服务的价格变动时，它们并不是同比例变动的，一些商品和服务价格上涨较明显，一些商品和服务价格上涨比较缓慢，而另一些商品和服务的价格甚至会下降。对此消费者会进行消费商品和服务的替代，即少消费价格上升明显的商品和服务，多消费价格上升缓慢甚至下降的商品和服务。但是，CPI的“一篮子”商品和服务的组合是固定的，因此CPI会高估生活费用的变化。

（3）CPI没有考虑新产品或新服务的出现。当新产品或新服务出现后，消费者有了更多的选择，而更多的选择意味着消费者为了维持既定生活水平所需要支出的钱可以减少了，因此 CPI 会高估生活费用的变化。

(4) CPI 难以反映和衡量产品和服务的质量。如果一种产品和服务的质量提高了，而这种产品和服务的价格保持不变，单位货币的购买力实际上是上升了；反之则反是。但由于 CPI “一篮子”商品和服务的组合是固定的，所以也难以反映和衡量产品和服务质量。

276. 什么是需求拉动的通货膨胀、成本推进的通货膨胀和结构性通货膨胀?

答：**需求拉动的通货膨胀**（demand-pull inflation），又称超额需求通货膨胀，是指总需求超过总供给所引起的物价水平的持续上涨的情形。更进一步地说，这种通货膨胀把一般价格水平的上升归结为因投资、政府购买、消费以及出口所形成的对社会商品的需求超过了按现行价格可能得到的供给。需求拉动的通货膨胀发源于两大类因素：一是实际因素，包括资本边际效率（预期利润率）上升所引起的投资需求的增加、出口需求增加、进口需求减少、政府增加支出增加或减税导致消费需求的增加等；二是货币因素，主要是指货币供给量的增加所引起的需求的增加。

成本推进的通货膨胀（cost-push inflation），又称成本通货膨胀或供给通货膨胀，是指在没有超额需求的情况下由于供给方面成本的提高所引起的物价水平持续和显著上涨的情形。成本推进的通货膨胀又可细分为工资、利润以及其他因素推进的通货膨胀。工资推进的通货膨胀的原因在于劳动市场上的“垄断者”即工会运用它所掌握的市场权力，通过集体谈判的形式要求增加工资，企业方因惧怕工人罢工而避免正面对抗，改为同意增加工资，并且通过提高产品价格将工资上升的成本转嫁到购买者头上，从而导致通货膨胀。利润推进的通货膨胀的原因通常是不完全竞争市场中的厂商对利润的追逐，利用其垄断地位通过利润加成制定高价，以获取高额利润，从而造成价格上涨，引起通货膨胀。原材料价格、房租、运输成本上涨等其他因素也会引起成本推进的通货膨胀。

结构性通货膨胀（structural inflation）是指在没有需求拉动和成本推进的情况下，只是由于经济结构因素的变动所引起的物价水平持续上涨的情形。经济学者通常用生产率提高快慢不同的两个部门说明结构性通货膨胀。由于生产率提高的快慢不同，两个部门的工资增长率的快慢也应当有区别。但是生产率提高慢的部门要求工资增长率向生产率提高快的部门看齐，结果使全社会工资增长速度超过生产率增长速度，因而引起通货膨胀。

277. 通货膨胀的收入再分配效应有哪些?

答: 通货膨胀具有收入再分配效应（redistribution effects of inflation）。这种收入再分配效应主要体现在以下几个方面:

第一，通货膨胀不利于靠固定的货币收入维持生活的人，因为对于固定收入阶层（如领取退休金的老人、工薪阶层、公务员等等）来说，由于收入是固定的货币数额，在通货膨胀的情形下，这些固定数额的货币收入的购买力会下降，这意味着他们能够购买的商品和服务的数量会减少，生活水准也会因此而降低。而那些靠变动收入维持生活的人，则会从通货膨胀中受益。例如那些从利润中获取收入的企业主就能够从通货膨胀中受益，因为他们的收入上涨先于价格水平和生活费用上涨。

第二，通货膨胀对储蓄者不利。随着价格上涨，存款的实际价值或者说购买力就会下降，那些口袋中有闲置货币和存款在银行的人会受到严重的打击。

第三，通货膨胀还可以在债务人和债权人之间发生收入再分配的作用。具体说是，通货膨胀靠牺牲债权人的利益而使债务人获利。假定甲向乙借款 1 万元，三年后归还，而这段时间内价格水平上升一倍，那么一年后甲归还给乙的 1 万元的购买力只相当于借时的一半。

第四，通货膨胀有利于政府，而不利于纳税人。由于所得税通常是累进的，在通货膨胀期间，人们要交更多的税，这不但是因为他们的货币收入提高了，而且还是由于他们进入更高的纳税级别，因此要支付他们收入的较大百分比给政府。不仅如此，政府所持有的大量公债会因为通货膨胀而大大贬值，其偿还本息的实际价值也就大大下降了。

278. 通货膨胀对社会经济产出和就业可能产生什么影响?

答: 通货膨胀对社会经济产出和就业可能产生的影响有以下几个方面:

第一，需求拉动的通货膨胀可能促进产出和就业水平的提高。许多经济学家长期以来坚持这样的看法，即认为温和的或爬行的需求拉动通货膨胀对产出和就业将有刺激扩大效应。假设总需求增加，产生经济复苏，造成一定程度的需求拉动的通货膨胀，在这种条件下，产品的价格会跑到工资和其他资源价格的前面，由此而扩大了企业的利润，利润的增加就会刺激企业扩大生产，从而产生减少失业，增加国民产出的效果。

第二，成本推进的通货膨胀引致产出减少，失业上升。假定在原有的总需求水平下，经济实现了充分就业和物价稳定，如果发生成本推进的通货膨胀，则原有总需求所能购买的实际产品的数量将会减少。那就是说，当成本推进的压力抬高物价水平时，一个既定的总需求只能在市场上支持一个较小的实际产出，所以实际产出会下降，失业会上升。

第三，极度通货膨胀（hyperinflation）会导致经济崩溃。当出现极度通货膨胀时，人们会完全丧失对货币的信心，在这种情况下，货币就不能执行作为交换手段和储藏手段的职能，这时，任何一个有理智的人将不愿再花费精力去从事财富的生产和正当的经营，而会把更多的精力用在如何把钱尽快花出去，或进行种种投机。等价交换的正常买卖、经济合同的签订和履行、经营单位的经济核算以及银行的结算和信贷活动等，都无法顺利实现，市场机制也无法正常运行，从而大规模的经济混乱不可避免。

279. 通货膨胀预期与通货膨胀有什么关系？怎样管理通货膨胀预期？

答：通货膨胀预期不是通货膨胀。通货膨胀预期是对通货膨胀的“想象”，但想象不等于现实，很多现象也从来没有成为现实；通货膨胀预期可以在没有实际通货膨胀的时候较长期存在，并且不一定必然导致实际通货膨胀。

但通货膨胀预期与实际通货膨胀有着密切联系。通货膨胀预期的基础往往是现实中已经发生的通货膨胀，而且通货膨胀预期是导致通货膨胀的重要原因。比如，一旦消费者和投资者形成强烈的通货膨胀预期，认为某些产品和资产价格会上升，且上升速度快于存款利率，这会导致消费者或投资者将存款从银行提出，去购买这些产品和资产，以达到保值或对冲通货膨胀的目的。这种预期引发的对产品和资产的需求会导致其价格加速上涨，而且通货膨胀预期与实际通货膨胀可能相互强化。

因此管理通货膨胀预期就非常重要，管理通货膨胀预期的措施包括：适时采取合适的方式改变流动性过剩的货币环境；合理控制银行的信贷规模；密切关注资产价格的过度上涨，多种手段并举，大力挤压资产泡沫；努力保持国内农产品和资源类产品价格的基本稳定；加强跨境短期资本流动的监督管理；加强政策宣传和舆论引导，控制非理性预期等。

280. 什么是失业和失业率？是否成年人没有工作就都可算失业？

答：失业（unemployment）是有劳动能力的人想找工作而找不到工作的社会

现象。**失业率**（unemployment rate）是指失业人口占劳动力人口的比例。

不是说成年人没有工作就可以算作失业。搞清楚这个问题，我们需要对人口进行分类，根据图 16—1 可知，成年人中（劳动年龄人口）有一部分人（比如在校学生、服役军人、服刑犯人、不愿工作的人、丧失劳动能力的人）不能算是失业人口。只有那些有劳动能力并愿意工作，但找不到工作的成年人才算是失业人口。

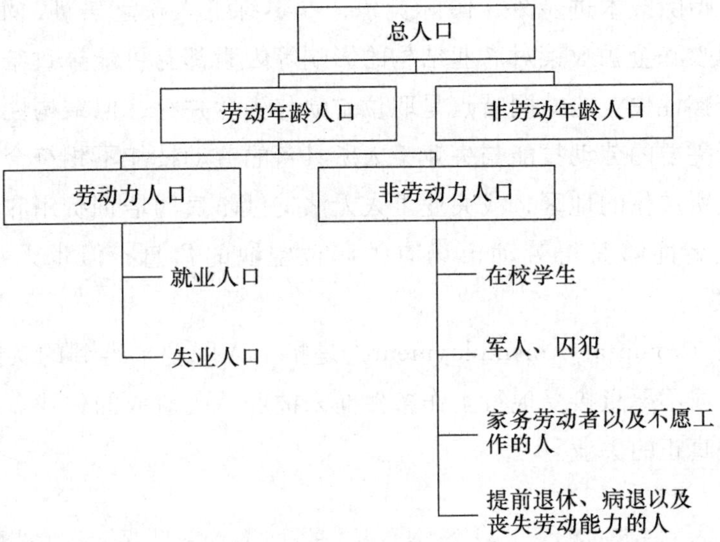

图 16—1　人口构成

281. 失业的原因大致上有哪些？

答： 一般说来，失业按其原因可以分为：摩擦性失业、季节性失业、周期性失业、技术性失业、结构性失业、自愿失业等等。

摩擦性失业（frictional unemployment）是指因劳动市场运行机制不完善或因经济波动过程中工作转换而产生的失业。它被看成是一种求职性失业，即一方面存在职位空缺，另一方面存在着与此数量相当的寻找工作的失业者，但由于劳动市场的信息不对称，企业找到所需要的雇员和失业者找到合适的工作都要花费一定的时间，导致求职性失业的产生。

季节性失业（seasonal unemployment）是指某些行业中由于工作的季节性而产生的失业。如农业、旅游业和农产品加工业对劳动力的需求有季节性，在需求淡季时，就会存在失业。

周期性失业（cyclical unemployment）是指经济周期中的衰退或萧条阶段因需求下降而造成的失业。在经济衰退时期，产品的生产和需求下降，因有效需求不足而使部分工人失业，这种失业是和经济的周期变化联系在一起的。

技术性失业（technical unemployment）是指由于技术进步，或采用了节约劳动的机器而引起的失业。这种失业多半是由于资本替代了劳动而造成的工人失业。

结构性失业（structural unemployment）是指因经济结构变化，产业兴衰转移造成的失业。这种失业的特点也是失业与职位空缺并存。结构性失业与技术性失业有部分重叠，但除技术进步外，国际竞争，非熟练工人缺乏培训，消费习惯改变，政府财政、税收和金融政策对产业结构的影响等因素都有可能导致结构性失业。结构性失业与摩擦性失业的共同特点是职位空缺与失业并存，但结构性失业更强调的是空缺职位所需要的劳动技能与失业工人所具备的劳动技能不相符合，或空缺职位不在失业工人所居住的地区，或失业工人无法支付昂贵的培训费用和迁移费用，因此，尽管失业者能够获得劳动市场有关职位空缺的信息，但也无法填补空缺的职位。

自愿失业（voluntary unemployment）是指工人所要求得到的实际工作超过其边际生产力，或不愿意接受现行工作条件而未被雇用所造成的失业。这种失业在西方不被看作是真正的失业。

282. 摩擦性失业和结构性失业有什么区别？

答：摩擦性失业是劳动力供求在短期内不相吻合，使企业一时找不到在工作技能、工作经验、居住地点等方面都适合的人，劳动者也一时找不到想要的工作，从而就产生了一部分工人失业。劳动市场流动性差、信息不完全、市场组织不健全等都是产生这种摩擦性失业的原因。

结构性失业是劳动力供给种类和劳动力需求种类之间存在长期的不相吻合，就是说寻找工作者的种类和需要工作的岗位种类之间存在相当长时间的不协调。劳动者缺乏多方面技术、各种各样的歧视、居住地区不合理等都会形成这类失业。

283. 什么是需求不足型失业？需求不足型失业可分为哪两类？

答：当一个社会的有效需求水平过低，不足以为每一个愿意按现行工资率（单位劳动的工资报酬）就业的工人提供就业机会而产生的失业，就是需求不足型失业。这一类失业大致可分为两类：周期性失业和增长不足型失业。周期性失业是经济周期中的衰退或者萧条阶段因需求下降而产生的失业。增长不足型失业是社会有效需求增长长期跟不上劳动力增长而产生的失业。

284. 为什么一些经济学家认为摩擦性失业是不可避免的?

答: 经济学家认为摩擦性失业是不可避免的。在现实经济生活中，企业和家庭需要的产品类型会随着时间变化。随着产品需求的变动，对生产这些产品的劳动力的需求也在改变。类似地，由于不同地区生产不同产品，可能一国某个地方的劳动力需求在增加，而另一个地方劳动力需求在下降，因此劳动力需求在不同行业和地区之间的构成变动总在不停地发生，而工人为适应这种变动需要时间，因此摩擦性失业总是存在。

285. 周期性失业和需求不足型失业有什么区别?

答: 周期性失业（cyclical unemployment）是指经济周期中的衰退或萧条阶段因需求下降而造成的失业。在经济衰退时期，产品的生产和需求下降，因有效需求不足而使部分工人失业，这种失业是和经济的周期变化联系在一起的。

如果一个经济的有效水平过低，不足以为每一个愿意按照现行工资率就业的人提供就业机会，即失业人数超过了以现行工资率为基础的职位空缺，由此产生的失业就是**需求不足型失业**（demand-deficient unemployment）。另一方面，如果需求增长速度慢于劳动力的增长速度和劳动生产率的增长速度，由此产生的失业就是增长不足型失业。增长不足型失业和周期性失业都属于需求不足型失业。但周期性失业是需求短期下降造成的，而增长不足型失业是由予需求长期跟不上劳动力增长。由此可见，需求不足型失业不仅包括短期性需求不足的周期性失业，还包括长期性的增长不足型失业，因此需求不足型失业比周期性失业的外延的范围更大，所涉及的时间跨度也更长。

286. 什么是自愿失业和非自愿失业?

答: **自愿失业**（voluntary unemployment）是指工人所要求得到的实际工作超过了其边际生产率，或不愿意接受现行工作条件而未被雇用所造成的失业。

非自愿失业（involuntary unemployment）是指具有劳动能力并愿意按现行工资率就业，但由于有效需求不足而找不到工作的失业。由于这种失业会被总需求提高而消除，因而与需求不足型失业是一致的。

287. 什么是充分就业和自然失业率?

答：充分就业（full employment）是一个有多重含义的经济术语。它的概念是凯恩斯在《就业、利息和货币通论》一书中提出的，是指在某一工资水平之下，所有愿意接受工作的人都获得了就业机会。充分就业并不等于全部就业，而是仍然存在一定的失业，但这些失业均属于摩擦性的和结构性的，而且失业的间隔期很短。

自从有经济学家提出自然失业率概念以后，许多经济学家通常又把失业率等于自然失业率时的就业水平称为充分就业。

而所谓的**自然失业率**（natural rate of unemployment）是指在没有货币因素干扰的情况下，劳动市场和商品市场的供求力量自发起作用时，总需求和总供给处于均衡状态下的失业率。自然失业率有时被称作“充分就业状态下的失业率”，有时也被称作无加速通货膨胀下的失业率。

288. 失业会造成哪些影响或损失?

答：失业的影响或损失主要有以下几种：

第一，产量损失，即失业会使得社会损失很多本来应当并且能够生产的产量。美国经济学家奥肯发现，失业率每高于自然失业率 1 个百分点，实际 GDP 就会比潜在 GDP 低 2 个百分点，这就是所谓的**奥肯定律**（Okun’s law）。

第二，失业给失业者本人及家庭造成收入损失。失业使得失业者失去了本来用劳动可以换得的收入，失业津贴虽然会稍微减轻他们这方面的损失，然而无法弥补全部收入损失，而且失业津贴也是加给社会的负担。

第三，失业威胁着作为社会经济单位细胞的家庭的稳定。没有收入或收入遭受损失，户主就不能起到应有的作用，家庭的需求得不到满足，家庭关系将因此受到损害。高失业率往往与吸毒、高离婚率及高犯罪率联系在一起，失业还会对失业者及其家庭造成沉重的精神创伤。

289. 认识不同失业原因对政府降低失业率的政策有什么意义?

答：只有认识不同失业原因，政府才能有针对性地采取降低失业率的政策，才能提高降低失业率的政策效果。比如，治理摩擦性失业，政府就应该用完善劳动市场、沟通市场信息、促进人员流动的办法来解决；治理结构性失业，政府就应该用增加人力资本投资，加强职工培训的办法来解决；治理周期性失业，需要政府用财政政策和货币政策即总需求管理的办法来对付。总之，只有搞清楚失业的原因，政府才能够找到有针对性的治理失业的政策措施。

290. 什么是菲利普斯曲线？为什么失业率和通货膨胀率会存在交替关系？

答：菲利普斯曲线（Phillips curve）最初是说明失业率和货币工资变动率之间交替关系的一条曲线。它是由新西兰经济学家菲利普斯根据 1861—1957 年英国的失业率和货币工资变动率的经验统计资料提出来的，故称之为菲利普斯曲线。一些经济学家认为，失业率高时工人工资会下降，失业率低时工人工资会上升，而货币工资率的增加如果超过劳动生产率的增加，产品的成本就会上升，企业就会通过提高产品价格来消化，因此，货币工资率的提高往往是引起通货膨胀的重要原因。这样，失业通过货币工资变动就和物价变动发生了关系。因此，菲利普斯曲线又成为当代经济学家用以表示失业率和通货膨胀之间此消彼长、相互交替关系的曲线。

货币主义者还提出了失业率和通货膨胀率会存在交替关系的另一种解释。他们认为，如果工资契约是在不存在通货膨胀预期的情况下签订的，那么物价水平上涨会导致实际工资率下降，因而厂商愿意扩大生产，增加就业量，失业率因此下降，在这种情况下，失业率也就会和通货膨胀率反向变动，表现为一种相互替代关系。

291. 什么是经济滞胀？对付滞胀的政策措施可能有哪些？

答：经济滞胀（stagnation）是指经济停滞、失业及通货膨胀（inflation）同时持续高涨的经济现象。对付滞胀的一些做法大致有：

第一，工资—物价管制。这种政策又称“收入政策”，旨在通过限制工资上涨来消除滞胀。该政策的理由是：只要工资不上升，物价就不会上升。具体措施包括：硬性冻结工资和物价；工会和企业自愿议定，共同遵守限制工资收入增长的措施；以增税或减税作为惩罚或奖励以限制工资收入增长的政策。

第二，人力政策。一些经济学家提出，由于存在工资刚性和价格刚性，虽然有失业存在，工资并不下降；但是有职位空缺时，工资会上升，因此失业与职位空缺并存会转化为失业与工资上升并存的滞胀局面。对此，政府应该进行人力资本投资，对劳动力进行再训练，增加劳动市场的流动性，实现劳动力水平流动和垂直流动，以消除失业与职位空缺并存所引起的滞胀。

第三，增加有效供给。供给学派认为，凯恩斯主义把需求看作经济生活中的首要因素，供给是派生的次要因素，因果关系被颠倒了。正是由于面向需求的政策，使政府总是设法改变各阶层收入悬殊的状况，以提高低收入者的需求水平，如扩大社会福利、向高收入者大量征税等。这些政策的实行，一方面打击了人们的储蓄、投资和工作积极性，另一方面降低了失业成本，使很多人宁愿失业。这正是导致经济衰退和通货膨胀并存的原因。他们认为，美国经济中的根本问题不是需求不足，而是供给不足。解决滞胀的唯一办法是提高劳动生产率以增加供给。为此，必须通过减税等激励措施，提高人们储蓄、投资和工作的积极性。

292. 何谓理性预期和政策无效性?

答：理性预期（rational expectations）是指事先根据各种资料、信息，运用有关理论和知识，所作出合乎实际的预测，按照这种预测所得到的结果与实际是一致的。

理性预期学派将理性预期概念和自然失业率结合起来，提出了政策无效性概念。按照理性预期假说，菲利普斯曲线不仅在长期不能存在，在短期也不能存在。因为政府和公众的关系像是下棋的双方，公众会棋高一着，因其信息来源更广、决策更灵活、行动更迅速，政府每走一步，公众便知道其后几步的着法，将其一一化解。所以政府只能采取出其不意的手段，而这样只能收效一时，公众会逐步修改预期，从而消除预期误差。比如，在失业与通货膨胀的关系上，如果失业率较高，公众按照理性预期，事先估计到政府会采取通货膨胀政策，于是抢先把预期的通货膨胀率考虑到工资合同中去，这样政府推行扩张性政策时，由于货币工资率与物价同步上升了，实际工资率没有下降，所以厂商并不扩大生产和增加雇佣工人，在这种情况下，政府即使在短期内也不能用通过提高通货膨胀率的办法来降低失业率。因此，理性预期意味着政府的相机抉择的政策是无效的。

第十七章

宏观经济政策

293. 什么是宏观经济政策？宏观经济政策目标有哪些？

答： 所谓宏观经济政策，指政府为了增进社会整体经济福利、改善整体经济运行状况，以达到一定政策目标而对宏观经济领域进行的有意识的干预。在宏观经济学中，宏观经济政策目标主要有四种：充分就业、物价稳定、经济持续稳定增长和国际收支平衡。当然除了上述目标，一些经济政策也可以在其他方面发挥作用，如调节收入分配、调整产业结构、平衡地区经济发展和治理环境污染等。

294. 为什么政府用来调节宏观经济的政策主要是财政政策和货币政策？什么是财政政策和货币政策？

答： 事实证明，社会经济的稳定发展需要政府的宏观经济政策发挥作用。由于政府有权收税、发行公债、进行公共开支、控制货币供给等，而这些都会影响经济的总需求和总供给，影响整个社会经济的运行。因此，政府用来调节经济的政策主要是影响政府收支的财政政策和变动货币供给的货币政策。

所谓财政政策是指为了减轻经济波动而造成失业和通货膨胀并实现经济稳定增长而对政府的收入和支出所作的决策，也就是国家通过变动政府收支来干预和影响社会经济运行的政策。例如，经济萧条时，政府采用减税措施来刺激消费和投资，或者增加政府购买和转移支付来增加总需求。相反，经济过热、通货膨胀严重时，政府也可以采用增税、减少政府支出等措施来给经济降温以控制通货膨胀。前者是扩张性财政政策，后者是紧缩性财政政策。

所谓货币政策是指货币当局即中央银行通过银行体系变动货币供给量来调节总需求的政策。例如，经济萧条时增加货币供给，一方面可降低利息率，刺激私人投资，另一方面货币供给增加可直接支持企业扩大投资，进而刺激消费，使生产和就业增加。相反经济过热、通货膨胀严重时，可减少货币供给，以提高利率，抑制投资和消费，给经济降温以控制通货膨胀。前者是扩张性货币政策，后者是紧缩性货币政策。

295. 财政政策和货币政策在总需求调节上有何区别？

答： 财政政策通过变动政府收支直接形成社会购买力，影响投资和消费，如减税和增加转移支付就直接增加了消费，扩大公共工程建设或者政府购买，直接增加了投资和消费需求。可是货币政策影响总需求通常是要通过影响利率再影响投资和消费。例如，中央银行增加了货币供给，首先是影响利率再影响投资。正因为如此，在总需求调节上，财政政策作用比货币政策作用更直接、更显著。尤其经济不景气时，扩张性财政政策的作用要比货币政策大得多，因为经济不景气时企业家投资信心普遍不足，即使增加货币供给并降低利率，企业也不愿意增加投资。为此，当年凯恩斯把解决经济萧条问题的政策重点放在财政政策上。

另一大区别是，财政政策是由政府直接安排进行的，包括政府支出和税收等，而货币政策还要通过商业银行或其他金融机构，如果这些机构不配合，政策效果就要受影响。

296. 财政政策工具通常有哪些？这些工具是怎样影响总需求的？

答： 财政政策是国家通过变动政府收支来干预和影响社会经济运行的政策，因此财政政策工具就是那些变动政府收支的渠道。政府收入包括税收和公债两部分，政府支出包括政府购买和政府转移支付两部分。

先看政府收入。税收是政府收入中最主要的部分，它是国家为了实现其职能按照法律强制地、无偿地取得财政收入的一种手段。根据课税对象，税收分为财产税、所得税和流转税三种。应征税额占单位课税对象的比例就是所谓税率。通过税率高低及其变动可反映税收负担轻重和税收总量的关系。因此税率大小及其变动方向对经济活动如个人收入和消费会产生很大影响。降低税率、减少税收会增加总需求和国民产出水平。提高税率、增加税收会降低总需求和国民产出水平。公债是政府对公众的债务或公众对政府的债权。公债的发行，一方面会增加财政收入，影响财政收支，另一方面又能对包括货币市场和资本市场在内的金融市场扩张和收缩起重要作用，从而影响总需求。

再看政府支出。政府购买是政府对商品的购买。如购买军用品、机关办公用品、发放政府雇员报酬、实施公共项目工程所需要的支出都属于政府购买。政府购买是一种实质性支出，有着商品和劳务的实际交易因而直接形成购买力和社会需求。因此，政府购买支出是决定国民收入大小的重要因素之一，从而变动政府购买支出水平是财政政策的有力手段。政府支出的另一部分转移支付是指政府在社会福利保险、贫困救济和补助等方面的支出。转移支付中虽然没有商品和劳务的实际交易发生，但是它会通过增加或者减少转移支付改变接受者的收入从而影响他们的消费支出水平来影响社会总需求，并成为财政政策的手段之一。

297. 直接税和间接税有什么区别？

答：直接税是纳税人无法把税收负担转嫁给他人的税收，纳税人就是税收负担人。个人所得税、财产税、遗产税等都是直接税。与此相反，间接税是纳税人可以把税收负担转嫁给他人的税收。营业税、增值税、消费税等都是间接税。这种税看起来是向工商企业征收，实际上企业是把这些税收放到商品价格里让消费者负担。

298. 什么是国家财政制度中的自动稳定器？哪些制度有自动稳定器功能？

答：自动稳定器，也称为内在稳定器，是指经济系统本身存在一种会减少各种干扰对国民收入冲击的机制，能够在经济繁荣时期自动抑制通货膨胀，在经济衰退自动减轻萧条，无须政府采取行动。这种内在稳定器的功能主要通过以下三项制度得到发挥。

首先是政府税收的自动变化。经济衰退时，国民收入和个人收入下降，在税率不变的情况下，政府税收会自动下降，留给人们可支配收入也会自动少减少一些，从而使消费和总需求也会自动少下降一些。在实行累进税情况下，经济衰退使纳税人收入自动进入较低纳税档次，政府税收下降幅度就会超过个人收入下降幅度，从而更可起到抑制衰退作用。相反，经济繁荣时，情况则会相反，使税收起到抑制通货膨胀的作用。

其次是政府转移支付的自动变化，包括政府的失业救济和其他社会福利支出。经济衰退时，符合救济条件人数会增加，失业救济金和其他社会福利开支会相应增加，就可以抑制人们可支配收入的下降，进而抑制消费需求的下降。经济繁荣时，情况会相反。

最后是农产品价格维持制度。经济萧条时国民收入下降，对农产品需求下降，农产品价格也会下降。政府执行农产品价格维持制度，按支持价格收购农产品，增加农产品储备，这就使农民收入和消费维持在一定水平上。经济繁荣时，农产品价格会上升，这时政府就减少农产品收购并抛售农产品，限制农产品价格上升，从而抑制了农民收入和需求的大幅度增长。

299. 什么是积极的权衡性财政政策？这种政策的有效性为什么会受到质疑？

答：积极的权衡性财政政策是指为保持经济稳定，政府要审时度势，主动采取一些财政措施，变动支出水平或者税收以稳定总需求水平，使之接近物价稳定的充分就业水平。这种财政政策又称为斟酌使用的财政政策。当认为总需求水平很低，出现经济衰退时，政府应减税、增加支出或者双管齐下以刺激总需求；反之，当认为总需求水平过高，出现通货膨胀时，政府应增加税收或者减少开支以抑制总需求。总之，要“逆经济风向行事”。

从20世纪30年代到60年代的相当长时期内，美国一直运用这种政策。但60年代后期以来“滞胀”局面的出现使这种政策的有效性受到了质疑，因为这种斟酌使用的财政政策在实际运用中存在种种限制因素影响这种政策作用的发挥。首先是时滞。认识总需求的变化、变动财政政策以及乘数作用发挥，都需要时间。其次是不确定性。实行财政政策时，政府要面临两方面的不确定：一是乘数大小难以准确地确定；二是政府难以预测总需求水平通过财政政策作用达到预定目标究竟需要多长时间，而在这一时间内，总需求特别是投资可能发生戏剧性变化，这就可能导致决策失误。再次，外在的不可预测的随机因素的干扰，也可能导致财政政策得不到预期结果。最后，财政政策可能存在的“挤出效应”，即政府支出可能会产生挤出私人投资的作用。

300. 功能财政思想如何否定平衡预算的财政理念?

答：积极的权衡性财政政策体现了一种凯恩斯主义的功能财政思想。功能财政思想是对传统的平衡预算思想的否定。平衡预算的财政思想，不管它是强调年度平衡预算，还是强调周期平衡预算，甚至充分就业平衡预算，都是强调最终要达到政府收支平衡。但是凯恩斯主义的功能财政思想主张财政预算不在于追求政府收支平衡，而在于追求无通货膨胀的充分就业。为实现这个目标，预算可以是盈余，也可以是赤字。当经济低于充分就业水平时，政府有义务实行扩张性财政政策来实现充分就业。如果预算起初是盈余，政府可减少盈余甚至造成赤字；如果起初预算是赤字，政府可允许有更大赤字。相反，当经济存在通货膨胀缺口时，政府应实行紧缩性财政政策。总之，按功能财政思想，政府应关心经济比关心预算为重。这种功能财政思想就是积极的权衡性财政政策的指导思想。

301. 凯恩斯主义的功能财政思想后来在实践中遇到了什么问题?

答：凯恩斯主义的功能财政思想后来在实践中遇到的最大问题是财政赤字不仅始终居高不下，而且有越来越大的趋势，根本原因是财政支出总快于财政收入。从收入看，由于经济增长乏力以及减税等原因，财政收入占 GDP 的比重逐步下降，而财政支出占 GDP 的比重逐步上升，其原因最主要是人口老龄化成为趋势，使医保、社保这些刚性支出持续攀升，加上原来庞大的公债规模带来的利息支出大幅上升，使财政赤字不断增加。解决财政赤字问题无非增加税收、减少支出和举债三条路。增加税收会得罪有钱选民，减少支出主要是压缩医保、社保等支出，这就会得罪钱少的选民。为了争取选民，最好办法还是政府举债。2001—2010 年全球公共债务大量增加并且很大部分来自西方发达国家。不少西方发达国家都卷入了债务危机。这就是财政赤字债务化的结果，也是凯恩斯主义的功能财政思想在实践中遇到的最大问题。

302. 财政赤字和公债如何相互影响?

答: 公债作为政府取得收入的一种形式可以为财政预算赤字融资，使得赤字得到弥补。但公债要还本付息，年末清偿的债务会逐渐积累成巨大的债务净存量，这些净存量所要支付的利息又会构成政府预算支出中一个庞大的支出，成为财政支出中重要的组成部分。

一国预算总赤字等于非利息赤字（由不包括公债利息支付的全部政府开支减去全部政府收入构成）和利息支出的总和，因此，即使非利息赤字为零或不变，只要利息支出增长，总赤字也会增加。赤字的增长如仍通过债务融资解决，利息支出又会增加，从而使赤字进一步增加。如此循环往复，使公债利息支出本身成为财政赤字和公债逐步增长的重要因素之一。

303. 什么是财政政策的“挤出效应”? 这种“挤出效应”如何影响财政政策的效果?

答: 财政政策的“挤出效应”是指政府支出增加所引起的私人消费或投资降低的效果。这里讲的政府支出主要是指政府购买支出。这是因为，政府支出增加所需要的资金通常是用发行公债解决的，为了使债券能发行出去，必须提高债券收益率，也就是利率，这就会抑制私人部门的投资需求。同时，如果一部分公债由居民购买，就会减少他们的消费。如果政府支出增加会使利率明显上升，或者企业投资对利率反应非常敏感，那么这种“挤出效应”就会很大，使财政政策效果受到严重影响。

304. 中央银行的主要职能有哪些？

答： 一般认为，中央银行具有三个职能：

一是作为发行的银行，即发行货币的银行。此外，中央银行还管理国家的黄金和外汇储备。

二是作为银行的银行，为商业银行开户，吸收它们的存款（主要是存款准备金），通过再贷款、贴现和公开市场操作，为商业银行提供资金支持，并为各银行之间交易办理非现金结算。

三是作为政府的银行，代办政府预算收支。

305. 什么是法定准备金和法定准备率？这种准备率高低与货币供给量有何关系？

答： 银行每日接受的存款必须经常保持一定数量货币作为随时支取需要的准备。这一定数量的货币称为准备金。在现代银行制度中，这种准备金在存款中应当占有的比率是由政府（具体由中央银行代表）规定的，称为法定准备率（legal reserve ratio）。按法定准备率提取的并必须存放在中央银行的准备金就是法定准备金。由于所有商业银行都想赚取尽可能多的利润，因此总会把法定准备金以上那部分存款贷放出去。这种以较小比率的准备金来支持活期存款的能力，就使得银行体系能够创造货币。假定法定准备率是 20%，银行吸收到 100 万元存款，只要扣除 20 万元准备金，其余 80 万元就可以贷放出去。得到这笔贷款的企业又会将它存放在另一家银行以随时支取用。于是，这家银行同样又可以贷放出去这 80 万元中的 64 万元。这样，一轮一轮贷放出去的结果，从理论上说，可以使银行的活期存款扩大 5 倍，即 500 万元。银行的活期存款同样也等于货币。可见，法定准备率越低，银行体系创造货币的能力越强。也就是说，货币供应量与法定准备率直接有关。正因为如此，中央银行可以将变动法定准备率作为调节货币供应量的有力工具。需要扩大货币供应量时，中央银行可降低法定准备率，使商业银行有更多货币贷放出去；相反，需要收缩货币供应量时，中央银行可提高法定准备率。

306. 什么是货币乘数？货币乘数大小和哪些变量有关？

答： 一单位高能货币（所谓高能货币是指商业银行的法定和超额准备金以及非

银行部门持有的货币，也就是基础货币）能带来若干倍货币供给，这若干倍即货币创造乘数，也就是货币供给的扩张倍数。如果用 H、Cu、RR、ER 分别代表高能货币、非银行部门持有的通货、法定准备金和超额储备金，货币供给量 M 等于非银行部门持有的通货加活期存款 D，那么

$$H=Cu+RR+ER \tag{17.1}$$

$$M=Cu+D \tag{17.2}$$

则，

$$\frac{M}{H}=\frac{Cu+D}{Cu+RR+ER} \tag{17.3}$$

再把等式（17.3）的分子分母都除以 D，则得：

$$\frac{M}{H}=\frac{Cu/D+1}{Cu/D+RR/D+ER/D} \tag{17.4}$$

等式（17.4）就是货币乘数，在上式中，Cu/D 是现金存款比率，RR/D 是法定准备率，ER/D 是超额准备率。

从等式（17.4）可见，现金存款比率越小，货币乘数越大；而法定准备率和超额准备率越大，货币乘数越小。

307. 为什么货币乘数会随市场利率提高而提高，随再贴现率提高而下降？

答：市场利率上升时，银行持有准备金的机会成本上升，因而会降低超额准备率，从而提高货币乘数。贴现率提高，银行会增加超额准备金，从而使超额准备率提高，并使货币乘数变小。

308. 债券价格与市场利率有何关系？认识这一点对认识货币政策工具有什么意义？

答：债券价格与市场利率具有反方向变动关系。假定一张每年取得 10 美元利息的债券，价格为 100 美元时，利率就是 10%；价格为 200 美元时，利率就是 5%。就是说，债券价格越高，表明利率越低。反过来，情况也是如此。认识这一点，就不难理解为什么公开市场业务可以作为货币政策工具了。例如，如果政府觉得目前社会经济温度太高，通货膨胀太严重，需要用公开市场业务的货币政策工具给经济降温，就可以让央行在金融市场上卖出债券，增加债券供给，让债券价格下降，也

就是使利率上升，以抑制投资和消费。相反，如果政府觉得目前社会经济过分不景气，失业情况太严重，需要用公开市场业务的货币政策工具给经济升温，就可以让央行在金融市场上买进债券，减少债券供给，让债券价格上升，也就是使利率下降，以刺激投资和消费。

309. 什么是货币供给函数?

答: 货币供给函数指货币供给与影响货币供给的诸因素之间的关系。从货币乘数公式可知:

$$M=\frac{Cu/D+1}{Cu/D+RR/D+ER/D}\times H \tag{17.5}$$

可见，当高能货币存量 H 给定时，货币供给随货币乘数增加而增加，而货币乘数又和银行存款准备率（包括法定的和超额的）以及现金存款比率有关。其中，最主要是和存款准备率有关。银行超额准备率会随市场利率提高而下降，随中央银行贴现率下降以及活期存款净流量不确定性下降而下降，而法定准备率则由中央银行决定。

当货币乘数给定时，货币供给量随基础货币增加而增加。中央银行主要通过变动再贴现率和公开市场操作来变动基础货币。当再贴现率下降，银行向中央银行借款增加，即准备金增加或者说基础货币增加。当中央银行通过公开市场业务买进公债时，流通中基础货币也增加。

310. 传统的货币政策工具有哪些? 其中最常用的工具是什么?

答: 传统的货币政策工具通常有:

(1) 再贴现政策。再贴现率是中央银行对商业银行以及其他金融机构的贷款利率。再贴现政策也常称为贴现率政策，是指中央银行通过变动给商业银行以及其他金融机构的贷款利率来调节货币供给量的政策。贴现率提高，商业银行向中央银行的借款就会减少，准备金从而货币供给量就会减少；贴现率降低，商业银行向中央银行的借款就会增加，准备金从而货币供给量就会增加。

(2) 公开市场业务。这是指中央银行在金融市场上公开买卖政府债券以控制货币供给和利率的行为。中央银行在金融市场上买进政府债券时，一方面直接增加了市场上货币供给，另一方面又促使债券价格上升即利率下降；相反，中央银行在金融市场上卖出政府债券时，一方面直接减少了市场上货币供给，另一方面又促使债券价格下降即利率上升。

(3) 法定准备率。由于货币供应量与法定准备率直接有关。所以，中央银行可以将变动法定准备率作为调节货币供应量的有力工具。需要扩大货币供应量时，中央银行可降低法定准备率；相反，需要收缩货币供应量时，中央银行可提高法定准备率。从理论上说，变动法定准备率是中央银行调整货币供给量最简单的办法，但中央银行一般较少使用这一工具，主要是变动法定准备率的作用十分猛烈，如果经常使用，商业银行的正常信贷业务会受到严重干扰。

几种政策工具中最常用工具是公开市场业务，因为这一工具相比其他手段有着不少优点。一是在公开市场业务中，中央银行可及时按照一定需要的规模买卖政府债券，从而准确地控制银行体系的准备金。需要较多变动货币供给时，就多买进或卖出一些债券，否则就少买进或卖出一些债券。二是公开市场操作很灵活，便于央行及时改变货币供给变动的方向，变买进为卖出债券，就立即能使增加货币供给为减少货币供给，从而会使这种政策有一种连续性效果，即使有了政策失误，也容易及时纠正，比贴现率政策、法定准备率政策灵活多了。三是这一政策工具对货币供给的影响可以比较准确地预测出来，比方说一旦买进一定数量债券，就可以大体上按货币乘数估计出货币供给增加了多少。

311. 影响货币政策效果的因素有哪些?

答: 货币政策既然是通过变动货币供给来调节利率和投资进而影响总需求的政策，因此影响货币政策效果的主要因素是:

第一，货币需求对利率变动反应的灵敏程度。如果利率稍有降低，货币需求就增加很多，那么中央银行增加货币供给时，利率就只会有很小幅度下降，从而投资增加幅度也不会大，即货币政策效果就小。相反，如果货币需求对利率变动反应不灵敏，那么政策效果就大。

第二，投资对利率变动反应的灵敏程度。如果利率稍有降低，投资就会大幅度增加，即投资对利率变动反应非常灵敏，那么，货币政策效果就大；否则，货币政策效果就小。

312. 货币政策对总需求的调节有哪些局限性?

答: 货币政策对总需求的调节的局限性主要有:

第一，货币政策对反通货膨胀有效果，但是对衰退作用较小。在经济衰退时期，厂商对经济前景普遍悲观，即使中央银行松动银根，降低利率，投资者也不肯轻易贷款投资，银行为安全起见，也不肯轻易贷款，因此货币政策对反衰退作用效果甚微。即使从反通货膨胀的角度看，货币政策的作用也主要表现于反对需求拉动的通货膨胀，而对成本推进的通货膨胀效果就很小，因为成本推进的通货膨胀不是货币因素的需求拉上去的。

第二，货币政策作用的发挥，有赖于货币流通速度不变。如果流通速度变化，货币供给对经济的影响就要打折扣。例如，在通货膨胀严重时期，人们一般不愿将货币留在手里，因此货币流通速度加快，本来的 1 元钱也许可完成 2 元钱的交易，这时就是中央银行减少货币供给也难以把通货膨胀率降下来。反过来，经济萧条时货币流通速度下降，即使中央银行增加货币供给，可能对经济刺激作用也要打折扣。

第三，货币政策作用的外部时滞也影响政策效果。中央银行变动货币供给量，要通过影响利率，再影响投资，然后再影响国民收入。货币政策作用要经过一段时间才能充分发挥出来，这就是所谓时滞。尤其是利率变化后，投资规模不容易马上相应变动，因为扩大或者缩小生产规模都不是容易的事。在此过程中，经济情况可能会发生和人们预料的相反变化。这都会使货币政策作用受到影响。

第四，前面题中讲到的“挤出效应”也会影响货币政策的作用。

313. 什么是货币政策执行中的“泰勒规则”?

答：泰勒规则是美国斯坦福大学经济学教授约翰·泰勒于 1993 年根据美国实际经济数据提出的针对通货膨胀率和产出增长率调节利率的货币政策规则。泰勒通过对美国、英国以及加拿大等国货币政策实践的研究发现，在各种影响物价水平和经济增长率因素中，真实利率是唯一能与物价水平和经济增长保持长期稳定关系的变量。因此，要使货币政策真正调节物价（从而通货膨胀）和经济增长（从而就业），货币当局就应当把调整真实利率作为主要操作方式。泰勒规则就是这样一种描述短期利率如何针对通货膨胀和产出变化调整的法则。

泰勒提出，央行政策应遵循以下法则：

$$i=i^{*}+a(P-P^{*})-b(u-u^{*}) \tag{17.6}$$

式中，P 和 P^{*} 是实际通货膨胀率和目标通货膨胀率，u 和 u^{*} 是实际失业率和目标失业率，i 和 i^{*} 是名义利率（以联邦基金利率即银行短期拆借资金利率）和名义目标利率。a 和 b 是正的系数，表示央行对通货膨胀和失业的关心程度。

假定经济中存在一个"真实"的均衡联邦基金利率，在该利率水平上，就业率和物价均保持在由其自然法则决定的合理水平上。如果上述真实利率、经济增长率（从而就业率）和通货膨胀率的关系遭到破坏，货币当局就应采取措施予以纠正。如果通货膨胀率高于目标值（P 大于 P^*），央行就应将名义利率 i 设定为高过 i^*，以抑制通货膨胀；如果失业率高过自然失业率（$u-u^*$），央行就应当降低名义利率，以降低失业率。

泰勒认为，没有必要刻板地执行这个规则。当经济发生严重外来冲击时，货币政策不必拘泥于这个公式。但他强调这个规则提供了一个货币政策思路：选择一个通货膨胀目标，不仅考虑当前通货膨胀，也考虑失业情况。研究发现，美国和德国中央银行制定货币政策时，并不考虑泰勒规则，但这个规则却很好地描述了它们过去 15～20 年的行为。有人认为，1993 年和 1994 年美联储主席格林斯潘两次关于货币政策调整的证词都反映了泰勒规则的影响。

314. 为什么财政政策和货币政策要混合使用？这种混合使用为何要根据政策目标加以选择？

答： 由于财政政策和货币政策会对利率和总需求结构从而对国民收入产生不同的影响，因此对总需求调节时常常需要把两种政策搭配起来使用。搭配方式不同，产生的政策效果会不同，适用的经济环境也不相同，因此要根据政策目标加以选择。

扩张性财政政策和紧缩性货币政策相混合会导致利率上升产生"挤出效应"。经济萧条但不太严重时可采取这种组合，一方面用扩张性财政政策刺激需求，另一方面用紧缩性货币政策控制通货膨胀。

紧缩性财政政策和紧缩性货币政策混合会使总需求减少，国民收入水平下降。当经济发生严重通货膨胀时，可采用这种政策组合，以降低总需求，抑制通货膨胀。

紧缩性财政政策和扩张性货币政策混合会使利率下降，投资增加，以防止总需求下降过多。经济出现通货膨胀但不太严重时，可用这种组合，一方面用紧缩性财政政策降低总需求，另一方面用扩张性货币政策降低利率，刺激投资，防止经济衰退。

扩张性财政政策和扩张性货币政策混合会引起总需求增加，推动经济复苏、高涨。经济出现严重萧条时，可用这种组合，一方面用扩张性财政政策增加总需求，另一方面用扩张性货币政策降低利率，减少"挤出效应"。

如何采用财政政策和货币政策的混合，不仅取决于经济因素，还取决于政治等因素，因为财政政策和货币政策作用的结果，会使国内生产总值的构成发生变化，从而对不同阶层、不同利益集团产生不同影响。因此，政府在作出混合使用财政政策和货币政策的决策时，必须统筹兼顾，充分考虑各方面的利益。

315. 在要不要对总需求管理问题上，西方经济学家有什么争论？

答：在要不要对总需求管理问题上，主张经济自由的经济学家不主张对经济加以干预。

他们认为经济波动的根源是外生因素的干扰，市场本身会适应这些干扰，对经济环境的变化提供良好解决办法，政府干预不但无效，可能反而带来一些问题：一是经济变动有很大不确定性，而政府预测能力有限，给政策制定带来难度，弄得不好，政策效果会适得其反。二是政策从认识到决策，再到实施和产生效果，都有一个时滞。在这个过程中，经济可能发生了与预期目标不同的变化，就会影响经济政策效果。三是公众可能对政策作出理性预期的反应，可能使政策变得无效。根据这些理由，他们不赞成对经济波动作人为干预。

但是，凯恩斯主义者认为，经济在遭受冲击后会过分波动，工资和价格并不能迅速调整到市场出清状态。如果衰退引起了大规模失业和经济萧条，会给社会带来长期痛苦，因此政府采取稳定经济的政策是必要的。

316. 什么是巴罗-李嘉图等价定理？凯恩斯主义者为什么不赞成这种定理？

答：凯恩斯主义者认为，国家实行赤字财政政策时，用发行公债比增加税收弥补赤字要好，增加税收会影响消费需求，从而影响赤字财政政策的效果。

新古典主义经济学家 R. 巴罗根据当年（1817 年）英国古典经济学家大卫·李嘉图的一个猜测，即认为政府用公债筹资和用增加税收筹资对经济的影响可能是一样的，因为人们会认识到政府还债还是要用增加税收来解决，因此他们会把相当于未来增加税收的一部分财富储蓄起来，尽管李嘉图自己并不认为上述猜测在现实中行得通，但巴罗认为，按理性行事的人们确实是会如此行事的，即使政府用来还债的更高赋税可能部分会落到后代人身上，但人们都是关心后代的，因此还是会增加储蓄给后代以应付还债。这就是所谓的巴罗-李嘉图等价定理。之所以叫等价定理，是因为其认为发行公债和增加税收弥补财政赤字对经济的影响其实是相同的，因为根据这一定理，政府借债只是公民纳税被推迟而已，并不会刺激消费，因此政府用发行公债弥补赤字财政政策是无效的。

巴罗-李嘉图等价定理受到凯恩斯主义者批评。他们认为，人们通常并没有动机为超出自己生命限度的未来征税而储蓄财富。他们关心的是自己当前的利益，并不关心自己生命以外的事情，并不会认为今天的政府借债就是明天更重的赋税从而为未来还债增加储蓄，而会把钱用于消费和投资。因此政府用发行公债弥补赤字财政来增加总需求的政策还是有效的。

317. 凯恩斯主义者的供给管理政策的工具主要有哪些？这些政策工具出台的背景和直接意图是什么？这些政策与供给学派那套政策有何区别？

答：凯恩斯主义者的供给管理政策的工具主要有收入政策和人力政策。收入政策是用来限制垄断企业和工会对物价和工资操纵的一种重要政策，即实行以管制工资—物价为主要内容的政策，通常包括（1）工资—物价“指导”线，即由政府要求企业和工会通过协商，自愿把工资和物价增长率限制在全社会劳动生产率平均增长幅度以内。(2) 对某种具体较快上涨工资或者物价形势，由政府进行“权威性”劝说或者施加压力来扭转局势。(3) 实行工资—物价的硬性管制，即由政府颁布法令对工资和物价实施管制，甚至暂时加以冻结。(4) 以税收为基础的收入政策，即政府以税收作为惩罚或者奖励的手段来限制工资增长。如果工资增长超过政府规定界限，则以增加所得税作为惩罚；如果工资增长率保持在政府规定界限以下，则以减少个人和公司所得税作为奖励。

人力政策是用来改进劳动市场状况，消除劳动市场不完全性，以便克服失业和通货膨胀进退两难困境的。这种政策通常包括以下措施：发展多吸收劳动力的服务部门；由政府直接雇用私人企业不愿雇用的工人和非熟练工人，让他们从事社会有益事业，并使这些处境不利的工人通过有用经验的学习和劳动习惯的养成能够干那些正规的永久性的工作；加强劳动力的重新训练；提供信息帮助，指导和协助失业人员寻找工作，增加就业机会；增大劳动力在地区或者职业方面的流动性等。

收入政策主要是想控制成本推进的通货膨胀，因为这种政策是用来限制垄断企业和工会对物价和工资操纵的一种政策。限制垄断企业对物价的操纵，实际就是限制垄断企业的利润，限制工会对工资的操纵和限制垄断企业的利润一样，都是为了控制成品成本从而控制成本推进的通货膨胀。人力政策的直接意图明显就是降低失业率。这两方面政策出台的背景是 20 世纪 70 年代各主要西方国家出现的滞胀局面。在这种局面下，调节总需求的宏观经济政策，无论是财政政策还是货币政策都显得无能为力，因为如果为降低失业率而刺激总需求，就会进一步加剧通货膨胀；

如果为降低通货膨胀率而抑制总需求，就会进一步加剧失业局面。就是说，调节总需求的宏观经济政策，只能用来对付单独发生的失业和通货膨胀。为了对付同时出现的失业和通货膨胀，就有必要在推行宏观的财政政策和货币政策的同时，实行收入政策和人力政策。

以上这些收入政策和人力政策应当说还只是凯恩斯主义新古典综合派的财政政策和货币政策的配角，目的只是对付滞胀问题。但供给学派的那套供给管理政策可以说真正是重视增加供给的作用，因为供给学派的那套供给管理政策主张的核心是强调激励，认为激励意味着对工作、储蓄、投资和企业家才能足够的报酬，从而能够对生产和供给起到鼓励。例如，降低边际税率就会提高资产报酬率，鼓励储蓄和投资，提高劳动生产率，降低产品成本，缓和通货膨胀，使消费、生产和就业增加。

第十八章

经济增长和发展

318. 什么是经济增长？它和经济发展是否为同一概念？

答：经济增长（economic growth）常指一个国家或一个地区的产品产量的增加。这里的产量既可以表示为经济的总产量（GDP），也可以表示为人均产量（人均 GDP）。

经济增长和经济发展不是同一个概念，而是两个既有联系又有区别的概念。如果说经济增长更多地是一个强调“量”的概念，那么经济发展就是一个比较复杂的“质”的概念。从广义上而言，经济发展不仅包括经济增长，而且还包括国民的生活质量以及社会各个不同方面的总体进步。一般来说，经济发展包括三层含义：

其一，经济量的增长，即一个国家或地区产品和劳务的增加，它构成了经济发展的物质基础；

其二，经济结构的改进和优化，即一个国家或地区的技术结构、产业结构、收入分配结构、消费结构以及人口结构等经济结构的变化；

其三，经济质量的改善和提高，即一个国家和地区经济效益的提高、经济稳定程度、卫生健康状况的改善、自然环境和生态平衡以及政治、文化和人的现代化进程。

319. 为什么国内生产总值增长率不能完全看作经济增长率？

答：国内生产总值增长率（以下称 GDP 增长率）之所以不能完全看作是经济增长率，主要是因为以下几个方面：

其一，GDP 增长率中含有的物价上涨因素必须剔除，只有实际 GDP 的变动才能真实反映经济增长的情况。

其二，应该考虑人口变动因素，如果人口增长率超过了 GDP 增长率，人均 GDP 就会下降，人们的实际生活水平也会因此下降。

其三，有些经济学家认为，衡量经济的增长，不应该以实际 GDP 为标准，而应该以国家的生产能力即潜在 GDP 为标准，因为只有这样才能撇除总需求变动因素。

其四，一些经济学家认为，不管是用实际 GDP 还是潜在 GDP 来作为衡量经济增长的标准都存在缺陷，因为这两个指标主要关注物质产出的增加，而忽视了人类其他方面福利的增进，比如工作时间的缩短、产品质量的改进以及医疗进步等等。同时一些不经过市场交易的许多经济活动也无法统计到经济增长中去，更重要的是，GDP 增长给社会带来的环境污染、资源枯竭等也无法得到反映。

320. 经济增长的因素主要有哪些？其中哪些属于生产要素供给，哪些属于要素的生产效率？

答：美国经济学家丹尼森认为，影响经济增长的主要因素有七大类：

（1）就业人数及其年龄与性别构成；

（2）包括非全日制工作的工人在内的工时数；

（3）就业人数接受教育的年限；

（4）资本存量的大小；

（5）资源配置，主要指低效率使用的劳动力的比重的变动；

（6）规模的节约，以市场的扩大来衡量，即经济规模；

（7）知识进展。

其中，前四种因素属于生产要素供给的范畴，后三种属于要素的生产率范畴。

321. 生产要素效率增进的原因有哪些？

答：生产要素效率增进的原因主要在于：

一是资本品积累（投资）的增加。每个工人拥有的资本品越多，越是用先进的工具和设备把自已武装起来，他们的产出就会越大。

二是劳动力质量的提高。先进的技术设备必须要由高素质的劳动力来操纵，因此劳动力越有技能，越能够驾驭先进的技术设备，其生产率越高。

三是资源从低生产率部门不断转移到高生产率部门的重新配置。例如，劳动力从生产率低的传统农业部门转移到生产率高的现代工业部门，社会生产率就会大大提高。

四是技术变革尤其是高新技术转化为现实的生产力。技术的进步体现在更高的产品质量、更好的生产方法和更有效率的生产组织方式上。

322. “零增长”理论是怎样产生的？是否可取？

答：“零增长”理论产生的背景与经济增长的代价过高有关。20 世纪 60 年代以来，西方国家经济增长过程中出现了环境污染、工业废物处理困难、自然资源枯竭、居民公害病症增多以及城市人口拥挤、交通阻塞等诸多问题。在这一背景下，一些西方经济学家开始对经济增长持否定和悲观态度，并进而提出停止经济增长和人口增长，以使人类避免灾难的“零增长”理论。零增长理论的主要代表著作有：米香（E. J. Mishan）于 1967 年发表的《经济增长的代价》、福里斯特斯（J. Forresters）于 1971 年发表的《世界动态》和梅多斯（D. H. Meadows）等人于 1972 年发表的《增长的极限》。

“零增长”理论一经提出，就引起广泛的争论，主要的争论集中在以下几个方面：

第一，实行一种阻止经济增长的决策是不容易的，用行政命令控制经济增长的方式本身就不可取。

第二，零增长将严重损害在国内或国外消除贫困的努力，就改善一些发展中国家的生活状况而言，经济增长是完全必要的。

第三，经济零增长不容易对有效的环境保护提供资金，环境的改善需要资金支持，只有经济增长，才能取得这些资金。

正是基于以上理由，很多经济学家认为，“零增长”理论是不可取的。但是该理论也提醒我们经济增长不能以牺牲环境和资源为代价，否则经济增长是不可持续的，在这一方面，“零增长”理论还是有一定的价值的。

323. 什么是可持续发展？可持续发展的要求有哪些？

答：可持续发展被定义为既满足当代人的需要，又不损害未来世代人满足其自身需要能力的发展。尽管对此定义人们有各种不同的解释，但有两点是共同的：(1) 认识到环境与资源对经济增长的制约；(2) 强调代际内和代际间的公平。

可持续发展的要求包括：(1) 在经济增长中逐渐以人力资源及人类制造的生产能力替代自然资源消耗。(2) 严格控制人口增长。要在不断提高生活水平的同时不影响生态环境，必须控制人口增长。(3) 改变生产方式和生活方式。改变生产方式就是要改变资源消耗型的粗放经济方式，提高产品科技含量。改变生活方式，就是要改变人们在具有充分购买力时过度消费的奢侈习惯。(4) 要遵循代际公平原则。在发展经济时，不仅要考虑当代人的利益，还要为未来世代人着想。

324. 什么是循环经济和低碳经济？

答：循环经济（cyclic economy）即物质闭环流动型经济，是指在人、自然和科学技术的系统内，在资源投入、企业生产、产品消费及其废除的全过程中，把传统的依赖资源消耗的线性增长经济，转变为依靠生态型资源循环来发展经济。循环经济注重的是物质的循环利用，多次被利用，使经济活动生态化。

低碳经济是指经济增长与二氧化碳排放脱钩的经济。其目标有二：一是保持经济增长；二是减少石化能源（如石油、煤炭、天然气）消耗和二氧化碳排放。低碳经济所要求的脱钩，一指绝对脱钩，即二氧化碳排放随着经济增长表现为负增长，这是发达国家当前应当采纳的方案；二指二氧化碳排放的速度要低于经济增长，一般可用单位 GDP 的消耗二氧化碳强度来衡量。

325. 为什么哈罗德-多马模型是以凯恩斯的有效需求理论为基础的？

答：哈罗德-多马增长模型主要研究的是：社会经济要实现充分就业的稳定增长所必须满足的条件，即为了使经济在充分就业下保持均衡的增长，投资及储蓄的增长与收入的增长之间应保持什么关系。哈罗德-多马模型是以凯恩斯理论为基础，并在此基础上发展起来的。凯恩斯理论认为：社会经济达到均衡的条件是，在一定的国民收入水平上厂商准备进行的投资即意愿投资恰好等于（或全部吸收）该收入水平上人们提供的储蓄。均衡国民收入的大小，取决于有效需求。由于凯恩斯采取的是短期的比较静态的分析方法，因此从有效需求不足出发，只考察了投资在增加总需求方面的作用。实际上，投资一旦形成，就能形成新的生产能力，增加总供给，在这方面，凯恩斯未予以考察。哈罗德-多马模型沿袭了凯恩斯的均衡分析方法，以储蓄等于投资这一基本公式为依据，把分析方法长期化、动态化，考察长期内(即人口、资本和技术可变的时期内）社会经济实现均衡增长所需要的条件，提出在一定的假设条件下，经济增长中三个变量即储蓄率 s（即储蓄在国民收入中所占比例)、资本一产出比率 v 及有保证的经济增长率 G_w 三者的关系应为 $G_w = s/v$，因此，哈罗德-多马模型不仅考虑了投资对总需求的作用，而且从长期的、动态的角度，考虑了收入增加后对投资的加速作用。经济要保持长期均衡增长，投资也要保持一定的增长率。

哈罗德-多马模型亦可进行如下变化：

$$G_w=\frac{s}{v} \tag{18.1}$$

由于 $G_w=\frac{\Delta Y}{Y}$， $s=\frac{S}{Y}$， $v=\frac{I}{\Delta Y}$，因此有如下关系：

$$\frac{\Delta Y}{Y}=\frac{S/Y}{I/\Delta Y} \tag{18.2}$$

再由（18.2）可得：

$$\frac{\Delta Y}{Y}\cdot\frac{I}{\Delta Y}=\frac{S}{Y} \tag{18.3}$$

$$\frac{I}{Y}=\frac{S}{Y} \tag{18.4}$$

因此，最终由等式（18.4）得到：

$$I=S \tag{18.5}$$

等式（18.5）正是凯恩斯有效需求理论中的基本公式：储蓄等于投资。可见，哈罗德-多马模型是以凯恩斯理论为基础的。

326. 什么是新古典增长模型的基本公式？

答：在哈罗德-多马增长模型中，只有 $G=G_w=G_n$ 即实际增长率、有保证的增长率（均衡增长率）和自然增长率（长期中人口和技术进步所容许的增长率）相等时，才能实现充分就业的均衡增长。而这种增长的可能性极小。许多经济学家认为，这一结论与现实情况不符。第二次世界大战以后西方各国经济虽有波动，但并没有出现哈罗德所说这种大起大落。为说明这一情况，一些学者又提出了一些增长模型，其中美国学者索洛提出的新古典增长模型影响最大。

新古典增长模型假定，全社会只生产一种产品；资本—产量比率可变；从而资本—劳动比率也可变；规模报酬不变。在上述假定条件下，索洛推导出如下新古典增长模型的基本方程：

$$sf(k)=\dot{k}+(n+g+\delta)k \tag{18.6}$$

在（18.6）式中：

$k=K/AN$=资本与有效劳动之比，即为有效劳动的平均资本量（这里 A 为知识或技术水平的存量，N 为劳动投入量，AN 被称为有效劳动）之比。

$\dot{k}$ 为单位时间（如年）k 的增加量；n 为劳动增长率；g 为技术进步率；δ 为折旧率；s 为储蓄率，即储蓄在收入中的比率。

$f(k)=\tilde{y}=\frac{Y}{AN}$，表示有效劳动的平均产量。

$sf(k)$ 表示单位有效劳动的储蓄，它表明一个社会的有效劳动的人均储蓄被用于以下几部分：一部分用于为每单位有效劳动配备更多的资本设备，表现为有效劳动人均资本的增加，这可称为资本的深化；一部分用于为每一个新增加的人口（劳动）配备资本设备（nk）；一部分用于满足技术进步的需要（gk）；还有一部分用于因资本存量磨损而计提折旧的需要（δk），后面三部分可称为资本的广化。

327. 新古典增长模型的稳态条件是什么？

答：在新古典增长模型中，假定总产出函数是关于资本（K）和有效劳动（用知识存量 A 与劳动投入量 N 的乘积表示）的一次齐次函数（即规模报酬不变）。在这一假设下，有效劳动的平均产出水平就取决于有效劳动的平均资本存量（即总的资本存量除以有效劳动，即 $k=K/AN$），即：

$$\tilde{y}=\frac{Y}{AN}=f(k) \tag{18.7}$$

当有效劳动的平均资本存量（k）不会随着时间的变动而变动时（也即 k 的增长率 $\dot{k}$ 为 0 时），有效劳动的平均产出水平也就不会随着时间的变动而变动了，这种状态就是所谓的**稳态**（steady-state）。

根据新古典增长理论的基本公式（18.6）可得：

$$\dot{k}=sf(k)-(n+g+\delta)k \tag{18.8}$$

等式（18.8）表明，一方面，由于在经济增长过程中，现有资本存量会不断磨损折旧，因此需要有新的投资来弥补这种磨损折旧；另一方面，由于人口（劳力）的增加需要新的资本设备来装备新增的劳动，同时技术进步也需要更多的资本。因此，如果经济中新增的储蓄（$sf(k)$）刚好能够满足因资本存量磨损和因劳动数量增多以及因技术进步所需要增加的资本在数量上等于 $(n+g+\delta)k$，此时 $sf(k)=(n+g+\delta)k$，则 k 的增长率 $\dot{k}$ 就为 0，即有效劳动的平均资本存量（k）就只能维持在原有水平上，从而人均产出水平也会保持不变，这就是所谓的稳态条件。

328. 新古典增长模型怎样说明只有技术进步才能达到经济持续增长和生活水平不断上升?

答: 在新古典增长模型中，有效劳动的平均产出水平（$\tilde{y}$）等于总产出（Y）除以总的有效劳动投入量（AN），如等式（18.1）所示。根据该等式可推知，人均产出（y）为：

$$y=\frac{Y}{N}=Af(k) \tag{18.9}$$

将等式（18.9）左右两边取自然对数，然后关于时间求导可知，人均产出的增长率（$\dot{y}/y$）等于技术水平的增长率（$\dot{A}/A$）与有效劳动平均产出水平的增长率（$f(\dot{k})/f(k)$）之和，即：

$$\frac{\dot{y}}{y}=\frac{\dot{A}}{A}+\frac{f(\dot{k})}{f(k)} \tag{18.10}$$

在新古典增长模型中，不管经济的初始状态如何，最终总会收敛于稳态，而一旦经济达到稳态，则有效劳动的平均资本存量（k）的增长率就会等于0（即 $\dot{k}/k=0$），因而有效劳动的平均产出水平的增长率（$f(\dot{k})/f(k)$）也会等于0，在这种情况下，人均产出水平的增长率（$\dot{y}/y$）就只等于技术水平的增长率（$\dot{A}/A$），只有技术进步才能解释持续增长和生活水平的不断上升。

329. 为什么说技术进步也要通过制度尤其是产权制度来实现?

答: 技术进步也要通过制度尤其是产权制度来实现是历史事实证明了的。在人类历史上，前工业社会虽然也有技术进步，如青铜器和铁器的发明与使用，但这都是因为在长期生产活动中的偶然发现和缓慢改进而实现的。近代资本主义经济制度产生以来，生产技术进步突飞猛进，越来越快，原因看来很多，但其中最根本原因是有了先进的产权保护制度。新制度经济学家诺斯论证过，工业革命之所以会在英国发生，并非因为英国有着当时世界上最先进的技术，而是因为有着最先进的私人产权保护制度。先进的产权保护制度对技术进步之所以那么重要，主要是因为技术进步离不开创新，而创新必须靠有效的产权制度来保护。为什么?

一是承担风险的需要。工业社会时代的创新不再是偶然的、自然产生的，而是企业有意识进行持续研究与开发的结果。研究与开发不仅需要大量资金，还会面临巨大风险，没有足够高的预期回报，没有对这种回报的产权保护，就不会有人愿意承担这样的风险。

二是专利保护的需要。一项新技术成果创造出来需要大量人力、物力和财力的多年持续投入，如果创造出来后被人轻而易举模仿，那么从事创新的大量人力、物力和财力消耗就白费了，为此必须要有切实有效的专利保护的产权制度。

三是防止公权侵害的需要。政府与企业相比，政府显然要强势得多。如果政府动不动以各种名义对企业财产和利润、收益加以没收或者征税等加以侵害，企业就不会有兴趣从事创新活动，民间也不可能出现储蓄和投资热潮。

工业革命之所以能首先爆发在英国，就是因为英国首先有了有效的、先进的产权保护制度。工业革命与其说是一场技术革命，不如说首先是一场制度革命。

330. 什么是新古典增长模型中的资本黄金分割律？

新古典增长理论认为，经济增长是一个长期的动态过程，经济增长的目的不是产出的不断扩张，而是人民生活水平的不断提高。在这一认识下，美国经济学家费尔普斯运用新古典增长模型推导出：当经济达到稳态时，如果资本的边际产量恰好等于劳动增长率与折旧率之和，则人均消费水平将达到最大值，此时所对应的人均资本存量就处于所谓的资本黄金分割律水平。因此，所谓的资本黄金分割律水平，就是指使得经济稳态时人均消费水平最大化的人均资本存量。

一般而言，一个经济并不会自动趋向于资本的黄金分割律水平，如果一个经济要想使得人均资本存量达到资本黄金分割律水平，就需要选择一个特定的储蓄率来实现它。相应地，与资本黄金分割律对应的储蓄率，也称为储蓄率的黄金律水平。

331. 什么是内生增长理论？内生增长理论产生的背景是什么？

答：内生增长理论（the theory of endogenous growth）是对新古典增长理论的一个拓展，相对于新古典增长理论，内生增长理论的特点是试图使经济增长率内生化。所谓增长率内生化，是指把推动经济增长的因素如储蓄率、人口增长率和技术进步率等重要参数作为内生变量予以考虑，因而可以从模型内部来说明经济增长。

比如，在新古典增长模型中，人均产出的增长率最终取决于技术进步率，但技术进步率在新古典增长理论中被视为外生变量。内生增长理论则认为，一个经济社会的技术进步的快慢和路径是由这个经济中的家庭、企业在经济增长中的行为所决定的。例如罗默认为，企业通过增加投资的行为，提高了知识水平，知识有正外部性，会使物质资本和劳动等其他投入也具有收益递增的特点；又如卢卡斯认为，发达国家拥有大量人力资本，经济持续增长是人力资本不断积累的结果；还有经济学家强调从事生产的过程也是获得知识的“干中学”过程，干中学积累起来的经验使劳动力和固定资产的效率在生产过程中不断提高。总之，技术进步是经济系统的内生变量。这种内生增长理论有很强的政策含义，那就是，政府应该通过各种政策，比如对研发活动给予补贴，对文化教育予以支持，用税收政策鼓励资本积累等，以促进经济增长。

332. 政府为促进经济增长可采取哪些政策？

答： 政府为促进经济增长可采取的政策主要集中在以下几个方面，即鼓励技术进步的政策、鼓励资本形成的政策、增加劳动供给的政策和建立适当的制度。

其一，鼓励技术进步的政策。决定经济增长的一个重要因素是技术进步，政府可以通过许多公共政策来促进技术进步，从而促进经济增长。比如政府可以通过专利制度、减免税来提高个人和企业从事技术和科学研究的积极性。政府还可以通过扶持教育和基础研究来改善技术进步。

其二，鼓励资本形成的政策。即政府通过鼓励储蓄和投资，来促进资本形成，并以此推动经济增长。

其三，增加劳动供给的政策。政府可以通过提供良好的教育、培训体系，并鼓励人们利用这一体系来改善劳动供给的质量，促进人力资本的积累，推进经济的增长。

其四，建立适当的制度。最根本的制度是产权制度，政府可以通过法制来维护产权，为经济长期的增长提供激励。

333. 造成发展中国家经济落后的因素有哪些？其中最重要的因素是什么？

答： 从生产因素的角度出发，经济学家认为，造成发展中国家经济落后的主要因素有以下几点：

其一，资本短缺。穷国人均收入低，家庭的绝大多数收入都被消费掉，因此储蓄有限，导致资本形成的能力极低，从而生产率也难以提高，收入水平就无法上去。这样就形成了一个低收入到低收入的恶性循环。

其二，劳动力素质较低。发展中国家劳动数量在人口迅速增长的形势下总是过剩的，但质量很低，体现在劳动力中的知识和技能少得可怜，即使给他们现代化装备也无法操作，从而限制了劳动生产率的提高，限制了经济增长。

其三，技术水平极低。发展中国家缺乏研发能力，同时缺少科技人才，没有办法引进、模仿和吸收发达国家先进技术，因此发展中国家技术水平低下，制约了经济增长。

其四，市场规模小。由于市场化程度低，市场规模小，产品缺少需求，不能大规模生产，无法发挥规模经济的优势，从而制约生产的发展。

其五，不公平的“国际经济秩序”。许多落后国家在经济上依然依附于发达国家，发达国家通过诸如不平等的贸易手段来损害穷国利益。

以上几方面确实是造成发展中国家经济落后的因素，然而，经济学家认为，制度、政权和秩序才是最重要的阻碍贫困国家经济发展的因素。比如，由于缺乏投资的激励机制，缺乏投资的安全环境，政局经常动荡不安，导致在一些发展中国家中即使是富人也缺少储蓄和投资的积极性，这是这些国家资本短缺的重要原因；又比如，由于缺少吸引人才的制度和环境，导致一些发展中国家的人才移民到国外，脑力外流，从而加重了发展中国家的人才短缺问题。可见，推动发展中国家把经济搞上去，根本上要完善制度、政权和秩序，包括稳定的政局、明晰的产权、良好的投资环境、强有力的激励机制、健康的市场秩序、健全的立法和司法等，此外政府还要制定一系列正确的发展战略。

334. 什么是经济发展中的进口替代政策和出口替代政策?

答：进口替代政策又称进口替代工业化政策，是指一国采取各种措施，限制某些外国工业品进口，促进国内有关工业品的生产，逐渐在国内市场上以本国产品替代进口品，为本国工业发展创造有利条件，实现工业化。一般做法是国家通过给予税收、投资和销售等方面的优惠待遇，鼓励外国私人资本在国内设立合资或合作方式的企业；或通过来料和来件等加工贸易方式，提高工业化的水平。为使国内替代产业得以发展，就要使用提高关税、实行数量限制、外汇管制等手段，限制外国工业品进口，以使国内受进口竞争的工业在少竞争、无竞争的条件下发育成长。狭义的进口替代局限于以本国生产的产品，替代一种特定产品的进口。但从广义的方面看，一个领域的进口替代，其目的是通过减少或禁止某些产品的进口，引起所希望的国内经济结构的变化，或者创造向国内非传统领域进行投资的推动力，使资源有机会进入这个新的工业部门，导致生产活动的产生和扩大，从而使得总体经济结构得到改善。

出口替代政策又称出口替代工业化政策或出口导向工业化政策，是指一国采取各种措施扩大出口，发展出口工业，逐步用轻工业产品出口替代初级产品出口，用重、化工业产品出口替代轻工业产品出口，以带动经济发展，实现工业化的政策。采取的措施主要有：一是给出口企业提供减免出口关税、出口退税、出口补贴、出口信贷和出口保险等，目的在于降低出口成本，开拓国外市场，增强出口竞争能力；二是给出口生产企业提供低利率生产贷款，优先供给进口设备、原材料所需外汇，大力引进资本、技术、经营管理知识，建立出口加工区等，目的在于降低生产成本，提高产品质量，增加创汇能力。

335. 什么是“中等收入陷阱”？形成“中等收入陷阱”的原因是什么？

答：“中等收入陷阱”（middle income trap）是指一个国家或地区的人均收入达到世界中等水平后，由于不能顺利实现发展战略和发展方式的转变，导致新的增长动力不足，经济长期停滞不前，同时以往快速发展中积累的问题集中爆发，造成贫富分化加剧、产业升级困难、腐败多发、就业困难、信仰缺失、金融体系脆弱、社会矛盾凸显等。

“中等收入陷阱”形成的原因是多方面的，主要有：

一是这些国家在从低收入阶段进入中等收入阶段后，工资成本迅速上升而失去同现在仍是低收入的国家竞争的优势，并且又没有及时进行产业升级因而无法在高端技术领域与发达国家竞争，只能依旧倚重于以往投资驱动的增长方式，使资源和环境压力日益增大。

二是以往经济发展中形成的贫富差距日益扩大，使得国内消费需求严重萎缩，产业结构难以合理调整。

三是以往改革中形成的既得利益集团蜕化为进一步改革的阻力。

四是宏观经济政策出现偏差。从拉美国家看，受西方新自由主义影响，政府的作用被极度削弱，宏观经济管理缺乏有效的制度框架，政策缺乏稳定性，政府债台高筑，通货膨胀和国际收支不平衡等顽疾难以消除，经济危机频发造成经济大幅波动。

第十九章

宏观经济学流派

336. 货币主义的基本理论是什么？货币主义有哪些主要观点和政策主张？

答：在西方发达国家，经济理论演变中形成许多派别，但是从基本观点和政策思路看，不外乎经济自由主义和国家干预主义两大类。目前这两大类中的主要派别是新古典宏观经济学和新凯恩斯主义经济学。大致说，二者的争论和分歧主要在对短期经济波动的解释和对政策干预的主张方面。

新古典宏观经济学的理论渊源是货币主义。货币主义是 20 世纪 50 年代后期在美国出现的一个经济理论学派，其领袖和创始人是米尔顿·弗里德曼。他的基本理论是现代货币数量论和自然率假说。传统的货币数量论认为，短期内在实际国民收入和货币流通速度不变情况下，物价水平的高低取决于货币数量的多少，货币数量与价格水平之间存在直接因果关系。弗里德曼继承了传统货币数量论的衣钵，同样认为价格水平取决于货币数量，差别仅仅在于，传统货币数量论把货币流通速度当作由制度因素决定的一个常数，而弗里德曼则认为，流通速度不是不变，而是由几个数目有限的变量（总财富、非人力财富在总财富中的比例、各种非人力财富的预期报酬率以及个人偏好等）决定的稳定函数，因此货币流通速度在长期是不变的，但短期内可以作出轻微的变动。因此他的货币数量论称为新货币数量论。所谓自然率假说是指，任何一个资本主义社会都存在一个自然失业率，其大小取决于该社会的技术水平、资源数量和文化传统，在短期内实际失业率可能高于或低于自然失业率，但长期内该社会经济总是趋向于自然失业率（比方说 5%或者 6%）。这就是说，人为经济政策的作用可以在短期中使失业率高于或低于自然失业率，但长期中不可能做到这一点。

337. 货币主义有哪些主要观点和政策主张？

答：根据上述弗里德曼的基本理论，货币主义形成以下几个主要观点：第一，货币供给对名义收入变动具有决定性作用，即货币数量是货币收入波动的主要原因。第二，在长期中，货币数量的作用主要在于影响价格以及其他用货币表示的名义量（如货币工资），而不能影响就业量和实际国民收入。第三，在短期中，货币供给量可以影响实际变量，如就业量和实际国民收入，因此货币政策在短期内有一定作用。第四，私人经济具有内在稳定性，而政府“斟酌使用”的宏观经济政策会使它的稳定性受到破坏，因为资本主义经济具有趋向自然失业率（即充分就业）的自行调节的机制。因此市场机制仍然是调节资源合理配置的有效工具。如果政府用政策干扰了市场的作用，反而会导致宏观经济失调。

根据以上理论，货币主义者提出了以下一些政策主张：第一，反对政府过度开支的扩张性财政政策；第二，反对“斟酌使用”的货币政策；第三，力主单一的政策规则，即认为在没有通货膨胀情况下，按平均国民收入增长率再加上人口增长率规定并公开宣布一个长期不变的货币增长率，是货币政策的唯一最佳选择。这一以货币供应量作为货币政策的唯一控制指标，而排除利率、信贷流量、准备金等因素的政策建议就是所谓的单一的政策规则。

338. 什么是新古典宏观经济学？

答：新古典宏观经济学是20世纪70年代以来在理性预期假说基础上发展起来的一种宏观经济学。它主要关心和研究的是经济周期变动的宏观经济问题，其宗旨是要建立与微观经济学相一致的宏观经济学，致力于寻找宏观经济学的微观基础。由于新古典宏观经济学家从最优化假设这一最根本的古典经济学假定中寻找宏观经济学的微观基础，并从中得出经济完全自由这样的古典经济学信条和结论，从而成了经济保守主义代言人和新古典经济学传统的继承者，于是他们的学说被称为新古典经济学。

339. 新古典宏观经济学的基本假设有哪些？

答：新古典宏观经济学的基本假设条件有四个：(1) 经济当事人最大化原则，即厂商追逐利润最大化和家庭追逐效用最大化；(2) 人们经济行为都要根据预期，而这种预期是理性的；(3) 市场出清，即价格有充分灵活性，能根据供求情况作出迅速调整，使市场达到供求平衡；(4) 自然率假说，即资本主义社会存在着一个由该社会的技术水平、资源数量和文化传统决定的自然失业率。

在这些假设中，市场出清是最关键的一条，因为如果价格是黏性的，市场不能迅速出清，那么，即使经济当事人要追求利益最大化，并且预期是理性的，但是由于价格只能缓慢调整，预期到的货币供给变化还是会对实际产量发生影响。

340. 什么叫理性预期？它和适应性预期有什么区别？

答：所谓理性预期是指经济活动主体为追求最大利益，能利用一切有关有用的信息对经济变量未来值作出在长期中平均来说最为准确的预期。这种预期不会犯系统性错误，即使发生差错，也会及时纠正，因而变量的未来值与实际值会尽可能一致。而适应性预期是指，人们根据某变量过去的量值对未来量值的预期，比方说去年物价比前年上升5%，就预期今年物价也可能比去年也上升5%，而理性预期会根据去年以来各方面经济情况的变化信息来预期今年物价可能比去年上升多少。

341. 什么是市场出清假说？

答：市场出清假说是指，劳动市场上的工资和产品市场上的价格都有充分灵活性，能够根据市场供求情况作出迅速调整，因此劳动市场和产品市场都不会存在超额供给，因为一旦产品市场上出现超额供给即供过于求的情况，价格就会立刻下跌，直跌到供求平衡为止，也就是超额供给消失为止；同样，一旦劳动市场出现超额供给，即劳动力供过于求或者说大量失业现象时，工资就会下跌，企业对劳动力需求就会增加，直到企业愿意为所有想工作的失业者提供工作为止。总之，只要劳动市场上的工资和产品市场上的价格都有充分灵活性，能够根据市场供求情况作出迅速调整，劳动市场和产品市场都不会存在超额供给，即市场总是能出清。

342. 新古典宏观经济模型的基本思想和政策含义是什么？

答：新古典宏观经济模型可以用卢卡斯总供给函数来表示，它的基本含义简单地说就是，总供给决定于人们对实际价格水平和预期价格水平的差别：如果实际价格水平等于预期价格水平，那么，总供给就等于自然率（自然失业率）决定的产出水平；如果实际价格水平高于预期价格水平，产出就会增加到自然率决定的产出水平以上；如果实际价格水平低于预期价格水平，产出就会减少到自然率决定的产出水平以下。由于一般价格水平是由货币供给量决定的，货币供给量又是中央银行决定的，如果央行超出人们预期突然增加货币供给使物价水平上升到人们没有预料到的水平，产出就会增加；相反，如果央行超出人们预期降低货币供给量使物价水平下跌到人们没有预料到的水平，产出就会下降，经济波动就是这样形成的。

可见，按照新古典经济模型，经济波动的根源是货币冲击，而这种冲击通常是由中央银行的货币政策造成的，即中央银行根据经济形势变化调整货币供给量的政策造成的。调整货币供给量就是货币冲击。这种货币冲击首先影响一般价格水平，如果经济行为人或者说厂商要经过一段时间才能弄清楚这种变化不是相对价格变化（即厂商自己的产品价格相对于一般价格水平的变化）而是总需求的变化带来的一般价格水平的变化，在这段时间里，货币冲击的确能影响产出，因为当事人会把一般价格水平的变化误认为是本企业产品的相对价格的变化，比方说误认为一般价格水平上升是市场对本企业产品需求增加导致价格上升，因此就会增加生产和工人。但是，理性预期的经济当事人能够利用有关货币政策规则的知识，很快形成对未来价格的正确预期，纠正错误的产量决策，使产量恢复到自然率水平。这就是说，只要货币当局的政策具有系统性，它就不能改变产出增长的长期路径。如果要长期影响产量，货币当局只能随机改变货币政策，不让经济当事人掌握其规律，但其代价是产出的剧烈波动。总之，只有未预期到的货币供给变化才影响实际产量，能预期到的货币供给变化将只改变价格水平，而对实际产量和就业没有影响。这就是政策无效性结论。这种政策无效性结论意味着新古典宏观经济模型的政策含义就是政府不应当用相机抉择的货币政策来应对经济波动，即用货币政策来应对通货膨胀和经济萧条，因为政府根据依据一些"已知"的规则来实行调整货币供给量的政策，会被经济当事人预计到而作出相应的对策，从而使政策无效。比方说，如果失业率较高，经济当事人（如工人）按理性预期，就会估计到政府会采取扩大货币供给的通货膨胀政策来刺激经济，于是就会事先把预期的通货膨胀率考虑到工资要求中，这样，在政府实行扩张性货币政策时，由于货币工资与物价已同步上涨，因此厂商并不愿意扩大产量和增加工人，从而政府无法用扩张性政策来降低失业率。因此，政府不如放弃这一类政策为好，如果政府不干预或者尽量少干预，让市场机制自行调节，经济反而会更加稳定。

343. 什么是卢卡斯批评或者卢卡斯批判?

答：卢卡斯批评或者卢卡斯批判是指卢卡斯所批评的一种传统政策分析没有充分考虑到政策变动对人们预期影响的观点。卢卡斯认为，凯恩斯主义者如丁伯根创立的用大规模宏观经济计量模型来模拟和预测经济政策效果的做法，是建立在政策变化时计量模型的参数保持不变的基础之上的，但这种假设本身是站不住脚的，因为参数是否会变化，人们的预期是很重要的。由于人们对将来的事态作出预期时，不但要考虑过去，还要估计当前的经济政策对将来的影响，并且根据这种预期来改变他们的行为，以便取得最大的利益。行为的改变会使经济模型的参数发生变化，因而用这种经济模型很难预测经济政策的效果。

344. 什么是货币经济周期理论和实际经济周期理论？二者有哪些区别？

答：货币经济周期理论是卢卡斯用信息不完全性来说明经济波动的理论，其基本思想是未预期到的（意料之外的）货币供给量变化会导致对一般价格水平和相对价格水平的短期混淆，即企业把一般价格水平的变化误认为是自己产品价格相对一般物价而言是上升了或者是下降了，从而导致产量和就业的变化。比方说由于货币供给增加导致一般价格水平上升，但人们还没有估计到，以为是自己产品价格上升了，因而扩大生产和增雇工人。一旦人们知道了是货币供给导致一般价格水平上升而不是自己产品相对价格上升，生产和就业就会回到原来状态。到 20 世纪 80 年代初期，人们对这种理论产生了怀疑，感觉信息障碍在实际中似乎并不特别重要，货币与产出之间的因果关系对经济周期波动没有作出令人满意的解释。在这种背景下，新古典经济学中就开始形成一种所谓实际经济周期理论。这种理论认为，宏观经济常受到一些实际因素的冲击，两个明显的例子是石油危机和农业歉收，其他还有如战争、人口变动、技术更新等。虽然冲击的具体原因可以列出来很多，但它们引起波动的途径是有限的：可能使人们偏好发生变化，可能使技术状况（生产率）发生改变，或者使可利用的资源发生变动等。如石油危机可能使人们减少汽车需求，或者使用替代能源；再如新能源的发现和使用，信息技术进步，都会大大提高生产率，从而引起经济高涨。实际经济周期理论认为技术冲击是最重要的波动源。

可见，货币经济周期理论和实际经济周期理论虽然都坚持新古典宏观经济学的一些基本假设，如经济当事人都追求行为最优化、理性预期、市场出清等，但二者是有明显区别的：一是经济波动的根源，货币经济周期理论认为是货币冲击，而且这种冲击一般由中央银行货币政策引起，而实际经济周期理论认为是实际因素（如技术变革、战争、大规模自然灾害等），其中主要是技术进步因素；二是货币经济周期理论认为超出意料的货币政策是有效的，尽管代价是沉重的，而实际经济周期理论认为货币是中性的，货币政策是没有意义的；三是货币经济周期理论强调需求方面的分析，认为货币政策在短期内会刺激需求变动，而实际经济周期理论重视的是供给方面的分析；四是相对于货币经济周期理论，实际经济周期理论并不强调短期和长期的二分法，但认为某一时刻的一个技术冲击会带来投资、消费和产出的一系列相关变动。

345. 什么是新凯恩斯主义？其形成的背景是什么？

答：新凯恩斯主义是20世纪80年代出现的一个主张政府必须干预经济的经济学流派。之所以称为新凯恩斯主义，是因为它一方面继承了过去凯恩斯主义的非市场出清假设，主张政府要干预经济的传统，另一方面又在市场非出清理论上与原凯恩斯主义有所区别：一是原凯恩斯主义的非市场出清理论用的是工资刚性，即工人不愿降低名义工资从而劳动市场难以恢复供求平衡，而新凯恩斯主义的非市场出清理论用的是工资和价格黏性理论即工资和价格不是不能调整，只是调整十分缓慢，要耗费相当时日；二是原凯恩斯主义的非市场出清理论缺乏微观基础，没有说明为什么价格和工资具有刚性，而新凯恩斯主义理论增加了原凯恩斯主义所没有的两个假定：经济当事人行为最大化原则和理性预期，使市场出清理论有了微观基础，克服了原凯恩斯主义理论的局限。

新凯恩斯主义形成的背景是新古典宏观经济学尽管在理论结构和分析方法上看起来很完美，但是忽略了经验检验，其市场出清的微观分析完全脱离了资本市场现实，政策无效性结论也缺乏说服力。西方发达国家现实是产品市场和劳动市场经常存在超额供给，政府规模日益扩大，对经济生活介入日益深入。新古典宏观经济学脱离实际，把市场出清当作常态，主张取消国家干预经济的政策，既在理论上和实践上缺乏经验支持，又不能为政府接受，其影响主要停留在学术领域。于是，一批经济学家从实际出发，同时又吸取了新古典宏观经济学的一些可取之处，增加了原凯恩斯主义所没有的两个假定：经济当事人行为最大化原则和理性预期，使非市场出清理论有了微观基础，发展出来一个新凯恩斯主义学派。

346. 新凯恩斯主义经济学最重要的假设条件是什么？

答：新凯恩斯主义经济学最重要的假设条件是非市场出清。非市场出清的基本含义是，在出现需求冲击或者供给冲击后工资和价格不可能迅速调整到市场出清状态。缓慢的工资和价格调整使经济回到实际产量等于正常产量的状态需要一个相当长的过程，例如需要几年时间。在这个过程中，经济处于持续的非均衡状态，出现严重的经济萧条和失业局面，会给社会带来很大痛苦，这就需要政府用财政的、货币的或者其他的政策进行干预。

347. 什么是价格黏性？价格黏性在新凯恩斯主义理论中有什么重要性？

答：价格黏性是指产品价格不能随需求变动而迅速变动。价格黏性在新凯恩斯主义理论中的重要性在于，价格是否有黏性会转化为市场能否出清的问题。如果价格富有弹性，需求减少时价格会迅速下降从而刺激需求使供求马上重新趋于均衡即市场出清，资源得到充分利用。相反，如果价格有黏性，需求降低时价格不会很快下降，于是市场不会出清，产品大量积压，生产下降，就业减少。这就需要政府干预。可见，价格黏性是支持新凯恩斯主义政策主张的重要根据之一。价格黏性理论是新凯恩斯主义理论的重要组成部分。

348. 新凯恩斯主义者怎样用菜单成本等理论说明价格黏性？

答：新凯恩斯主义者的菜单成本理论认为，经济中的垄断厂商是产品价格决定者，能够选择价格，而菜单成本的存在阻滞了厂商调整产品价格，因此，价格有黏性。所谓菜单成本是指厂商每次调整价格要花费的成本，包括研究和确定新价格、重新编印价目表、将新价格通知销售商、更换价目标签等所费的成本。由于产品价格变动犹如餐馆菜单价目的变动，所以新凯恩斯主义者将这类成本称为菜单成本。厂商只有在调整价格后的利润增量大于菜单成本时才肯调整价格，否则，厂商将保持价格不变。菜单成本的存在使厂商不愿意经常变动价格，所以名义价格有黏性。

此外，垄断厂商与一些经销商也常常会有产品价格经销合同，而市场需求变动时如果合同没有到期，厂商也不能立刻变动产品价格。这也会使市场上商品价格具有黏性。

349. 什么是工资黏性？工资黏性和工资刚性有什么区别？

答：所谓工资黏性是指，劳动市场上名义工资不会立即随劳动市场上供求关系变化而变化，而只能慢慢地调整变化的这种情况。工资黏性和工资刚性是两个不同概念。工资刚性是指名义工资能上去不能下来或者至少不能下跌的这种情况。凯恩斯是用工资刚性来解释非自愿失业的，认为由于种种原因，工人不愿意降低名义工资，但是会接受物价上涨时实际工资一定程度的下降。

350. 新凯恩斯主义是怎样说明名义工资黏性的?

答：新凯恩斯主义说明名义工资黏性的理论有多种，包括长期合同理论和效率工资理论等。长期合同理论认为，在市场经济中，汽车、钢铁、建筑、机电、航空、铁路等许多行业是高度工会化的。在这些行业中，劳资双方一般都签订为期三年或不同期限的劳动合同，这会形成每三年谈判一次工资的周期。不同行业和厂商的合同谈判和签订是不同步的，是交错进行的，从而每年都有新的合同签订，也有合同到期。影响工资谈判的因素很多，谈判要花费成本和时间。谈判不成，罢工给双方带来损失会更大，长期合同对厂商和工人都是有利的。因此，厂商和工人都愿意通过谈判签订长期合同。合同期间工资固定。由于合同到期是相互交错的，这样，全社会的名义工资的调整就必然是缓慢的，使名义工资具有黏性。

效率工资理论认为，劳动生产率依赖于厂商支付给工人的工资。削减工资会损害劳动生产率，引起单位产品劳动成本提高。为了保持效率，厂商愿意支付给工人高于市场工资的工资，即使劳动供过于求时，厂商也不愿意轻易雇用那些愿意接受较低工资的工人，不愿降低现有工人工资。这不但有利于降低劳动转换成本，而且有利于提高雇员积极性和劳动效率。这样，工资就不容易随劳动需求变动而变动，使名义工资有了黏性。

351. 为什么新凯恩斯主义坚持稳定经济的政策是必要的和有效的?

答：新凯恩斯主义认为，由于价格和工资的黏性，经济在遭受总需求冲击后如果导致衰退，从一个非充分就业的均衡状态回到充分就业的均衡状态，是一个十分缓慢的过程，因此刺激需求是必要的，不能坐等工资和价格向下压力带来经济恢复，因为这将是一个长期的痛苦过程。这时，政府采取刺激需求的财政政策和货币政策，就可以较快恢复经济。因此，新凯恩斯主义者坚持认为，稳定经济的政策不仅是必要的，也是有效的。

第二十章

国际经济学常识

352. 什么是国际贸易理论中的比较优势说？

答： 国际贸易理论中的比较优势说是一种用国与国之间的差异来说明国际贸易产生的原因的理论。最著名的比较优势理论是英国古典经济学大师大卫·李嘉图提出的。他认为两个国家之间相互交换商品无须它们在各自生产上具有劳动生产率绝对优势，而只要有相对优势就够了，就是说不用成本绝对地低，只要相对地低就可以了。例如生产一定数量酒和毛呢，葡萄牙各需要 80 个人工和 90 个人工，英国各需要 120 个人工和 100 个人工。显然，葡萄牙在两种商品生产上都具有绝对优势，因此最好两种商品都在葡萄牙生产，但是由于国际条件限制，英国的劳动和资本不可能都转移到葡萄牙去生产。这样，两国就应当根据比较成本原则，分别选择生产成本比较有利的产品进行生产。葡萄牙虽然两种产品生产上都居于有利地位，但生产酒比毛呢成本上有更大优势，因此可集中力量生产酒。英国在两种产品上虽然都居于劣势，但毛呢上劣势小一些，因此应当集中力量生产毛呢，然后相互交换，对双方都有利。

353. 什么是国际贸易理论中的赫克歇尔-俄林模型？

答： 资源禀赋理论是一种用各国拥有的资源禀赋来说明国际贸易产生的理论，由瑞典经济学家赫克歇尔和俄林提出的，又称为 H－O 模型，认为所有商品和生产要素价格都是由它们各自供求关系决定的。如果各国生产要素的生产效率和需求都相似，那么两个国家商品相对价格差异一定是由于各国之间生产要素禀赋和生产各种商品所使用的各种要素的比重不同引起的。各国应当出口那些含有本国供应富裕而价格低廉的生产要素的商品，进口那些本国供应稀缺而价格昂贵的生产要素的商品。通过自由贸易，获取比较利益。贸易的结果可使各国商品价格趋于均等化，某种程度上也可以使生产要素的国际价格趋于相等。

354. 什么是国际贸易的竞争优势理论？

答： 所谓国际贸易的竞争优势理论是一种用主导产业的竞争优势来说明国际贸易中竞争优势的理论，由美国经济学家迈克尔·波特提出，认为一个国家在国际市场上的优势不是比较优势，而是来源于这个国家的主导产业的竞争优势，主导产业的竞争优势又根源于企业具有创新机制而提高了生产率。就是说，国家的竞争优势不是固有的，而是创造出来的，一国竞争力高低取决于其产业发展和创新能力。决定一国竞争优势的种种因素有要素条件、需求条件、相关产业与辅助产业、企业策略、结构与竞争者、机遇与政府行为等。

传统的比较优势理论看重贸易中的成本和价格优势，而优势竞争理论不但看到价格优势还看到品牌、质量、人力资本等竞争优势。传统的比较优势理论强调的是已有的生产率或者禀赋优势，而优势竞争理论强调的是比较优势可以通过后天的专业化学习获得或者通过创新与经验积累创造出来。

竞争优势理论可能在说明高科技产品贸易方面更加有说服力。这一理论的要旨在于，国家要尽可能创造有利于提高竞争力的环境，通过技术引进和高科技投入等途径重点培植一批技术含量高、出口前途好的产业部门，创造国际竞争优势。

355. 经济学家如何解释行业内部的国际贸易?

答：同一行业内部同类产品的贸易，如美国既出口汽车又进口汽车，称为行业内部的国际贸易。其特点在于：同一行业不同国家提供的产品虽有差异但可相互替代，相互竞争。

为什么行业内会产生贸易？经济学家提供的解释有：第一，各国消费者的偏好多种多样。对同一种产品，如汽车，不同人喜欢不同产品，一些美国人喜欢日本产品，一些日本人喜欢美国产品，于是同一种产品就都会有进出口。第二，规模经济的原因。在一些垄断竞争行业，规模经济限制了行业只能生产有限种类产品，无法生产所有种类产品。如果生产所有种类产品，每一种产品生产都只能是小规模的。为追求规模经济，各国都选择有限种类产品生产，不生产的那些种类的产品可以进口获得。这是规模经济导致行业内贸易的最主要原因。

356. 自由的国际贸易怎样改变贸易国国内的收益分配格局的?

答：自由的国际贸易会改变贸易国国内的收益分配格局。如果某种产品的国内价格高于同类产品的国际价格，这类产品就会进口，使该国消费者直接受益，增加他们的消费者剩余。可是对这种产品的国内生产者形成了冲击，他们只能被迫降价，甚至停产关门。他们就是贸易的受损者。

357. 一些国家为什么要实行贸易保护?

答：一些国家要实行贸易保护，经济学家提供的主要理论有：

(1) 李斯特的扶持幼稚工业论。认为工业化初期的一些国家，为了不使本国民族工业受到外来发达国家输入商品的强大竞争，必须用关税等手段在一定时期内保护本国那些十分重要而又有发展前途的幼稚工业部门的发展。

(2) 凯恩斯的超贸易保护论。认为在本国萧条、商品严重过剩、企业破产倒闭、工人大量失业时，市场成为制约经济发展的重要因素，于是应当保护国内市场、拓展国外市场。为此，国家要干预对外贸易，设置贸易壁垒阻挡外国商品进口，采取积极措施鼓励出口，以保持贸易顺差，解决国内萧条和失业。显然，这种超贸易保护论，不再是为了保护本国幼稚工业，而是为了争夺国外市场，不仅使用关税手段，还动用各种非关税壁垒。

(3) 普雷维什的保护贸易新论。认为国际经济体系分为中心国（少数发达国家）和外围国（广大发展中国家）两大阵营。两大阵营国家在贸易中处于不平等地位。在这样格局下如果实行自由贸易，发展中国家将无法改变产业结构低下和贫穷落后面貌，世界上南（发展中国家）北（发达国家）差距要不断扩大。因此，发展中国家要通过适度保护性措施在一定程度控制进口，保护本国民族工业发展，较快实现工业化，改善贸易格局中只生产和出口初级产品的被动状况。这种理论反映了发展中国家发展经济、改善不平等贸易格局的要求。

358. 贸易保护的主要手段有哪些?

答：各国实行贸易保护的主要手段有：关税壁垒、非关税壁垒和鼓励出口等。

关税壁垒是一种最古老、最常用的贸易保护措施，起初关税是作为增加政府收入的渠道，后来发展成为行之有效的保护本国市场、限制进口、实现贸易歧视以及改善贸易收支状况的重要手段。

非关税壁垒有直接的非关税壁垒和间接的非关税壁垒。前者包括进口配额制（一国政府在一般为1年的一定时期内对某些商品的进口规定一个数量上或金额上的限额）、自动出口配额制（出口国或者地区迫于进口国的要求，规定通常在1～3年的一定时期内对某些商品出口到该国的限额）、进口许可制（进口商只有领取了政府有关行政管理机关审批的进口许可证后才可以进口商品）。间接的非关税壁垒是指不直接规定进口商品的数量或者金额，而是通过对进口商品制定种种条件来渐进地限制商品进口，如：进口抵押金、歧视性政府采购、烦琐的海关手续、技术标准壁垒、安全卫生标准壁垒，以及近几年在环保浪潮中出现的绿色壁垒等。

鼓励出口的措施主要包括：鼓励出口的财政政策（如财政补贴、出口退税减税、出口奖励等）、鼓励出口的信贷政策（包括出口信贷和出口信贷担保等）、经济特区政策以及倾销政策等。

359. 贸易保护会带来哪些后果?

答：尽管各国列出来种种理由实行贸易保护，但贸易保护会带来许多不利后果。首先是提高了进口商品价格，减少了进口商品数量，从而减少了一部分消费者剩余，损害了消费者利益；其次，贸易保护使国内受保护的产业感受不到外来竞争的压力，缺少提高效率、改进技术、降低成本的压力，结果使国内企业离国际水平差距越来越大；最后，隐蔽性很强的非关税壁垒还容易造成腐败、受贿等权力寻租现象，影响社会稳定。总之，实施贸易保护政策会破坏总体资源的最优配置。因此，运用时要谨慎比较其静态和动态、近期和长远的收益和损失。

360. 什么是汇率的直接标价和间接标价?

答：汇率也称为外汇买卖价格，是两个国家不同货币之间的交换比率，是一国货币用另一国货币表示的价格。例如，1 美元折合 6.45 元人民币，就是美国货币用中国人民币表示的价格。从中国角度看，这种以一定单位的外国货币（1 美元）为标准，折合若干单位本国货币（6.45 元）的汇率标价方法，是汇率的直接标价法。上述人民币和美元的比价也可以表示成 1 元人民币折合成 0.155 1 美元。这种以一定单位本国货币单位（1 元人民币）为标准折合成若干单位外国货币（0.155 1 美元）的汇率标价方法，就是汇率的间接标价法。当前世界上除英、美等极少数国家采用间接标价法外，一般都采用直接标价法。我国也采用直接标价法。

显然，一种货币汇率的直接标价的“倒数”值，就是其间接标价值。因此，按直接标价法，汇率升降与本国货币对外币价格成反比，即汇率上升表示本币相对外币而言是贬值了。例如，1 美元从折合人民币 6.345 元，变成 1 美元折合人民币 6.448 元，表示 1 元人民币交换的美元更少了，即人民币贬值了，美元升值了。相反，按间接标价法，汇率升降与本国货币对外币价格成正比，即汇率上升表示本币相对外币而言是升值了。例如，1元人民币从折合0.155 1美元，变成0.157 5美元，表示人民币升值了，美元贬值了。

361. 什么是名义汇率和实际汇率?

答：名义汇率指两个国家通货的相对价格，也就是名义货币的交换比率，如1美元折合6.448元人民币。通常人们说的汇率，一般都指名义汇率。但名义汇率并没有考虑两个国家的价格水平情况。当考虑两个国家的价格水平时，就有实际汇率的问题。直接标价的实际汇率可以用一个公式表示：

$$\varepsilon = e \times (p/p_f) \tag{20.1}$$

式中ε表示实际汇率，e表示名义汇率，p表示本国价格水平，p_f表示外国价格水平。如果价格水平不变，即假定两国价格水平都是1，那么实际汇率就是名义汇率。如果本国通货膨胀率高于外国通货膨胀率，实际汇率就上升；本国通货膨胀率低于外国通货膨胀率，实际汇率就下降。

362. 什么是汇率决定的购买力平价说和利率平价说?

答：汇率本质上是由各国货币的内在价值对比决定的。在金本位制下，两国货币含金量对比是两种货币汇率决定的基础。在纸币流通制度下，两国货币交换比率是由两国货币购买力对比决定的。因此，汇率变化取决于两国货币国内购买力变化即两国的通货膨胀率。如果甲国通货膨胀率高于乙国，则甲国货币交换到乙国货币数量会减少，即甲国货币贬值，乙国货币升值。这种理论称为汇率决定的购买力平价说。

购买力平价说是从本质和长期来说明汇率决定的。从市场和短期的直接因素看，汇率和普通商品价格一样，是外汇需求和供给决定的。决定外汇需求和供给的因素很多，其中利率因素特别重要，因为在外汇市场上人们从事买卖外汇的直接动机大多是投机盈利。利率高的国家，人们愿意去投资，如买债券或其他金融资产，于是对这个国家的货币需求就增加，导致那里货币升值。这种从利率角度说明汇率决定的理论称为利率平价说。

363. 汇率如何与商品和资本在国际上自由流动相互影响?

答：汇率与商品和资本在国际上的自由流动是相互影响的。先说汇率与商品在国际上的自由流动的相互影响。一国货币升值即本国货币折合外币数量更多时，表示出口到外国去的商品涨价了，这会抑制出口，刺激进口，从而外汇需求增加而供给下降，这就会促使间接标价的汇率上升（直接标价的汇率下降）即外币升值，本币贬值。反之则反是。总之，国际贸易影响汇率，汇率变动又影响商品流动即国际贸易。汇率与商品流动是相互影响的。

再说汇率与资本在国际上自由流动的相互影响。显然，哪个国家的投资收益率高，资本流向哪个国家的数量就会增多，导致那里的外汇供不应求并使那个国家货币升值，这种升值又导致到那个国家的投资成本上升，从而降低那里的投资收益率。这就会影响国际资本流向那里，因而使外汇供不应求形势改变，并促使汇率变动。可见，国际资本流动影响汇率，汇率变动又影响资本流动。汇率与国际资本流动也是相互影响的。

364. 什么是浮动汇率、固定汇率与管理浮动汇率制度?

答：浮动汇率指由外汇市场上供求关系决定的汇率。由外汇市场上供求关系决定的汇率制度安排称为浮动汇率制。固定汇率制度指由政府规定本国货币与外国货币比价从而使汇率保持稳定的制度。实行这两种汇率制度各有利弊。实行固定汇率制度，有利于稳定金融市场，抑制金融投机活动，也有利于国际贸易开展，有利于缔结长期贸易合同。但是固定汇率也有一些弊病，克服这些弊病，正可表现出浮动汇率制度的优点。例如，浮动汇率提供了一种灵活而有效的调节机制使国际收支不平衡自动得到调整；浮动汇率制可防止国际游资为保值、增值而抢购国际收支大量顺差国家货币而造成对此类货币的冲击，因为汇率已经随国际收支变动及时作了调整；浮动汇率还可以免除各国政府为维持固定汇率而不得不大规模参与外汇市场的买卖，因此可防止国家外汇储备流失。当然，浮动汇率也有一些不可避免的缺点，如短期汇率波动频繁，不利于进出口贸易，容易助长国际金融市场上的投机活动等。管理浮动汇率制度就是针对上述两种汇率制度的优缺点而采取的一种汇率制度，又称为不清洁汇率制度。它有两个特征：一是汇率可随市场力量波动；二是中央银行可进入市场干预，使汇率接近某个目标值。这个目标值可随外界环境变化而随时改变。现在世界上许多国家都使用这种制度。

365. 什么是汇率影响经常收支中的J曲线?

答: 汇率变化会影响一国进出口。本币贬值通常会刺激出口,升值会抑制出口。当然,这并不意味着进出口金额会相应同步变化。比方说,本币升值时,出口数量减少了,但每单位出口产品价格提高了,因此出口金额是增加还是减少并不能确定。只有出口数量减少速度慢于价格上升速度,出口金额才会增加。然而,出口数量通常是事前几个月在一定汇率水平下规定好的,因此本币升值后,在新的出口合同还未签约前,出口数量依然按旧合同履行,因此出口金额自然就增加。随着旧合同完成,新合同将按新的汇率签约,出口数量会减少。如果出口数量减少速度快于价格上升速度,出口金额就会减少。从长期来看一国货币升值通常会导致出口数量充分地减少,最终减少它的出口金额并使经常性收支状况改变。本国货币贬值时,情况则相反。这种运动轨迹会在一个以纵坐标为经常收支状况、横坐标为时间的二维几何图形中呈现一种J字形状,一般就称为J曲线。如图20—1所示。

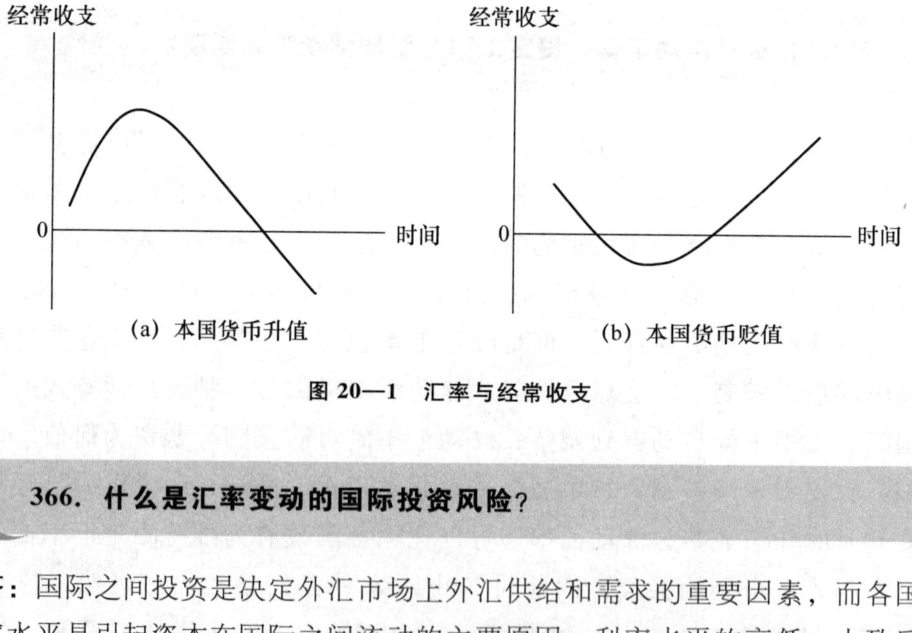

图 20—1 汇率与经常收支

366. 什么是汇率变动的国际投资风险?

答: 国际之间投资是决定外汇市场上外汇供给和需求的重要因素,而各国不同的利率水平是引起资本在国际之间流动的主要原因。利率水平的高低,大致反映了各国不同债券的收益率的平均水平。如果甲国的债券利率高于乙国,买甲国债券就比买乙国债券有较高的收益。于是乙国人们会纷纷把乙国货币兑换成甲国货币去购买甲国债券。这样,资金就从乙国流向甲国,从而外汇市场上甲国货币需求增加,使甲国货币升值。这样,购买甲国债券就不但会获得购买甲国债券本来高于乙国的收益率，而且会获得甲国货币升值的收益。然而，如果某种原因造成的汇率变动使甲国货币贬值了，那么投资者的收益就要扣除这种升值带来的损失使收益下降。这就是汇率变动的国际投资风险。

367. 产生国际收支不平衡的原因有哪些？这种不平衡会对本国经济带来什么影响？

答：所谓国际收支不平衡是指一定时期内一个国家（包括居民、企业和政府）与世界其他国家间全部经济交易中的收入和支出之间的不平衡。产生这种不平衡的原因大致有：(1) 生产、消费的季节性变化和无规律的、偶然的短期变化；(2) 周期性商业循环所经历的危机、萧条、复苏、高涨几个阶段中生产、就业和国民收入的变化；(3) 世界科技的进步、各国经济发展的不平衡和消费倾向的不断变化而造成国际市场对各国商品劳务的需求、供给关系的发生变动；(4) 不稳定的国际投机资本的流动。

对于这种收支不平衡尤其是国际收支连年出现大量逆差，如果国家动用黄金或者外汇储备加以弥补，势必造成黄金外流，外汇储备下降；如果通过对外借债或者延期偿还外债，又会增加偿还外债压力。所有这些都会导致国家经济实力削弱。因此，对国际收支不平衡必须想办法加以调整。

368. 国际收支不平衡如何得到调整？政府可用哪些措施调节国际收支不平衡？

答：调整国际收支不平衡有种种方法，这些方法总体来说不外乎两种：市场作用和政府调节。让市场起作用，通过价格、收入、汇率等变化使国际收支不平衡自动得到调节，走向平衡。例如，假定一国出现大量国际收支逆差，汇率必然变化，本币贬值，国内物价上升，通常进口就会减少而出口增加，使国际收支状况得到改善。但是，这种调整要以进口商品的需求弹性较大，出口商品的需求弹性较小为条件，否则这种调整很难有效果。

正由于靠市场调整国际收支不平衡不是无条件的，而且这种调整的程度和效果也难以保证，因此，一旦国际收支出现严重不平衡特别是逆差时，各国政府都会主动采取一些措施来解决国际收支不平衡问题。这些措施主要有：

其一，改变汇率，即由政府货币当局主动实行货币贬值来改变进出口以促使国际收支平衡。

其二，对对外经济交易实行直接控制，包括强制压缩进口和采取一些办法刺激出口，限制资本外流和其他外汇支出以及大力引进外资等来改变外汇市场上的供求形势，恢复国际收支平衡。

其三，政府采用适当紧缩的财政政策与货币政策，压缩国内总需求，调整国内经济结构，改善进出口状况和国际收支局面。

369. 为什么在一个商品和资本都可以自由流动的开放经济中，汇率是固定的和浮动的两种情况对货币政策和财政政策的效果会截然相反？

答：在一个商品和资本都可以自由流动的开放经济中，汇率是固定的和浮动的两种情况对货币政策和财政政策的效果之所以会截然相反的原因在于，货币政策和财政政策会影响利率，而利率又会影响汇率和资本流动，进而影响进出口和总需求。下面分别说明一下。

先看固定汇率制度下货币政策效果。假定一国经济处于衰退状况，政府想通过扩张性货币政策来刺激经济。扩张性货币政策使利率下降，引起资本外流，本币贬值，外币升值。为了维持汇率固定，央行必须以固定价格抛售外币让本币买进。这就等于紧缩本币，于是扩张性货币政策就不能奏效。相反，假定一国经济处于过热状况，政府想通过紧缩性货币政策来抑制过热。紧缩性货币政策使利率上升，引起资本流入，本币升值，外币贬值。为了维持汇率固定，央行必须抛出本币以固定价格买进外币。这就等于扩张本币，于是紧缩性货币政策就不能奏效。可见，在资本高度流动和汇率固定的情况下，中央银行无法实行独立的货币政策。再看资本高度流动和汇率固定的情况下的财政政策效果。假定政府想用扩张财政支出来克服衰退，利率就会上升，引起资本流入并使本币升值，为维持汇率稳定，央行必须扩大货币供给以固定价格买进外币，结果等于扩张了财政政策又扩张了货币政策，使财政政策效果比封闭经济中更放大了。

再看汇率浮动情况下货币政策效果。假定一国想通过扩张性货币政策刺激经济。扩张性货币政策会使利率下降，引起资本流出，结果使本币贬值，外币升值，这就刺激了出口，抑制了进口，从而货币政策效果比封闭经济中更大了。再看财政政策效果。假定政府想通过扩张财政支出来刺激经济，利率会上升，这引起资本流入并导致本币升值，外币贬值，于是进口受到鼓励而出口受到抑制。扩张支出的财政政策就难以取得效果，和固定汇率制度下扩张性财政政策效果正相反。

上面说的财政政策和货币政策在两种不同汇率制度以及资本可以在国际上流动条件下的不同效果，可被蒙代尔-弗莱明模型加以说明。当然以上说的是汇率完全固定和完全浮动两种极端情况和资本能完全流动下的政策效果。实际上各国实行的并不是汇率完全固定和完全浮动政策，而且资本和商品在国际上流动也不是不受限制，因此上述模型所说明的政策效果的程度也会受到一定影响。影响程度由汇率受管制的程度和资本流动的充分程度而定。

第二十一章

经济学与中国经济改革和发展

370. 中国是社会主义国家，为什么也要重视学习和运用西方经济学理论？

答：中国是社会主义国家，但是实行社会主义市场经济体制。经济体制是资源配置方式。市场经济体制是被人类历史证明是最有效率的资源配置方式。资本主义经济制度是在市场经济这种资源配置方式基础上不断发展起来的。资本主义确实是一种人剥削人的制度，但这种剥削又是通过市场经济运行方式实现的。西方经济学实际上就是总结西方国家如何发展市场经济的理论，抛开其中那些专门为资本主义剥削制度辩护的内容，可以发现不少对发展市场经济有用的东西。既然中国也实行市场经济体制，那么尽管是社会主义国家，也要重视学习和运用西方经济学理论。

371. 运用西方经济学理论为什么必须根据中国国情？

答：目前我们所述西方经济学一般指美国以及欧洲所流行的经济学基本理论。那些经济理论多半是西方国家的经济学家所总结出来的西方发达国家发展市场经济的经验或者教训，当然也反映了人类发展市场经济的不少规律性东西。正因为如此，西方经济学才值得我们发展社会主义市场经济时参考。然而，西方经济学毕竟是人家的东西，可以学习、可以借鉴，但决不能照搬照套，而必须根据我国国情来考虑怎样吸收和利用。我们知道，从国情看，我国和西方发达国家还有许多差异。例如，社会基本制度、市场经济发展程度、思想文化传统、人口数量规模等等各方面都和西方国家大不相同，我们必须从我国的实际情况出发来研究和借鉴西方经济学，看看究竟有哪些东西目前就可以借鉴利用，哪些东西要将来才可以借鉴利用，哪些东西可能永远不能利用。

372. 为什么说我国过去经济发展和今后经济进一步发展都离不开释放改革红利？

答：我国原来是一个计划经济国家，尽管新中国成立后 30 来年经济发展也取得了不少成就，但经济效率低下问题始终难以解决。20 世纪 80 年代以来，通过改革开放，市场经济体制逐步建立起来，经济发展取得了举世瞩目的巨大成就。这尽管有多种因素，包括大量低成本的劳动力供给、广阔的市场空间、多年来的高储蓄率提供的大量充裕资金以及一定的自然条件等，但最根本的原因还是实行了市场化趋向的改革开放。

目前我国经历了 30 多年高增长后，逐步转入中高速增长的“新常态”阶段，从而面临前所未有的机遇和挑战。抓住机遇，应对挑战，迎接经济更好发展，关键还是要进一步释放改革红利。改革红利最早是李克强总理提出的，是从人口红利的称谓中借用来的。改革红利指改革带来的经济发展和社会进步。为什么我国今后经济进一步发展还是离不开释放改革红利？这是因为一方面，我国社会当前发展中面临的一系列不平衡、不协调、不可持续的问题，其背后深层次原因主要还是体制性障碍，包括传统计划经济体制遗留下来的一些老问题，需要通过深化改革来解决；另一方面，经济发展到今天的新阶段，形势有了变化，需要发掘新增长点的潜力，也需要与时俱进地进行体制创新。

373. 怎样理解我国经济体制改革的核心问题是正确处理政府和市场的关系问题？

答：经济体制改革就是要把原来的计划经济改革成为社会主义市场经济。计划经济是通过国家计划配置资源，生产什么，生产多少，为谁生产，如何生产，都由政府统一安排，以行政命令方式实现，一句话，计划经济就是政府经济。经过多年努力，市场化改革取得了很大进展，但是多年来，一方面政府依然在许多经济活动中充当市场中的一个竞争主体角色，出现了各地政府超越自己位置对资源直接配置过多的所谓“越位”问题，包括以种种优惠条件招商引资，构筑融资平台，扩大审批权限来上投资项目等；另一方面政府又离开了自己的位置，出现没有管好自己该管的事的所谓“缺位”问题，包括市场监管、公共服务等。所有这些问题的解决，都存在一个划清政府与市场的边界问题，存在一个正确处理政府和市场的关系问题。这是我国当前经济体制改革的核心问题。

374. 什么叫资源配置由市场起决定作用？为什么资源配置要由市场来决定？

答：所谓资源配置由市场起决定作用是指，决定劳动、资本、土地等生产要素流动、交易、组合的，都是市场价格机制，包括产品价格、工资、利率、汇率、租金等都由市场供求关系决定。资源配置为什么要由市场来决定？一是因为市场价格具有对资源配置的及时协调作用，即市场价格的变化会自动调节产品供求，进而调节资源在各个经济领域的配置；二是因为市场价格具有资源配置信号传递作用，告诉人们资源在各个产品生产上是多了还是少了；三是市场竞争具有提高资源配置效率的作用，促使生产者降低成本消耗，提高经济效率。

375. 资源配置实现由市场起决定作用要有什么条件？

答：资源配置实现由市场起决定作用要有这些条件：一是市场主体产权要明晰，它们才会有动力去合理配置资源；二是经济决策要分散，即由分散的生产经营者自己决策做主；三是生产经营者能在生产舞台上公平竞争，如果市场竞争不公平，一些市场经营者的手脚被捆绑住，市场决定资源配置也将是一句空话。

以上三个条件都要在能正确处理政府和市场的关系前提下才会存在。这是因为政府和市场的关系，实际就是政府和市场主体即企业的关系。政府和企业相比，政府显然是强者，企业是弱者。政府是国家政权机构，拥有强大权力。如果政府和市场关系模糊不清，权力边界不明，那么政府就会轻而易举夺取企业的各种权利，去干那些不应该由它来干的事，那么市场决定资源配置的各种条件也就不可能存在了。

376. 如果资源配置要由市场来决定，那么政府还要不要起作用？

答：资源配置要让市场起“决定作用”，并不是说政府不重要了，也不是说政府管得越少越好。不能说管得越少的政府就是越好的政府，而是管得越有效率的政府才是越好的政府。这里的关键是管什么，如何管。众所周知，任何一国政府的职能，包括政治职能、经济职能、文化职能、社会职能、社会公共服务职能等。就经济而言，政府的职能定位可概括为：弥补市场不足，促进社会公平。具体而言，大致可分为这样三个方面：一是关于提升效率方面的职能，如关于禁止行业垄断和不正当竞争行为，关于解决外部性，提供公共物品和管理信息等方面的立法和政策；二是关于促进公平方面的职能，如利用税收和转移支付缩小贫富差距的收入再分配政策，关于向全体公民提供种种社会保障和公共产品，包括向他们及其子女提供基本医疗卫生和义务教育的制度安排等；三是稳定经济的职能，如财政政策和货币政策。

既然这些职能都是为了弥补市场功能的不足，因此，政府对经济的干预应当适度，不能去做本来应当由市场去做并且被实践证明市场能够做好的事。在市场机制能够发挥优化资源配置的领域，政府不应去插手，只有市场失灵的领域才需要政府去干预，这种干预的目的也是促使市场机制恢复功能，而不是去取代市场。政府也有能力来解决市场失灵的问题。政府是国家政权机构，它可以依法向全体公民征税和发行公债，集中必要财力来实现包括向公民提供公共物品，向中低收入者提供帮助等职能；它也可以通过立法、司法来对市场进行监督管理，惩办一切违法犯罪行为来维护公平竞争的市场秩序；它还有权依法执行财政政策和货币政策，以平抑经济的过分波动，实现社会经济的持续、稳定的发展。总之，由于政府是国家权力机器，因此有能力来实现这些职能。

377. 为什么西方国家经常会出现“政府失灵”？为什么像我国这样的社会主义国家也会出现“政府失灵”和官员腐败？

答：在西方国家，政府官员由选民选出的执政党组成的政府任命或雇用，因此并非直接对选民负责，主要对任命他们的机构和政治家负责。他们追求的往往并不是公众利益，而是他们个人的利益，即职位、特权及名誉等。因此，由他们来行使配置资源权力时，资源使用效率可能反而低于市场效率。这是因为，第一，无产权约束。政府官员花的不是自己的钱，而是纳税人的钱，浪费了不心疼；第二，有行政垄断权，即政府办事没有人可与其竞争；第三，没有盈利指标，办事不计成本，不用讲效益；第四，难以监督；第五，“寻租”行为，这种行为是企业不把人力、物力、财力花在创造财富的生产经营上，而是设法到官员那里拉关系，开后门，游说甚至行贿，腐蚀政府官员，破坏公平竞争，造成资源非生产性损失。

以上所说发生在西方国家里的情况即所谓“政府失灵”和官员腐败，从道理上说在我们这样的社会主义国家中不应当存在，因为社会主义国家中的官员即干部，是人民勤务员，要全心全意为人民服务，为人民利益着想，然而，实际上却并非如此。一些地方的政府干部铺张浪费成风，贪污腐败常有，花公家钱不心疼，做决策任意拍脑袋，风险意识淡薄，办事不负责任。这些情况与西方国家相比，有时甚至有过之而无不及。为什么会如此，原因有二：第一，在我国，长期以来政府主导着政治、经济、文化、社会等各方面的发展，政府远不是服务型政府，因而对社会经济生活有着更大的决定权，主宰一切，因此，省市委、政府及下级各地政府官员名义上是人民勤务员，实际上是百姓父母官，权力比西方国家中同类官员要大得多；第二，各级政府官员之间缺乏权力制衡机制，各级政府机构的权力高度集中在“一把手”手里，名义上有纪律检查委员会、反贪局、监察院等机构，但过去相当长时期内，这些机构都受同级党政机构主要领导的一元化领导，缺乏独立的检查监督能力。当然，我们的各级干部多数是好的和比较好的，腐败分子只是少数。然而，我们必须高度重视解决发生国家干部腐败变质的制度性因素，通过进一步深化体制改革，不断根除官僚主义和贪污腐败的根子问题，同时要解决一些干部“不作为”问题，而不能完全寄希望于思想教育和道德自律。

378. 为什么当前要更好发挥政府作用尤其要在简政放权上下功夫并实行所谓“负面清单”管理模式？

答：为了更好发挥政府作用，当前尤其要在简政放权方面下功夫。加快简政放权是转变政府职能，提高政府管理水平和效率的迫切要求。今后，凡是市场机制能有效调节的经济活动，一律取消审批，对保留的行政审批事项都要规范管理，提高效率，直接面向基层。即使由地方政府管理的，也要简政放权，减少行政审批。过去事无巨细都得审批，严重束缚了企业的手脚，并且使掌握审批权限的政府部门滋生了许多腐败行为。一些心术不正的掌权人员认为“你不来孝敬我，我就拖着不批”，许多权钱交易行为就这样产生。可见，不是市场经济产生腐败，而是政府权力过大产生腐败。现在，实行一种所谓“负面清单”管理模式，可能对政府简政放权有很大参考价值。所谓“负面清单”管理指除了清单上规定不能干的（负面的），其他都可以干，不用政府事前审批，要变事前审批为事中、事后监管。这就划清了政府和市场的关系。该投资什么是市场的事，企业的事，用不着政府审批，但企业办起来了，是否能合法经营和参与公平竞争，应当由政府来监督。这种“负面清单”的管理模式与以往的行政管理旧模式相比是一大进步。过去，政府把行政审批当作宏观调控有效手段，谁拿到政府批条，谁就能获得银行贷款。好多产能过剩、效率低下的投资项目就是这样“批”出来的，许多权力寻租、贪污腐败也是这样出来的。“负面清单”管理模式是与所谓“正面清单”管理模式相对而言的。“正面清单”管理模式就是指哪些项目可以投资，哪些项目不可以投资，都得事先由政府审批的行政管理旧模式。“负面清单”管理模式是对这种“正面清单”管理模式的革命。

379. 为什么我国税制改革也要将间接税为主逐步改变为直接税为主？

答：直接税是纳税人无法把税收负担转嫁给他人的税收，纳税人就是税收负担人。个人所得税、财产税、遗产税等都就是直接税。与此相反，间接税是纳税人可以把税收负担转嫁给他人的税收。营业税、增值税、消费税等税收就都是间接税。

这种税看起来是向工商企业征收，实际上企业都把这些税收放到商品价格里让消费者负担。例如，你买了一双234元的运动鞋，负担了34元增值税，到餐馆吃了50元一顿饭，负担了2.5元营业税，买了一瓶20元的白酒，负担了4.5元的消费税。这些税都叫间接税，实际上这双鞋、这顿饭、这瓶酒里的间接税即间接让购买者最终负担的税还不止这点。目前中国的税制主要是以增值税和营业税为主的间接税制，而不是美国那样以所得税为主的直接税制。就是说，税收负担主要落在间接税上。当然，这也有一定道理，因为中国还处在从计划经济向市场经济转型过程中。计划经济时代所有企业的收入都直接上交政府，称上缴利润，老百姓是低工资，不用缴税。实际上低工资是因为上缴利润多，上缴利润多等于缴了税。但因为用了上缴利润形式，老百姓就没有纳税意识。现在经济转轨了，上缴利润改为上缴税收。老百姓收入也开始上升。但纳税观念不可能一下建立起来，因此，国家就把税收主要放在间接税中，以减轻老百姓纳税阻力，有利于减少征管成本。在我国税收征管机构能力较低时实行这种体制可以保证税收收入稳定。因此一般经济落后国家往往采取间接税为主的体制。然而，这种税收体制的弊端很大：一是不利于调节贫富差距。本来，税收应当体现权利和义务对等原则，富人得到国家保护多，理应多负担税收。可是间接税为主的体制却逆向而行，税收负担主要落到了中低收入者身上。由于人们负担的流转税和他们购买的商品数量成比例，富人购买商品数量占他们收入的比重要远远小于穷人。一个每月30 000元收入的人负担的间接税在收入中比重当然会远远小于一个月3 000元收入的人。因此间接税为主的体制是劫贫济富。直接税为主的体制可以纠正这个弊端。直接税无法转嫁并且往往税率累进（收入越高，税率越高），从而可有力调节贫富两极分化。二是间接税为主的体制会加剧物价上涨。由于间接税负担都会打入商品价格，因此会成为成本推进的通货膨胀的因素之一。有人统计说，我国商品价格里有1/3来自税收。如果实行直接税为主的体制，大大降低间接税，这显然有利于控制通货膨胀。三是有利于培养百姓当家做主的意识。间接税不由纳税人直接缴纳，税收负担就不易为纳税人感觉到从而是“身在税中不知税”，因此也不会关心政府拿了纳税人的钱派了什么用处。相反，直接税则能激发纳税人的“税痛”感觉，就必然会关心政府拿了纳税人的钱究竟派了什么用处。可见，直接税为主的体制有利于培养公民参与财政预算的当家做主的精神。

380. 为什么中国当前要在适度扩大总需求的同时要着力加强供给侧结构性改革？什么是加强供给侧结构性改革？

答：中国过去多年以来主要靠加大人力、物力、财力投入即劳动力、资本和土地等自然资源的要素投入，依靠刺激投资、出口和消费需求即所谓三驾马车拉动经济高速增长，取得了举世瞩目的经济增长的伟大成就，然而想继续依靠这条老路来促进经济增长已经不可能了，因为这条老路是一条拼资源、毁环境、长泡沫的不可持续的粗放式增长之路。中国经济要继续增长，必须走“加强供给侧结构性改革”之路。为什么当前要强调“加强供给侧结构性改革”？主要是中国目前固然依然存在需求不足问题，但更重要是有效供给不足与无效投资需求过剩并存，许多制度性障碍导致一系列问题影响经济进一步健康发展和继续增长。供给侧结构性改革正是要解决这些问题。

所谓“加强供给侧结构性改革”是指在制度层面，构建现代金融、产业、财税等制度体系，放松各种管制，打破垄断，释放民间资本活力；在技术层面，通过营造激励创新的生态环境，实现创新驱动；在人力层面，通过教育制度改革，实现人力资本的跨越；在社会保障层面，通过提升社会保障水平和改革收入分配，实现共享发展。

381. 中国经济新常态的主要内容有哪些？“经济新常态”和“供给侧结构性改革”有什么联系？

答：中国经济新常态的主要内容归纳起来主要有三个方面：

（1）速度下降，由原来的高速度变为中高速甚至中速度增长。这是人口红利消失使劳动成本上升、长期高投资由于投资效率下降而降速、消费需求无法很快上升以及国际环境变化使出口需求下降等原因造成的。

（2）结构变化，由过去过于追求经济增量改变为调整经济结构，包括提升服务业比重、扩大消费需求、缩小收入差距、改善地区和城乡不平衡、降低资源消耗和保护生态环境等。

（3）动力转换，由投资驱动转向创新（技术创新和制度创新）驱动，由主要靠生产要素投入推动增长转向主要靠提高效率即全要素生产率驱动。

经济新常态和供给侧结构性改革之间联系十分密切。供给侧结构性改革是实现经济新常态的必由之路，经济新常态是供给侧结构性改革的必然结果。不加强供给侧结构性改革就无法实现经济的新常态。

382. 中国“供给侧结构性改革”思想和当年美国供给学派的经济思想有什么联系和区别的地方？

答：当前中国“供给侧结构性改革”思想和当年美国供给学派的经济思想尽管不是一回事，但是也有某些相似之处。例如，都强调减轻企业负担，都重视激励，都主张放松管制，都要求取消垄断势力等。但是当前中国“供给侧结构性改革”思想绝不是当年美国供给学派经济思想的简单继承和复活，二者有着重大的区别。一是提出的社会背景不同。当年美国供给学派思想出现的背景是，美国政府长期来推行凯恩斯主义刺激政策，到 20 世纪 70 年代末出现了滞胀局面，凯恩斯主义刺激政策已经一筹莫展，一些经济学家于是改弦易辙从供给方面给新上台的里根政府提出如何从滞胀中走出一条新路。而中国目前的“供给侧结构性改革”思想是在经济多年高速增长后在老路上难以继续如此增长的背景下出现的。二是概念的层面不同。美国供给学派是宏观概念，要解决的是总供给问题，而中国的“供给侧结构性改革”是中观概念，要解决结构性供给问题。也就是说，当年美国供给经济学是要通过减税和放松管制来激励企业和个人的投资和工作积极性，来提高总供给能力。而中国的“供给侧结构性改革”主要在“结构性改革”几个字上。这结构性改革实际上是指结构性调整，一方面调整已经存在的不合理经济结构，包括去产能、去库存等；另一方面是在促进合理的产业结构形成方面，通过制度和技术创新来提高效率，提高全要素生产率，切实改变经济结构，转变经济增长动力。三是政策的目标不同。当年美国供给经济学的政策目标就是要解决滞胀问题，扭转高失业和高通货膨胀并发局面，为美国带来一个经济增长前途。当前中国推进“供给侧结构性改革”的目标是通过切实改变经济结构，转变经济增长动力来为中国经济进一步增长注入新的活力，以促进中国经济健康、持续发展。

383. 什么是全要素生产率？为什么中国“供给侧结构性改革”的主要着眼点是提高全要素生产率？

答：所谓“全要素生产率”，本来是新古典学派的经济增长理论中用来衡量纯技术进步在生产中作用的指标的又一名称，它是索洛等人在 20 世纪 60 年代提出的。所谓纯技术进步包括知识、教育、技术培训、规模经济、组织管理等方面的改善，但还不能具体化为或不能归因于资本、劳动、土地等有形生产要素的增长的那部分。一句话，全要素生产率是指各种要素投入水平既定的条件下，所达到的额外生产效率。比如，某个工厂劳动力、资本等所有生产要素投入都没变，结果产出增长了 5%，这多出来的残差 5%就是全要素生产率。全要素生产率由资源重新配置效率和微观生产效率两部分构成，它更多是技术进步、组织管理改善等无形要素发挥作用产生的增长。从微观层面上讲，企业采用了新技术、新工艺，开拓了新市场，开发了新产品，改善了管理，体制改革激发了人的积极性，都可以提高全要素生产率。从宏观层面上讲，通过资源重新配置，比如劳动力从生产率较低的农业部门转向生产率较高的非农业部门，就可以提高全要素生产率。

中国经济新常态下，继续依靠资本和劳动要素投入推动经济增长的方式，显然不可持续，而且一味用提高资本对劳动的比率的办法提高劳动生产率，也会遇到资本报酬递减这一瓶颈。提高全要素生产率是新常态下唯一可持续的增长动力。适应新常态，引领新常态，我国经济迫切需要实现增长动力的转换，从资本、土地、劳动力等生产要素投入的增长，转到更多依靠提高全要素生产率的轨道上来。中国“供给侧结构性改革”的主要着眼点就是提高全要素生产率，因为我国要在新常态下启动经济可持续的增长动力，让经济增长实现有质量的速度，只有靠提高全要素生产率。从上述可知，提高全要素生产率，一是要促进技术进步，二是要让资源重新配置，例如让劳动力从农业转移到非农产业部门即第二、三产业中来。

图书在版编目（CIP）数据

经济学基础问答/尹伯成，刘江会著. —北京：中国人民大学出版社，2016.11
新编21世纪经济学系列教材
ISBN 978-7-300-23145-7

Ⅰ.①经… Ⅱ.①尹…②刘… Ⅲ.①经济学-问题-解答 Ⅳ.①F0-44

中国版本图书馆CIP数据核字（2016）第163696号

新编21世纪经济学系列教材
经济学基础问答
尹伯成　刘江会　著
Jingjixue Jichu Wenda

出版发行	中国人民大学出版社		
社　　址	北京中关村大街31号	**邮政编码**	100080
电　　话	010－62511242（总编室）		010－62511770（质管部）
	010－82501766（邮购部）		010－62514148（门市部）
	010－62515195（发行公司）		010－62515275（盗版举报）
网　　址	http://www.crup.com.cn		
	http://www.ttrnet.com（人大教研网）		
经　　销	新华书店		
印　　刷	北京七色印务有限公司		
规　　格	185 mm×260 mm　16开本	**版　　次**	2016年11月第1版
印　　张	17	**印　　次**	2016年11月第1次印刷
字　　数	290 000	**定　　价**	32.00元